Ich kann
... muss aber nicht

Wie Sie Zeitmillionär werden

Jochen Mulfinger

Ich kann
... muss aber nicht

Wie Sie Zeitmillionär werden

Umschlaggestaltung: FAVORITBUERO, München
Coverfoto: André Bakker
Layout, Satz und Grafiken: Jung Medienpartner GmbH, Limburg
Verlag: Zeitmillionär® GmbH, Heilbronn

ISBN 978-3-9819593-0-7

Inhalt

Teil 2

Teil 3

Teil 4

Nachwort

Vorwort

Die Kunst, den Kopf über Wasser zu halten

„Du Schatz, ich muss noch dringend einkaufen, bevor der Supermarkt schließt! Kannst du die Kleine nehmen?"

„Hmm, weiß nicht. Ich muss unbedingt diese Abrechnung bis morgen fertig kriegen."

„Ja, kannst du die nicht morgen früh machen?"

„Nee, geht nicht, muss ja schon ab 8.00 Uhr arbeiten."

Müssen, müssen, müssen. Haben Sie schon mal darauf geachtet, wie häufig Sie dieses Wort pro Tag verwenden?

Ich habe mir den Spaß erlaubt, einen Tag lang Strichliste zu führen über all die „Müssens", die ich hörte. Von Freunden, Mitarbeitern, von den Menschen, die ich unterwegs traf, und natürlich auch von mir selbst. Das Ergebnis bewegte sich im Bereich von Hunderten.

Kein Wunder! Dauernd prasseln neue Informationen, Anforderungen, Wünsche und Erwartungen von der Außenwelt auf uns ein. Sie kommen per Mail, durchs Telefon, im Direktkontakt, per Whatsapp, Facebook oder Instagram. Was alles noch zu tun ist, was der eine oder andere noch will, braucht, sich wünscht ... Und als ob das alles nicht genug wäre, kommen obendrauf noch unsere eigenen Ansprüche an uns selbst. Ein guter Vater sein, aber auch Spaß im Leben haben, natürlich gut verdienen, eine tolle Partnerschaft pflegen, einen gewachsenen Freundeskreis haben, dem Lieblingssport nachgehen, aber auch beruflich vorankommen, etwas hinterlassen. Und so weiter und so fort.

Ich kenne dieses Gefühl, ganz viel zu wollen – und darum auch ganz viel zu müssen. Über viele Jahre war ich ein Getriebener meiner eigenen Vorstellungen von einem erfolgreichen Leben. Ich ruderte und ruderte, doch der Widerstand wurde mit zunehmender Übung und Muskelkraft nicht geringer. Was sollte ich tun? Ich wollte endlich so richtig erfolgreich sein! So erfolgreich, dass ich mir zumindest um das Geld keine Gedanken mehr machen musste. Nach dem Motto: erst den einen Wunsch abhaken, damit ich mich dann auf den nächsten fokussieren kann. Also ruderte ich so lange weiter, bis ich irgendwann merkte, dass mir das Wasser bis zum Hals stand. Und der Wasserspiegel stieg unaufhaltsam weiter. Den Kopf hatte ich wie ein Ertrinkender schon unter Wasser, während ich verzweifelt versuchte, nach Luft zu schnappen. Auf einmal realisierte ich, wie drängend die Gefahr war. Mir wurde schlagartig klar: Wenn ich so weitermache, saufe ich ab!

Zum Glück noch rechtzeitig erkannt. Und so begann meine Reise vom Müssen ins Können. Ich nahm mir alles vor, was ich meinte zu müssen, und unterzog es einer kritischen Prüfung. Was passte wirklich zu meinen Vorstellungen und was konnte weg? Das war wie Klamottenausmisten, nur viel, viel härter. Über einige Jahre räumte ich mein ganzes Leben auf. Ich trennte mich von Geschäftszweigen, die mir nicht mehr entsprachen. Von Gewohnheiten, die mir nicht mehr halfen. Von Menschen, die mir im Weg standen. Von vielen Gedanken, die mich auf der Stelle treten ließen. Und ich begann, an einem ganz neuen Leben zu bauen. Ein Leben, in dem ich all das, was mir wirklich wichtig war, auch machen konnte. Und zwar sofort, nicht erst, wenn ich in Rente bin.

Seit mehreren Jahren lebe ich dieses Leben und ernte dafür mal neidische, mal bewundernde Blicke.

Wie das möglich war? Indem ich mir die Zeit freigeschaufelt habe, um die Dinge zu tun, die ich liebe und die mir Energie geben. Und indem ich meine Finanzen an mein neues Leben so angepasst habe, dass ich täglich ein absolutes Luxusgefühl habe.

So bin ich vom Getriebenen mit einer 70-Stunden-Woche und mäßigem Glücksgefühl zum Zeitmillionär mit ganz vielen Möglichkeiten und Glücksmomenten geworden. Und das können Sie auch. Wie das geht, zeige ich Ihnen Schritt für Schritt in diesem Buch. Und ich wünsche Ihnen über alles, dass Sie sich den Gefallen tun, dem Ruf nach mehr Zeit für sich zu folgen. Ich wünsche Ihnen, dass Sie Ihre Wünsche ernst nehmen und sich ein Leben aufbauen, das Sie lieben! Und dass Sie die Kunst beherrschen werden, den Kopf stets über Wasser zu halten und dabei Spaß zu haben wie ein Delfin.

Ihr Jochen Mulfinger

Einleitung

Wie holen Sie das meiste aus diesem Buch heraus?

Dieses Buch ist kein Zauberwerk. Ich verspreche Ihnen nicht, dass die Lektüre Sie von dem Müssen-Zwang erlöst und Sie zum Zeitmillionär macht. Das Lesen allein wird wahrscheinlich nicht dazu führen, dass Sie sich aus all den Verpflichtungen lösen, die Sie belasten.

Wenn Sie aber bereit sind, sich zum Zeitmillionär oder zur Zeitmillionärin zu mausern und die Tipps aus diesem Buch wirklich umzusetzen, dann haben Sie die Möglichkeit, ganz viel zu erreichen. Sie können aus dem Hamsterrad aussteigen. Und wenn Sie das wollen, können Sie deutlich mehr Freizeit haben. Auf jeden Fall können Sie mehr Muße und Glück empfinden. Und all das, weil Sie sich auf das Wesentliche konzentrieren. Weil Sie Ihre Entscheidungen mit Leichtigkeit treffen.

Der Zeitmillionärs-Effekt: Sie werden finanziell deutlich freier. Sie machen fast nur noch das, was Ihnen Spaß macht, und können damit Einnahmen generieren und mittelfristig sogar davon leben.

Sie werden kreativer und können das Lebensgefühl eines Privatiers genießen. Sie werden deutlich sicherer in dem, was Sie tun. Ja, Sie werden insgesamt erfolgreicher. Und wer weiß, vielleicht werden Sie auch immer gesünder, je älter Sie werden.

Lassen Sie sich überraschen, welche Auswirkungen die Zeitmillionärs-Methode auf Sie persönlich hat.

Das Maximum aus diesem Buch holen Sie heraus, indem Sie folgende Empfehlungen beachten:

- Lesen Sie das Buch komplett durch. Die beste Wirkung erzielen Sie, wenn Sie es schaffen, nach jedem Kapitel eine Pause zu machen, in die Ferne zu schauen, zu lächeln und sich Gedanken zum Gelesenen zu machen. Und nachdem Sie einmal durch sind, kommen Sie auf die einzelnen Kapitel zurück und lesen gezielt nach.

- Um das Gelesene wirklich zu verdauen und aufzunehmen, schreiben Sie sich nach jedem Kapitel in Stichworten die wichtigsten Punkte, Anregungen oder To-dos heraus. Ihre persönliche Zusammenfassung sozusagen. Führen Sie darin die Gedanken und Anregungen auf, die Sie am meisten interessieren. Sie können diese Stichpunkte auch digital festhalten, zum Beispiel über die Notizfunktion in Ihrem Smartphone oder Tablet. Wenn Sie dann unterwegs Wartezeiten zu überbrücken haben, können Sie ganz entspannt einen Blick auf Ihre Zeitmillionärs-Notizen werfen und sich davon inspirieren lassen.

- Bei aller Begeisterung für Ihre Zukunft als Zeitmillionär: Versuchen Sie nicht, zu viele Anregungen gleichzeitig umzusetzen. Einer meiner Mentoren hat mir einmal gesagt: „Die meisten Menschen überschätzen, was sie an einem Tag erreichen können – und unterschätzen, was sie in einem Jahr erreichen können." Nehmen Sie sich also maximal vier bis fünf Sachen vor, wenn Sie ein besonders gründlicher Mensch sind, vielleicht auch nur eine. Setzen Sie diese um. Und erst wenn Sie das Gefühl haben, es läuft, nehmen Sie etwas Neues in Angriff.

- Wenn Sie Neues in Ihr Leben bringen, hilft es, wenn Sie nicht allein sind. Suchen Sie sich Gleichgesinnte und tauschen Sie sich regelmäßig mit ihnen aus. Es kann hilfreich sein, das Buch zeitgleich mit einem Freund zu lesen. Oder aber der Zeitmillionärs-Gruppe auf Facebook beizutreten.

- Außerhalb dieses Rahmens von Gleichgesinnten erzählen Sie möglichst wenig von Ihren Plänen. Das gilt insbesondere für Familienmitglieder oder Freunde, von denen Sie wissen, dass sie nicht besonders aufgeschlossen sind gegenüber Neuem. Oftmals bremst das nahe Umfeld uns am meisten. Seien Sie sich dessen bewusst und achten Sie darauf, was Sie mit Ihren Mitmenschen teilen.

- Wenn Sie eine größere Veränderung in Ihrem Leben anstreben und Ihnen dieses Buch den letzten Impuls zum Handeln gibt, bleiben Sie trotzdem wachsam. Gerade wenn Sie viel verändern möchten: Setzen Sie nicht alles auf eine Karte. Gehen Sie Schritt für Schritt und nach dem Prinzip „trial and error“ vor. Überprüfen Sie Ihre einzelnen Schritte und hüten Sie sich davor zu denken: „Das ist der Deal meines Lebens! Den muss ich machen, und zwar sofort!“

- Wenn Sie weitere Anregungen rund um das Leben als Zeitmillionär suchen, melden Sie sich auf der Seite www.jochenmulfinger.de für den kostenlosen Newsletter der Zeitmillionäre an und folgen Sie mir auf Social Media. Sie erhalten dort jede Menge Bonusmaterial, das Sie auf Ihrem Weg unterstützen wird.

- Lesen Sie das Buch auch ein zweites oder drittes Mal. Sie werden mit etwas Abstand immer neue Erkenntnisse gewinnen.

- Nehmen Sie das Buch immer wieder zur Hand. Wiederholung bewirkt Wunder bei der Weiterentwicklung. Lieber lesen Sie jeden zweiten Tag eine Stunde darin als einmal in der Woche acht Stunden. Schauen Sie Ihre Notizen, Markierungen und Übungen immer mal wieder durch. Die beste Wirkung erzielen Sie – wie bei einer Ernährungsumstellung, kräftigendem Muskeltraining oder einer guten Gründung – am Ende einer längeren Auseinandersetzung mit dem Thema. Sprich: Nach hintenraus steigt die Kurve am meisten an.

Nun bleibt mir nur noch übrig, Ihnen viel Vergnügen zu wünschen! Mit dem Buch und mit Ihrem Leben als Zeitmillionär!

Teil 1

Survival: Ich kann nicht, ich muss!

Ja, Sie halten den Kopf über Wasser. Dafür strampeln Sie aber auch heftig. Zu heftig. Doch Sie können nicht aufhören, Sie müssen weiterstrampeln, um nicht unterzugehen. In diesem Teil erfahren Sie, wie Sie sich erst einmal eine Verschnaufpause verschaffen. Denn wenn Sie Zeitmillionär werden wollen, brauchen Sie zunächst einen klaren Kopf und ein bisschen Luft. Und beides können Sie bekommen …

1. Leiden für Fortgeschrittene

Wütend tritt Steffi auf die Bremse. Warum ist hier immer Stau? Sie muss gar nicht erst auf die Uhr schauen, um zu wissen, dass sie es heute wieder nicht pünktlich zur Kita schaffen wird. Ja, okay. Sie ist zu spät aus dem Büro los. Aber wenn dieser Stau nicht wäre, würde sie rechtzeitig ankommen!

Während sie nervös mit den Fingern auf dem Lenkrad trommelt, fällt ihr Blick auf ihre Nägel. „Oh Mann, die muss ich auch mal wieder feilen. Aber es ist noch so viel zu tun …“ Sie geht ihr restliches Tagespensum durch: Wenn sie die Kleine abgeholt hat, muss sie mit ihr in den Supermarkt springen, dann heimfahren, die Wäsche in die Waschmaschine stopfen, ein schnelles Abendessen kochen, den allabendlichen Kampf beim Zubettgehen ausfechten, mindestens eine Bluse für sich und ein Hemd für ihren Mann bügeln – und dann die Präsentation noch mal durchgehen. Das Meeting morgen ist extrem wichtig, da muss alles top sein. Da muss sie einfach gut sein.

„Hoffentlich wird die Kleine nicht noch krank. Sie hat heute Morgen schon so komisch geschnieft“, murmelt sie. Dann bremst sie unvermittelt: Puh, vor lauter Denken wäre sie fast in den Vordermann gedonnert. Der Stop-and-go-Verkehr macht sie wahnsinnig.

Sie tastet nach ihrem Smartphone auf dem Beifahrersitz. Ein Blick auf das Display zeigt: ein Anruf in Abwesenheit. Ihre Freundin Lea hat versucht, sie zu erreichen. Steffi hat schon gar keine Lust mehr, sie zurückzurufen. Lea will sich sicher mal wieder treffen, aber wann soll sie denn das auch noch auf die Reihe kriegen?

Als sie endlich um sieben Minuten nach vier vor der Kita ankommt, steht die Betreuerin bereits mit ihrer Tochter an der Hand vor dem Eingang. Das Kind winkt fröhlich, reißt sich los und springt auf sie zu. Die Frau folgt langsam und sagt streng: „Können Sie nicht einmal pünktlich kommen?“

„Tut mir leid! Ich musste noch eine wichtige Sache fertig machen. Ab morgen bin ich pünktlich." Steffi weicht dem vorwurfsvollen Blick aus, nimmt ihr Kind auf den Arm und hastet zurück zum Auto. Sie verstaut ihr munter plauderndes Töchterchen im Kindersitz und streichelt ihr lächelnd mit der Hand über die Wange. Dann richtet sie sich auf, blickt auf die makellosen Ledersitze und den glänzenden Lack ihres Autos.

Sie hält einen Moment inne. Unvermittelt rollt ihr eine Träne übers Gesicht. Sie schüttelt verzweifelt den Kopf und denkt: „Was ist bloß los mit dir, Steffi? Du hast alles, was du wolltest: ein gesundes Kind, einen dich liebenden Ehemann, eine großzügige Wohnung, einen tollen Job, das Traumauto – und trotzdem fühlst du dich beschissen. Bist du denn nie zufrieden?

Jammern auf hohem Niveau?

So betiteln zumindest die Medien dieses Luxusproblem: Eigentlich haben wir alles, was wir brauchen – ein Dach über dem Kopf, Lebensmittel im Überfluss, Markenklamotten, Rechtssicherheit und genügend Geld, um Urlaub an den exotischsten Orten dieser Welt zu machen – und doch sind wir einfach nicht zufrieden! Wir fühlen uns eingeklemmt zwischen unseren Pflichten, können vor lauter Terminen nicht mehr durchatmen und haben das Gefühl, nur noch den Aufgaben hinterherzurennen.

Ist das übertrieben? Bilden wir uns nur ein, dass wir Stress haben? Machen wir uns die Probleme selbst? Sollten wir nur positiv denken und lernen, das, was wir haben, zu schätzen? – Ich glaube, das ist nur ein Teil des Problems.

Klar, Dankbarkeit zu spüren gibt grundsätzlich ein gutes Gefühl. Und natürlich geht es einem gestressten Manager und einer Mutter mit vier Kindern vom Wohlstandsniveau her weitaus besser als einem Obdachlosen und als jedem Menschen, der in einem Kriegsgebiet oder einem Entwicklungsland lebt. Auch Ihnen geht es verglichen mit diesen Menschen blendend. Aber das allein heißt nicht, dass Sie keinerlei Grund zum Jammern haben.

Wenn Sie in Ihrem Wohlstandsleben zum Getriebenen geworden sind, dann kann ich nur bestätigen: Ja, es geht Ihnen schlecht. Das ist keine Einbildung. Sie haben durchaus einen Grund zum Jammern. Der ist nur nicht so offensichtlich, wie wenn Sie Hunger leiden oder kein Zuhause haben. Der Grund ist subtiler: Nur weil wir denken, dass wir alles haben, was wir brauchen, muss das noch lange nicht so sein. Denn wir brauchen vieles, was wir nicht haben. Dafür haben wir so vieles, was wir nicht brauchen.

Ich sage ganz bewusst „wir", denn ich kenne dieses quälende Gefühl. Und Sie kennen es auch – dieses Gefühl, das von einem zentralen Satz geprägt ist:

Ich kann nicht, ich muss.

Das Muss der Mühlsteine

Sie sind voll in der Mühle. Selbst wenn die Mühlsteine aus Gold sind, mahlen sie gnadenlos. Sie sind es, die Sie in diese schwierige Lage bringen, die Sie leiden und keinen Ausweg sehen lassen. Denn unsere Welt zermahlt uns. Oder besser gesagt: Wir zermahlen uns.

Den meisten Stress machen wir uns selbst. Das glauben Sie nicht? Dann fragen Sie sich doch mal: Wie oft am Tag schauen Sie auf Ihr Smartphone? Nur wenn ein Anruf eingeht? Oder immer, wenn es ein Signal gibt? Ein Signal, das Sie ihm – wohlgemerkt – selbst beigebracht haben. Wenn Ihr Handy bei jeder E-Mail, jeder Whatsapp-Nachricht, jedem neuen Facebook-Eintrag brummt, klingelt oder zirpt, heißt das, dass Sie sich ständig unterbrechen lassen wollen. Selbst wenn Sie nicht jedes Mal nach dem Gerät greifen. Allein dass Sie den Ton registrieren, wird Sie aus Ihrer aktuellen Tätigkeit herausreißen.

Ich weiß schon: Das mit dem Wollen ist relativ. Eigentlich wollen Sie nicht dauernd gestört werden. Aber auf der anderen Seite wollen Sie nicht abgehängt werden. Es befriedigt unsere angeborene Neugier, neue Nachrichten sofort zu lesen und damit ständig auf dem Laufenden zu sein: über die Welt, über die Freunde, über die Kinder. Also haben wir ein schlechtes Gefühl dabei, den Alarm einfach auszuschalten, auch wenn er uns stresst. Das ist ein Dilemma.

Und dieser Widerspruch ist nur einer unter vielen: Wir stellen extrem hohe Ansprüche an uns und unser Leben. Wir erwarten von uns Leistung in allen Schattierungen und Ebenen: den tollsten Job, die bestgeförderten

Kinder, die schickste Wohnung, den größten Freundeskreis, den fittesten Körper, die exotischsten Reiseziele und so weiter und so fort. Selbst die am wenigsten zu vereinbarenden Ansprüche wollen wir unter einen Hut bekommen. Wir wünschen uns das nicht, wir fordern das von uns. Schließlich schaffen das die anderen auch alles. Da wollen wir doch nicht zurückstehen.

Wir bewegen uns mit unseren Leistungen auf einem irrsinnig hohen Level, doch unsere Ansprüche gehen immer noch darüber hinaus. Und genau da liegt der Ursprung unseres Leidens. Zwischen all den Ansprüchen wird etwas aufgerieben, das so essentiell ist wie Essen, Trinken und Schlafen. Es ist nur nicht so augenscheinlich: Es ist die Muße – und all das, was aus ihr entspringt. In der Hektik unserer Zeit ist uns die Muße fast gänzlich abhandengekommen, sodass selbst der Begriff in Vergessenheit geraten ist. Deshalb lassen Sie uns zunächst darüber sprechen, was das denn eigentlich ist – die Muße.

Ohne Mühlsteine

Muße ist die Phase, in der Sie merken: Es läuft einfach. Da knirscht kein Mühlrad, da gibt es keine Ablenkung. Da versinken Sie einfach in das, was Sie tun, weil es nur so flutscht. Sie sind „im Flow". Es ist wie damals, als Sie als Kind das Modellflugzeug zusammengebaut oder das Puzzle fertiggekriegt haben. Das Thema Zeit ist ausgeblendet: Ihnen scheint es, als wären nur Minuten vergangen, doch wenn Sie auf die Uhr sehen, waren es zwei Stunden.

Es ist eine fast künstlerische Phase! Und viele glauben, um wieder in diese Unbeschwertheit ohne Zeit- und Leistungsdruck zu kommen, müssten sie erst mal nichts tun. Die gute Nachricht ist: Muße entsteht meist aus dem Tun heraus.

Muße und Arbeit schließen sich nicht aus.

Gerade bei uns im Schwabenland lässt sich das hervorragend beobachten: Die berüchtigte Kehrwoche, also das samstägliche Fegen des Treppenhauses oder auch des Gehwegs vor dem eigenen Haus, ist für die einen zwar lästige Pflicht, die sie mit großem Missmut erledigen. Für die anderen aber ist sie das Gegenteil. Mein Nachbar, Herr Biedermeier, liebt seine Kehrwoche. Jeden Samstag findet er sich pünktlich um 10.00 Uhr vor der Tür ein. Und führt mit Liebe den Besen ganz exakt am Randstein entlang. So lange, bis kein Staubkorn mehr vorhanden ist. Dann geht er zu seinem Blumenbeet und entfernt penibel jedes welke Blatt, jedes nachsprießende Unkraut. Und um die Freude perfekt zu machen, schneidet er auch noch die Hecke millimetergenau gerade nach. Das ist für ihn kein quälendes Muss und keine drückende Arbeit, sondern Muße pur. Nicht einmal eine Krankheit würde ihn davon abhalten.

Oder sehen Sie den Ingenieur bei Daimler an, der Stunde um Stunde an einer einzelnen Schraube tüfteln kann: Die Zeit vergeht für ihn wie im Flug. Er ist fast verärgert, wenn der Feierabend naht. Die Zeit mit der Schraube bedeutet für ihn Mußezeit. Deshalb ist er Ingenieur geworden.

Nur: Eigentlich hat er diese kreative Mußezeit in seinem Job inzwischen an vielen Tagen nicht mehr. Er hetzt von Meeting zu Meeting und muss sich selbst erfundene Terminanfragen schicken, damit er sich überhaupt auch nur eine einzige Stunde am Stück der Schraube widmen kann. Das hat dramatische Folgen, denn die größte Leistung vollbringt ein Mensch dann, wenn er Muße für seine und in seiner Arbeit hat. Und die genau ist es, die fehlt, wenn Sie ein Getriebener sind.

Stellen Sie sich vor, Sie legen all die Sachen auf einen Stapel, bei denen Sie denken: „Ja, das ist mir wichtig, aber da brauche ich ein bisschen Zeit dafür." Und dieser Stapel wächst und wächst, weil Sie einfach nie Zeit dafür haben. Und die fehlende Zeit ist nicht das einzige Problem, das zu dem wachsenden Mußestapel führt. Denn über die ruhige Stunde hinaus braucht es noch etwas, damit Sie sich in aller Muße und Kreativität einer Sache widmen können: Es braucht auch Lust. Sonst wird das nix mit der Muße.

Doch wenn Sie nie Zeit für Muße haben, haben Sie auch irgendwann keine Lust mehr auf Muße. Und dann wird es echt gefährlich: Denn das heißt, selbst wenn sich ein Zeitfenster öffnet, können Sie es nicht nutzen. Sie sind so gestresst, dass keine Lust mehr aufkommt. Ihr Mußestapel wächst derweil ins Unendliche.

Ich sage nicht, dass Sie jeden Tag Zeit für Muße haben müssen. Es gibt Tage, an denen einfach Action angesagt ist. Das ist auch gar kein Problem, solange die nächste ruhigere Phase in Sicht bleibt. Solange Sie Lust auf die Muße-Tätigkeiten verspüren, ist noch nichts verloren.

Warum ist die Muße eigentlich so wichtig? Weil die Tätigkeiten und Entscheidungen, für die Sie Muße brauchen, keine Nebensächlichkeiten des Lebens sind, sondern mit ganz zentralen Themen zu tun haben: Heiraten oder nicht? Kinder kriegen oder nicht? Sich selbstständig machen oder nicht? Haus kaufen oder nicht?

Solche Fragen haben Sie auf Ihrem Mußestapel abgelegt. Und wenn Sie sie da liegen lassen, werden Sie sich irgendwann in den Hintern beißen! Weil Sie übereilt das Falsche gewählt haben, jemand anderes für Sie entschieden hat oder die Zeit für die Chance abgelaufen ist. Mit der mutigen Geschäftsidee wird jemand anderes erfolgreich. Ihr Partner hat sich wegen Ihrer Unentschlossenheit eine neue Beziehung fürs Leben gesucht. Ihre biologische Uhr läuft immer weiter ab. Das schöne Haus hat Ihnen jemand weggeschnappt.

Das heißt, der Mangel an Muße hat langfristig tiefgreifende Folgen auf Ihr Leben. Doch Sie müssen Ihren Blick gar nicht in die ferne Zukunft richten, um die Auswirkungen zu erkennen. Sie spüren sie ja jetzt schon. Und zwar hautnah.

Zermahlen

Was passiert, wenn Sie ständig rotieren? Sie wissen es ja selbst, Sie erleben es schließlich Tag für Tag. Sie rudern ohne Ende im Treibsand Ihrer To-dos, und haben selbst am Wochenende nur Stress. Also werden Sie fahrig. Selbst die alltäglichsten Dinge gehen Ihnen nicht mehr fehlerfrei von der Hand: Die Butter landet im Brotkasten statt im Kühlschrank. Ihre Topfpflanzen – einst Ihr ganzer Stolz – erleiden eine Dürreperiode nach der anderen. Auf dem Weg zur Arbeit nutzen Sie die Zeit in der S-Bahn, um die Mails der Nacht durchzugehen, und verpassen Ihre Haltestelle. Und bei der Arbeit? Auch da passiert es, dass Sie Zahlen und Fakten verdrehen und immer häufiger Fehlentscheidungen treffen.

All das sind Warnlampen. Diese Signale weisen Sie darauf hin, dass etwas in Ihrem Leben schiefläuft. Jetzt überlegen Sie mal: Was machen Sie, wenn das Warnlämpchen auf Ihrem Armaturenbrett angeht? Genau, Sie bringen Ihr Auto in die Werkstatt! Und was machen Sie, wenn Ihre persönlichen Warnleuchten angehen? Sie ignorieren sie.

Das Ignorieren ist gar nicht so leicht, weil die Hinweise selten wieder verschwinden, sondern bei Nichtbeachtung deutlicher und zahlreicher werden. Aber der, der die Lämpchen nicht als Warnsignale versteht, findet schon Wege, sie auszublenden. Der eine betäubt sich nach einem harten Tag mit einer guten Flasche Rotwein, der andere gönnt sich ein deftiges Abendessen, der nächste kompensiert extremen Druck durch extremen Sport. Das geht auch eine ganze Zeit lang gut. Doch irgendwann beginnt der Stress auch an der körperlichen Substanz zu kratzen.

Am Anfang nur leise: Sie kriegen einen Husten ewig lang nicht los, eine schuppende Hautstelle will einfach nicht abheilen oder Sie müssen immer öfter zur Herpes-Creme für die Lippen greifen. Bei mir waren es die Erkältungen: Die schienen nahtlos ineinander überzugehen. Und mündeten am Ende in einer echten Influenza-Grippe mit Lungenentzündung. Auch eine Gürtelrose zeigte sich immer wieder. Aber ich habe beide Warnlampen erfolgreich ignoriert. Bis das Signal endgültig auf Rot schaltete.

Es ist ein herrlicher Tag im Spätsommer 2014. Ein Mittwoch und normalerweise würde ich das schöne Wetter allerhöchstens durch mein Bürofenster kurz registrieren, bevor ich mich wieder dem nächsten Kunden zuwende. Aber heute sitze ich mit meinem Vater im Biergarten am Heilbronner Trappensee in der Sonne. Alles könnte ganz entspannt sein. Ist es aber nicht.

Gestern bin ich mitten in der Nacht wach geworden. Irgendwas war komisch. Ich tastete nach dem Schalter der Nachttischlampe zu meiner Rechten, atmete und schluckte kurz – und auf einmal machte es „Gluck" und „Bieeep" in meinem Ohr. Und das Gehör war weg. Nur das „Bieeep" war noch da. Und klang eigenartig dumpf.

Ruckartig setzte ich mich auf und betätigte den Lichtschalter noch mal: „Klick, klick, klick." Beim Klicken wendete ich meinen Kopf hin und her, um den Unterschied zu hören. Schnell war mir klar: Ich hörte auf dem rechten Ohr nichts mehr. Gar nichts mehr. Ich dachte sofort an meinen Kundentermin morgen. Oh Mann, der war wichtig. Einen Hörsturz konnte ich mir jetzt unmöglich leisten!

Noch vor 8.00 Uhr stand ich beim Ohrenarzt vor der Tür. Ich dachte: „Der soll mir eine Infusion geben, dann klappt das mit dem Termin schon noch."

Doch es war nicht nur ein Hörsturz.

„Ja, Sie haben einen rechtsseitigen Hörsturz. Aber auch einen Tinnitus", sagte der Arzt lapidar. „Das kommt von übermäßigem Stress. Wenn Sie Glück haben, wird das Gehör wieder. Kann aber auch sein,

dass das Pfeifen Sie ein Leben lang begleiten wird." Er nahm die Brille von der Nase und sah mich ernst an: „Und seien Sie froh, dass Sie noch so jung sind. In ein paar Jahren hätten Sie sich bei dem Stress einen Herzinfarkt eingehandelt."

Auf einem Ohr taub! Und dieses Pfeifen für immer! Es schossen mir tausend Gedanken durch den Kopf: „Ich kann mein Geschäft nicht mehr führen. Meine Existenz ist futsch. Nichts geht mehr."

Die Gedanken beschäftigen mich an diesem Nachmittag im Biergarten immer noch. Zusammengesunken sitze ich auf der Bank und starre auf den See. Mein Vater hat seine Versuche eingestellt, mich mit freundlichen Worten aufzumuntern.

Schließlich richte ich mich halbherzig auf, schaue ihn an und frage mit kratziger Stimme: „Papa, was ist, wenn das nie mehr wird?"

Erst schaut er mich schweigend an. Dann klopft er mir auf die Schulter und sagt: „Das wird schon, Junge. Aber tritt halt ein bisschen kürzer. Du bist nur am Schaffen – das kann nicht gesund sein."

Ich schwor mir an diesem Tag am See: Wenn es je wieder wird, werde ich es nie mehr so weit kommen lassen.

Es folgten einige quälende Tage. Mit nur einem Ohr konnte ich keinem Gespräch folgen, sobald Hintergrundgeräusche zu hören waren. Lautes Stimmengewirr und Tellerklappern machten mich verrückt. Es war beängstigend wahrzunehmen, dass mein Gegenüber sprach, ich aber nur einen Bruchteil seiner Worte verstand.

Doch nach etwa einer Woche erholte sich mein Gehör zunehmend. Was blieb, war ein pfeifendes Geräusch, aber mit dem kam ich ganz gut zurecht. Ich konnte also wieder arbeiten. Endlich! Es war ja so viel liegen geblieben. Als der Tinnitus passierte, war ich mit Vollgas im Business. An weniger arbeiten war vorerst nicht zu denken. Also hatten meine Arbeitstage schnell wieder die üblichen zehn bis zwölf Stunden erreicht.

Gerade habe ich mich entschieden, das Mittagessen sausen zu lassen, um den nächsten Kundentermin vorzubereiten, da surrt mein Handy. Meine Mutter ist dran.

„Arbeitest du schon wieder!?", fragt sie besorgt. „Warum denn?"

„Ist doch alles wieder gut, Mama, und hier brennt die Hütte!", entgegne ich.

Sie: „Bist du nicht noch krankgeschrieben?"
Ich: „Ja, doch, aber ich brauch den Umsatz!"
Sie: „Wofür brauchst du ihn denn?"
Ich: „Damit ich eben irgendwann ruhiger machen kann!"
Sie: „Und was machst du dann?"
Ich: „Na dann hab ich Zeit und kann angeln gehen, am Baggersee."
Meine Mutter macht eine kleine Pause. Dann sagt sie: „Jochen, warum machst du das denn nicht jetzt schon und nicht erst später, wenn du in Rente bist? Zum Angeln brauchst du ja nicht viel."
Ich: „Wie, jetzt? Heute schon?"

Erst war ich sprachlos über die Wendung, die das Gespräch genommen hatte. Aber dann verstand ich: Meine Mutter hatte vollkommen recht.

Nach dem Vorfall hatte ich mir fest vorgenommen, mein Leben gelassener anzugehen. Mir mehr Zeit zu nehmen für die Dinge, die mir wirklich wichtig waren – wenn nur das mit meinem Ohr wieder in Ordnung kommen würde. Nun war es in Ordnung. Und was tat ich, anstatt mich auf mein Versprechen zu besinnen? Ich hatte die Mühlsteine nicht nur wieder in Gang gesetzt, ich hatte ihre Geschwindigkeit sogar erhöht, um die verlorene Zeit wettzumachen. Ich war drauf und dran, selbst das röteste Warnsignal zu ignorieren.

Das konnte nicht wahr sein!

Ich saß da, den Telefonhörer noch in der Hand, und hatte endlich kapiert:

Rot heißt Stopp.

Stopp für das Müssen, Stopp für das Hetzen, Stopp für den Stress.

Nicht, weil ich ein fauler Sack bin, der sein Leben mit dem Cocktail am Strand verbringen möchte, sondern weil ich das Beste aus meinem Leben machen möchte! Und dafür, was das beste Leben für mich ist, hat mir dieses kurze Telefongespräch die Augen geöffnet.

Die Sache ist die: Die Werbung, Ihr Chef, Ihre Eltern und vielleicht auch Ihre Freunde oder Ihr Partner suggerieren Ihnen, dass Sie erst noch etwas erreichen müssen, um die Ressourcen zu haben, die Sie brauchen, um Ihren Traum zu leben. Die nächste Beförderung, den neuen Job, den besseren gesellschaftlich Status oder die Möglichkeit, noch fetter Urlaub zu machen. Wir alle träumen von einem Regenbogen hinter dem Horizont.

Ich bin inzwischen überzeugt: Sie können heute schon Ihr Traumleben leben. Denn unsere Träume lassen sich auch mit weniger Geld erreichen. Was Sie brauchen, um wirklich zufrieden zu sein – um etwa Ihrer Kletterleidenschaft nachzugehen, um endlich ein Buch zu schreiben oder um eben jeden Tag Sport zu machen, ist nicht Geld, sondern Zeit! Und Zeit ist heute die knappste Ressource überhaupt. Deshalb ist der wahre Reiche nicht der mit unendlich viel Geld, sondern der mit unendlich viel Zeit: der Zeitmillionär.

Ich bin kein Fantast: Auch ein Zeitmillionär braucht Geld. Aber eben nicht wie Dagobert Duck in Bergen im Geldspeicher, sondern nur ausreichend viel davon. So viel, um das zu tun, was für ihn im Leben wirklich zählt. Und genau das habe ich in den Jahren nach dem Hörsturz für mich umgesetzt. Ich habe nicht alles hingeworfen, um in die Strandhütte auf der einsamen Insel zu ziehen. Nein: Ich lebe nach wie vor in meiner Heimat und nehme am Geschäftsleben teil. Mit einem Unterschied: Heute habe ich Zeit. Ich kann ganz entspannt sagen: Ich führe ein tolles Leben.

Wie ich das gemacht habe? Ich habe mich von sämtlichen inneren und äußeren Zwängen befreit. Und habe mir ein Leben aufgebaut, das mich in jeder Sekunde Luxus erleben lässt. Und zwar den wahren Luxus, der sich nicht mit Geld kaufen lässt.

Ich bin Zeitmillionär geworden.

Und genau das können Sie auch.

Mein Zeitmillionärs-Tipp

Ihr erster Schritt zum Zeitmillionär ist einfach und Sie können ihn sofort machen. Beantworten Sie sich diese drei Fragen, aber bitte offen und ehrlich:

- Haben Sie sich in den letzten sieben Tagen ein- oder mehrfach gewünscht, für jemand oder etwas mehr Zeit zu haben?
- Haben Sie in den letzten sieben Tagen an sich Flüchtigkeitsfehler oder Konzentrationsschwierigkeiten bemerkt?
- Haben Sie sich in den letzten sieben Tagen ein- oder mehrfach ausgelaugt gefühlt?

Wenn Sie dreimal mit Nein geantwortet haben, dann gratuliere ich Ihnen. Sie sind schon Zeitmillionär. Sie werden sich beim Lesen dieses Buches immer wieder bestätigt fühlen.
Wenn Sie ein-, zwei- oder dreimal mit Ja geantwortet haben, dann gratuliere ich Ihnen auch, weil Sie schon die wichtigste Erkenntnis gewonnen haben: Ihr quälendes Gefühl, nicht zu können, sondern nur noch zu müssen, ist keine Einbildung, sondern Anzeichen eines gefährlichen Zustands. Nehmen Sie ihn ernst und lesen Sie weiter.

2. Nehmen Sie sich erst mal eine Auszeit!

Ja, das meine ich so. Das heißt allerdings nicht, dass Sie Ihren Rucksack packen und für ein halbes Jahr nach Australien ziehen sollen. Für die Auszeit, die ich meine, müssen Sie nicht einmal eine Woche Urlaub nehmen. Sie können sie gleich jetzt und hier einlegen. Mitten in Ihrem Alltag.

Zum Beispiel morgens, bevor der Tag so richtig losgeht: Sie könnten sich einfach nach dem Aufstehen auf Ihren Lieblingsplatz am Fenster setzen, in aller Seelenruhe einen Café au Lait oder eine Kanne Pfefferminztee trinken oder, wenn Sie es gern aktiver haben, Sie breiten Ihre Yogamatte aus oder fahren ins Fitnessstudio und gönnen sich eine Stunde Bewegung. Vielleicht mögen Sie auch endlich mal in das neue Musikalbum hören, das Sie sich bereits vor Wochen heruntergeladen haben. Und zwar nicht nebenbei im Auto, sondern in Ruhe, mit der guten Anlage. Indem Sie an einem Tag früher starten oder später mit der Arbeit beginnen und stattdessen etwas tun, wonach Sie sich schon lange sehnen.

Die kleine Auszeit muss übrigens nicht morgens sein. Sie könnten auch mittags das Büro verlassen und zur Eisdiele schlendern. Oder Sie könnten die Wäsche eine Stunde länger in der Waschmaschine liegen lassen, weil gerade jetzt die Sonne durch die Wolken der letzten Tage hervorkommt. Und diesmal dem Impuls, sich für eine Stunde auf die Parkbank zu setzen, nicht widerstehen, sondern ihm nachgeben. Sie gehen hin und nehmen sich dabei nichts vor. Sie nehmen auch kein Buch mit. Sie gönnen sich einfach eine Auszeit. Denn Aus-Zeit bedeutet nichts anderes, als dass Sie eine Zeit lang alles aus-schalten. Den Rechner, das Smartphone, die Gedanken an die Arbeit, die To-dos, das Müssen, das Sollen.

Natürlich könnten Sie das auch abends tun, nach der Arbeit oder wenn die Kinder im Bett sind. Das würde sich anbieten! Dann müssen Sie sich nicht mit den Kollegen oder dem Kindergarten koordinieren, erklären, warum Sie heute länger wegbleiben, und Antworten auf unangenehme Nachfragen finden. Das ist richtig. Es wäre deutlich bequemer. Aber das ist keine richtige Aus-Zeit. Denn abends ist die Arbeit sowieso „aus". Eine Auszeit während der Auszeit? Macht wenig Sinn.

Wobei das nicht ganz stimmt. Die Arbeit ist abends nur offiziell „aus". Theoretisch. Praktisch ist sie im Kopf häufig weiter präsent; es ist, als wären Sie weiterhin am Arbeitsplatz, auch wenn sich Ihr Körper gerade beim Einkaufen, zuhause oder im Kino befindet. Warum? Weil die ungelösten Fälle, die unfertigen Projekte, die drückenden Deadlines und die nicht vorhandenen Pläne, wie das alles zu bewältigen ist, Sie selbstverständlich auch in der Freizeit quälen. Sie haben zwar Feierabend, aber leider kein Gerät in Ihrem Gehirn, das um 17.00 Uhr den Schalter umlegt und dafür sorgt, dass Ihnen bis zum nächsten Morgen alle offenen Fragen aus dem Kopf gehen.

Also machen Sie sich Sorgen. Denn solange Sie es nicht schaffen, die liegen gebliebenen Aufgaben in Angriff zu nehmen, haben Sie keine andere Chance, als die gleichen Gedanken immer und immer wieder in Ihrem Kopf zu bewegen. Ohne Ergebnis. Ohne dass Sie es merken, befinden Sie sich in einem stetigen Gedankenkarussell. Sie spüren nur: Ich habe zu wenig Zeit!

Das ist der Grund, warum nur eine bewusste Aus-Zeit Ihre Alltagshektik unterbrechen kann. Weil es darum geht, Ihr Gedankenkarussell anzuhalten. Und das schaffen Sie in der Freizeit deshalb nicht, weil Sie gar nicht bemerken, dass das Karussell läuft.

Darum ist meine dringende Empfehlung an Sie: Nehmen Sie in den nächsten zwei, drei Tagen eine Auszeit! Und machen Sie das am besten während der Arbeitszeit! Mitten im Alltag. Einfach so.

Einfach so?

Ja. Ich weiß, es ist ungewohnt. Und es kostet Überwindung. Sie müssen die vielfältigen Ausreden, die Ihr Kopf sich ausdenkt, um das Neue zu vermeiden, besiegen. Und da kommen viele.

- Keine Zeit.
- Kein Nerv.
- Na, ob das funktioniert?
- Wie? Das ist doch die reine Flucht vor Verantwortung!

„Soll ich mich auf eine Parkbank verziehen und Cappuccino schlürfen, während mein Postfach überquillt, meine Projekte anbrennen oder das Mittagessen gekocht werden will? Meine Probleme machen sich doch nicht davon, nur weil ich wegschaue!“

Das ist richtig! Probleme lösen Sie erst wirklich, wenn Sie sie genau kennen. Wenn Sie eine übervolle To-do-Liste haben und Sie strampeln sich ab, um sie abzuarbeiten, obwohl Sie wissen, dass Sie nie im Leben rechtzeitig fertigwerden – dann haben Sie Ihr eigentliches Problem nicht erkannt.

Ihr Problem ist nicht, dass Sie zu wenig Zeit haben. Denn Zeit hat jeder, der auf diesem Planeten lebt, gleich viel. Jeden Morgen, wenn Sie aufstehen, bekommen Sie 24 Stunden geschenkt – ganz gleich, ob Sie Student, Hausfrau, Manager oder Privatier sind. Dieses Guthaben ist für jeden gleich und so verlässlich wie das Amen in der Kirche. Wenn Sie also meinen, zu wenig Zeit zu haben, dann haben Sie keine klaren Prioritäten. Oder Sie haben einen Fehler im System. Oder Sie müssen etwas delegieren. Oder, oder, oder.

Was genau Ihr Problem ist, finden Sie nur heraus, wenn Sie aufhören zu rennen und sich Ihre Situation aus der Entfernung anschauen. Nur wenn Sie die Welt da draußen kurz anhalten, können Sie die Probleme, die Sie umtreiben, tatsächlich erkennen. Machen Sie weiter so und versuchen auch noch, das Tempo zu erhöhen, dann sind Sie wirklich auf der Flucht. Denn mit jeder neuen Aufgabe, die Sie abhaken, täuschen Sie sich einen Fortschritt vor. Tatsächlich lenken Sie sich vom wahren Problem ab. Unbewusst, klar. Aber Fakt ist: Sie tun nichts, um Ihre Probleme zu lösen. Wie denn auch, wenn Sie sie nicht sehen?

Die Verführung ist groß, statt der Auszeit eine zweistündige Problemanalysesitzung zu machen. Allein, mit einem Coach, mit Ihrem Chef oder mit Ihren Kollegen. Aber ganz ehrlich: Lassen Sie das! Denn wenn Sie unter Druck stehen, hat jeder Lösungsversuch nur eine sehr geringe Erfolgschance. Warum? Weil Ihr Kopf noch nicht frei denkt – sondern in den gewohnten Bahnen. Geben Sie ihm die Chance, sich zu entspannen, dann wird er auch wieder kreativ.

Die beliebteste Ausrede, wenn es um Auszeiten im Alltag geht, ist: „Keine Zeit.“ Nach dem Motto: „Das geht wirklich nicht!“

Ich kann mir vorstellen, wie Ihr Alltag sich anfühlt, wenn Sie freiwillig zu diesem Buch gegriffen haben: ganz schön vollgepackt. An manchen

Tagen sogar bis zum Geht-nicht-mehr. Den Sport gestrichen, das Treffen mit der Freundin verschoben, die Physio abgesagt und den Schlafbedarf auf ein Minimum reduziert. In heißen Phasen nehmen Sie sich vermutlich in der Mittagspause keine zehn Minuten zum Durchschnaufen. Und gerade weil Sie so wenig Zeit haben, lautet meine Empfehlung: Nehmen Sie sich für die Auszeit nicht eine, sondern zwei Stunden! Je getriebener Sie sind, desto länger brauchen Sie, um Ihr Gedankenkarussell zu stoppen.

Früchte der Entspannung

So eine lange Pause hört sich erst einmal nach Zeitverschwendung an. In Wahrheit ist es die beste Investition, die Sie gerade machen können. Wenn Sie zwei Stunden in eine Auszeit investieren, und das nicht nur für ein einmaliges Experiment, sondern sagen wir einmal pro Woche, dann können Sie auf Dauer das Vielfache davon zurückgewinnen! Sie sparen also Zeit, während Sie sich entspannen. Denn dabei passiert eine Entwicklung von unschätzbarem Wert.

1. Sie werden ein besserer Entscheider

Wenn Ihr Gehirn ständig unter Strom steht, kann es keinen klaren Gedanken fassen. Dann kann es passieren, dass Sie morgens vor dem ersten Meeting schnell Ihre Mails beantworten und mittags nicht mehr wissen, ob Sie Ihre Frau tatsächlich gebeten haben, das Auto aus der Werkstatt abzuholen, oder es nur vorhatten. Da Sie so viel um die Ohren haben, vergessen Sie es nachzuprüfen, wenn Sie wieder am Schreibtisch sind. Zuhause angekommen fällt Ihnen der leere Stellplatz auf! Die Werkstatt hat jetzt geschlossen, also müssen Sie morgen noch früher aufstehen als geplant und mit dem Taxi Ihr Fahrzeug selbst abholen! Eine nicht verschiebbare Dienstreise steht an.

Oder Sie bringen die Kleine in den Kindergarten und werden am Eingang puterrot: Alle anderen Kinder sind verkleidet, nur Sie haben vergessen, dass heute Mottotag ist – und Ihr Kind schaut Sie anklagend an. Sie versprechen, dass Sie dafür morgen Kuchen für alle mitbringen. Aber dieser Blick verfolgt Sie bis auf die Baustelle, wo Sie prompt entdecken, dass Sie eigentlich heute früh schon einen Abnahmetermin gehabt hätten. Wieder werden Sie puterrot und hängen sich mit tausend Entschuldigungen auf den Lippen ans Telefon.

Durch Hektik und fehlenden Überblick über die Prioritäten treffen wir lauter Fehlentscheidungen. Diese bringen ungeplante Zusatzarbeit mit sich – und die macht den ohnehin schon vollen Kalender noch voller.

Jetzt stellen Sie sich vor, es gäbe ein Tool, mit dem Sie es schaffen, den nötigen Überblick zu behalten und zu wissen, welche Dinge gerade wichtig sind und welche noch warten können. Sie würden deutlich bessere Entscheidungen treffen, sich die aufreibenden Extrarunden sparen – und sowohl Zeit gewinnen als auch viel mehr Spaß haben an dem, was Sie tun!

2. Sie beginnen, über das WAS und das WIE nachzudenken

Wenn Sie diesen Überblick einmal haben, können Sie gar nicht anders, als sich zu fragen, welche der Aufgaben, die Sie als Ihre Verantwortung erachten, Sie wirklich weiterbringen und welche Sie aus Gewohnheit übernehmen, ohne dass Sie viel davon haben. Mit anderen Worten: Sie fangen an, über das WAS nachzudenken. Sie machen nicht mehr automatisch alles, was Sie sich aufgebürdet haben, sondern Sie stellen den Sinn dieser Tätigkeiten infrage. Parallel dazu werden Sie sich fragen, ob Sie bei den Aufgaben, die Ihnen wichtig sind, auch schneller zum Ziel kommen können. Ob Sie effizienter sind, wenn Sie diese Tätigkeiten anders angehen. Sie fangen also an, über das WIE bei Ihrer Arbeit nachzudenken. Und so entwickelt sich eine neue Sicht auf das, was Sie jeden Tag tun. Eine Meta-Sicht.

Der Clou ist: Der Abstand bringt Sie voran. Wenn Sie Ihre Probleme aus der Ferne betrachten, gewinnen Sie völlig neue Perspektiven. Sie sind in der Lage, das Chaos in Ihrem Kopf zu ordnen, und werden dadurch handlungsfähiger.

Immer mit der Ruhe

Okay, das klingt verlockend. Jetzt möchte ich Sie allerdings warnen: Sie werden es nicht auf Anhieb schaffen, all Ihre Probleme in zwei Stunden zu lösen. Erwarten Sie von Ihrer ersten Auszeit keine Wunder! Wenn Sie sich auf das Finden einer Lösung versteifen, werden Sie mit Sicherheit zu keinem Ergebnis kommen. Warum? Weil Sie Muße brauchen, um klar zu sehen.

Die Lösung kommt von allein. Wenn Sie es geschafft haben, sich innerlich zu entspannen und aus Ihrem Gedankenkarussell zu lösen. Also: Sitzen Sie erst einmal ohne große Erwartungen einfach nur da. Gönnen Sie sich zwei Stunden, nichts machen zu müssen. Vielleicht bekommen Sie eine Idee davon, wie Sie den ganzen Salat lösen können. Vielleicht auch nicht. Vielleicht rauschen Ihnen unkoordiniert und schnell wie ein ICE 100 Gedanken durch den Kopf. Vielleicht passiert gar nichts. Alles ist gut. Denn was auch immer passiert, Sie werden danach jedenfalls in einem besseren Zustand sein. Weil Sie mehr bei sich sind. Und das wird sich positiv auf Ihren Tag und Ihre künftigen Entscheidungen auswirken. Wenn Sie die Auszeit ein paarmal gemacht haben, wird Ihr Blick immer weiter und Sie werden immer klarer sehen.

Ein weiterer hilfreicher Gedanke ist: Sie müssen diese Auszeit nicht nehmen. Sie können! Das ist ein großer Unterschied. Sie machen das aus freien Stücken, deshalb können Sie nur gewinnen. Es muss nicht viel passieren, damit Sie einen Vorteil davon haben! Schieben Sie daher jedes Effizienzstreben zur Seite. Das macht nur unnötig Druck. In dem Moment, in dem Sie es geschafft haben, sich zu entspannen, werden Sie feststellen: „Hey, das ist ja cool. Daran könnte ich mich gewöhnen!" Dann sind Sie in der Muße angekommen.

Natürlich kann es sein, dass Sie nach einigen Minuten hibbelig werden. So lange keiner Aktivität nachzugehen, kann jemanden, der viel schafft, erst einmal verrückt machen. Seien Sie darauf gefasst und machen Sie sich klar: Das ist kein Grund, den Versuch abzubrechen! Im Gegenteil: Das ist ein doppelter Grund, dabeizubleiben! Denn hier stoßen Sie an Grenzen Ihrer Komfortzone. Lenken Sie sich nicht ab, indem Sie Ihr Handy aus der Tasche kramen, sondern halten Sie den Moment aus. Sie werden so Stück für Stück ruhiger und klarer.

Wenn Sie es übrigens gar nicht aushalten im Sitzen: Stehen Sie auf und gehen Sie ein paar Schritte. Oder auch viele. Wandeln Sie die Energie in Bewegung um, dann hat Ihr Geist wieder Ruhe.

Und falls Sie, während Sie dort auf Ihrer Bank sitzen, denken sollten: „Aha, das war also alles? Und was hat mir das jetzt gebracht?“, dann warten Sie ab, bis Sie wieder im Büro sitzen, und spüren Sie noch einmal in sich hinein. Fühlt es sich wirklich gleich an? Der Effekt der Auszeit wird meistens erst deutlich, wenn Sie in Ihrem Alltag zurück sind. Vorher waren Sie voll im Strudel: Das Handy bimmelt, der Kunde wartet, die Assistentin ruft, das Postfach explodiert. Sie konnten nicht mehr klar denken, geschweige denn, etwas entscheiden. Nach Ihrer Rückkehr sind Sie entspannt und trotzdem voller Energie. Was vorher unlösbar schien, hat sich schnell erledigt, und das Angebot, an dem Sie schon den ganzen Vormittag geknabbert haben, geht Ihnen in einer Stunde von der Hand.

Der Kick

Okay, wie gehen Sie es nun konkret an? Nehmen Sie am besten Ihren Kalender zur Hand und entscheiden Sie sich für einen Tag und eine Zeit. Suchen Sie nicht nach einem passenden Zeitpunkt, denn Sie werden ihn höchstwahrscheinlich nicht finden.

Wenn jede noch so winzige Lücke in Ihrem Terminplan zugekleistert ist, dann ist es egal, welchen Termin Sie streichen. Aber wie wollen Sie Ihrem Chef erklären, dass Sie heute nicht beim Teammeeting dabei sind? Und was tun mit dem Elternabend, wenn Ihr Partner nicht übernehmen kann?

Denken Sie mal an Ihre Schulzeit zurück. Was haben Sie damals getan, wenn Sie spannendere Sachen mit Ihren Kameraden oder den Freundinnen vorhatten, als sich im Matheunterricht zu langweilen? Richtig! Sie haben geschwänzt. Sie haben sich erlaubt zu tun, worauf Sie Lust hatten!

Warum sich also nicht krankmelden oder einen Zahnarzttermin vortäuschen und sich stattdessen in die hinterste Ecke Ihres Lieblingscafés verkrümeln, um sich dort eine Tasse Tee zu genehmigen? Jetzt sind Sie doch erwachsen! Jetzt können Sie selbst entscheiden, was für Sie wichtiger ist.

Sobald Sie an Ihrem Rückzugsort sind, werden Sie merken, dass es sogar Spaß machen kann, so etwas „Verbotenes“ zu tun. Ich kann mich richtig gut an das Freiheitsgefühl erinnern, das ich hatte, als ich in der achten Klasse den Religionsunterricht geschwänzt habe und mit ein paar Freunden morgens um 8.00 Uhr zu McDonald's gegangen bin. Jeder von uns hat eine Riesenportion Chicken McNuggets verdrückt. Das war das Paradies. Und wir schwärmten vor uns her: „Ach, könnten wir doch die nächste Stunde auch noch schwänzen."

Wenn Sie sich an Ihre verrückten Erlebnisse aus der Kindheit erinnern, schwindet die Zurückhaltung, Verbotenes zu wagen. Sie werden es lieben, etwas zu tun, was Sie sich selbst ausgesucht haben – statt brav einen Termin abzusitzen, auf den Sie keine Lust haben.

Ein Detail ist dabei noch wichtig: Überlegen Sie sich schon vorher, wo genau Sie Ihre Auszeit verbringen möchten. Legen Sie die Zeit, die Dauer und den genauen Ort des Termins fest, wie wenn es ein wichtiger Business-Termin wäre. So schaffen Sie die Verbindlichkeit, die Sie brauchen, um ihn wirklich durchzuziehen. Auch ohne Gegenüber.

Und wenn Sie wiederkommen: Achten Sie auf Ihr Gefühl. Was haben diese zwei Stunden in Ihnen bewirkt?

Mein Zeitmillionärs-Tipp

Für mich sind diese Auszeiten am effektivsten, wenn ich mich komplett unbeobachtet fühle. Mein Rat an Sie: Verlassen Sie Ihre alltägliche Umgebung und gehen Sie an einen Ort, an dem Sie mit hoher Wahrscheinlichkeit niemanden treffen werden, den Sie kennen. Auch nicht den Kellner, der Sie mittags ab und zu bedient. Machen Sie einen echten Cut!

3. Warten Sie nicht auf den richtigen Augenblick

„Jochen, ja, das will ich machen", sagt meine Bekannte Corinna begeistert. „Deine Methode, wie ich Zeitmillionär werden kann, finde ich toll."

„Das freut mich", sage ich. „Nächste Woche sehen wir uns ja eh wieder, da kannst du mir schon von deinen ersten Erfahrungen berichten."

Sie schüttelt den Kopf und sagt: „Ich würde ja gerne gleich anfangen, aber ich kann nicht. Ich muss erst noch das große Projekt in der Arbeit abschließen. Und dann muss ich noch die große Feier zum runden Geburtstag von Karli vorbereiten. Und ich muss endlich den Keller meiner alten Wohnung räumen. Aber dann, dann mache ich mich gleich dran."

Sie fängt meinen zweifelnden Blick auf und sagt noch einmal mit Nachdruck: „Doch, wenn ich das alles weg habe, dann ist der perfekte Augenblick, um einzusteigen. Nur jetzt ist es halt gerade schlecht. Glaub mir!"

Einfach perfekt

Ich hätte Corinna nur zu gerne geglaubt, doch meine Erfahrung zeigt: Wer auf den perfekten Augenblick wartet, um anzufangen, fängt nie an. Das hat einen ganz einfachen Grund: Es gibt ihn nicht, den perfekten Moment. Er ist wie der viel beschworene gute Geist, von dem jeder redet, den aber noch nie jemand gesehen hat.

Nur mal angenommen, es gäbe ihn: Wie sähe er denn aus, der perfekte Augenblick? Es wäre der Zeitpunkt, wenn es rein gar nichts gibt, was gegen Ihren Plan spricht. Wenn alle Ampeln auf Grün sind, keinerlei Bedenken bestehen und die Zukunftsaussichten rosa pur sind. Haben Sie so etwas schon mal erlebt? – Eben.

Es ist nicht nur so, dass es diesen Zeitpunkt momentan nicht gibt. Es kann ihn auch künftig nicht geben. Denn zu jedem Vorhaben, jeder Idee, die Sie haben, wird Ihnen sofort auch ein Aber einfallen. Und das aus folgendem Grund: Wir leben nicht einsam in Höhlen, sondern sind Teil der Gesellschaft des 21. Jahrhunderts. Darum haben wir zu jedem Zeitpunkt unseres Lebens neben einem neuen Vorhaben eine Menge anderes zu tun. Teils sind es die ganz normalen Alltagsdinge, die anstehen: Kundentermine, Kinder abholen, Wäsche bügeln. Teils sind es Dinge, die schon lange darauf warten, erledigt zu werden: die Steuererklärung machen, die versprochenen Serviettenringe für Tante Frieda besorgen, dem Nachbarn beim Baumbeschneiden helfen und dem Sohn die Integralrechnung erklären. Oder es stehen Dinge an, die gerade erst aufpoppen, aber wahnsinnig dringend sind: die eilige Anfrage in der Firma beantworten, die kaputte Waschmaschine reparieren lassen oder die tolle Sonderausstellung im Museum besuchen, bevor sie schließt.

Falls Sie aber tatsächlich gerade nichts zu tun haben, sind da ja auch noch Ihre momentanen Umstände, die das Aber erzeugen können: Sie haben gerade zu wenig Geld. Das Wetter passt nicht. Es läuft gerade eine Fußballweltmeisterschaft. Morgen, ja morgen sieht die Welt ganz anders aus. Da kommt er bestimmt, der perfekte Augenblick.

Er kommt aber nicht, weil es einfach immer einen Grund für ein Aber gibt. Und das gilt bei Weitem nicht nur für solche Vorhaben, wie Zeitmillionär zu werden. Das gilt schon für so viele kleine Dinge. Und erst recht für die großen Pläne in Ihrem Leben.

So wie bei der 36-jährigen Abteilungsleiterin, die schon gerne Kinder haben möchte, aber jetzt ein Megajobangebot auf dem Tisch hat: drei Jahre Filialleitung in Malaysia mit der Aussicht, nach ihrer Rückkehr richtig weit oben weiterzumachen.

Oder bei dem Paar, das seine Traumwohnung günstig zum Kauf angeboten bekommt, aber sich finanziell gerade nicht so lange an die Bank binden möchte.

Oder bei dem gesundheitlich angeschlagenen Frührentner mit den vielen Ehrenämtern, der dringend Ruhe nötig hätte, aber einfach nicht Nein sagen kann, wenn immer noch einer kommt und ihn um Hilfe bittet.

Oder bei dem Studenten, der ein spannendes Auslandssemester machen könnte, aber den Bewerbungskram für das Stipendium scheut.

Einfach machen

Es bringt Ihnen also nichts, auf den perfekten, den Aber-freien Moment zu warten. Das ist auch nicht schlimm, denn es reicht vollkommen, wenn Sie den richtigen statt den perfekten Augenblick erwischen – und das ist nicht schwer. Der richtige Augenblick zum Anfangen steht schon fest:

Der ist jetzt.

Sie erkennen den richtigen Augenblick an Ihrem Gefühl: wenn Sie Begeisterung spüren. Wenn Sie die innere Überzeugung haben, dass das, was Sie da hören, sehen, erfahren, etwas Gutes für Sie ist. Dass es Bedeutung hat für Sie. Kurz: Wenn es sich gut anfühlt.

Diese Emotion ist sehr wichtig, denn sie gibt Ihnen den nötigen Schwung, um über die erste Hürde, den Anfang zu kommen. So lange Sie richtig heiß auf ein Thema sind, so lange brennt auch ein Wollen in Ihnen. Je länger Sie aber mit dem Anfangen warten, desto höher wird die Einstiegshürde und umso weniger Kraft haben Sie, um sie zu überwinden. Ihr Wollen erlischt Stück für Stück, und wenn Sie jetzt noch anfangen würden, müssten Sie sich dazu zwingen – und das funktioniert nicht.

Ich kenne so viele Leute, die entweder ein Unternehmen gründen oder auch nur den Job wechseln wollen: Sie reden lang und breit darüber, sie informieren sich, sie bereiten sich intensiv vor – und machen es nie. Sie finden den Anfang nicht und trauern noch Jahre später der verpassten Chance nach. Den passenden Spruch dazu habe ich einmal bei einem Kamingespräch von dem erfolgreichen Gründer der Redner-Agentur Speakers Excellence, Gerd Kulhavy, gehört. Er sagte: „Lieber unperfekt begonnen, als perfekt gewartet."

Diese Worte begleiten mich seither und machen mir das Leben leichter. Deshalb sage ich mir und auch Ihnen: „Jetzt mach es halt mal. Auch wenn es nicht perfekt ist. Werde einfach Macher."

Sie werden sehen: Das geht. Und noch eine gute Nachricht: Sie kriegen mit der Zeit sogar Übung darin. Ich habe früher ewig überlegt. Egal, ob ich eine neue Firma gründen oder eine teure EDV anschaffen oder eine andere wichtige Entscheidung fällen wollte, meine Gedanken drehten sich fortwährend im Kreis: „Ich sollte keinen Fehler machen. Ich brauche noch viel mehr Informationen. An was muss ich noch alles denken?"

Mittlerweile komme ich viel schneller zu dem Schluss: „Ich mach das jetzt einfach, auch wenn es noch nicht perfekt sein wird." Heute weiß ich, dass es meist günstiger kommt, ohne Anspruch auf Perfektion anzufangen und im Verlauf gegebenenfalls noch etwas nachzujustieren, als es nie zu machen.

Ja und kein Aber

„Das ist es! Auf Ponyreiten habe ich richtig Lust." – Ist dieses prickelnde Gefühl das eindeutige Zeichen dafür, dass Sie Ihren Job im Marketing eines Konzerns an den Nagel hängen sollten? Sollten Sie ab jetzt immer Ihrem Wohlgefühl folgen und nicht mehr zögern, große Entscheidungen zu treffen? Sondern einfach nur noch das machen, worauf Sie spontan Lust haben? Unabhängig von der Kehrseite Ihrer Entscheidungen?

Nein! Das sollen Sie bitte nicht.

Ich bin ein klarer Befürworter der Maxime: „Mach einfach." Das heißt aber nicht, dass Sie sich vollkommen unüberlegt und spontan in jede neue Idee hineinstürzen sollten. Ein Macher sein heißt nicht, sein Hirn auszuschalten und nur nach Instinkt zu handeln. Das geht schief. Ein Macher denkt durchaus, bevor er handelt. Nur denkt er nicht ewig, sondern bemerkt den richtigen Moment, in dem er vom Denken ins Handeln kommt. Die Kunst ist, diesen Übergang zu erkennen. Zu erkennen, ab wann das Denken Ihnen keine neuen Erkenntnisse mehr liefert, sondern sich nur noch Ihren Wünschen in den Weg stellt. Mit den „Ja-aber"-Stimmen.

Es geht also nicht darum, alles jetzt und sofort zu entscheiden. Einer meiner Mentoren, den ich sehr schätze, hat immer gesagt: „Der Teufel hat die Eile erfunden." Und recht hat er gehabt.

Ein Beispiel dazu: Als ich im Begriff war, mein Leben zu verändern, und mit dem Gedanken spielte, meine Firma zu verkaufen, erzählte ich meiner damals besten und vertrautesten Mitarbeiterin von meinen Überlegungen. Sie bedankte sich für mein Vertrauen, tat aber die Wochen danach so, als wäre nichts.

Als sie mir dann eines Morgens Knall auf Fall die Kündigung auf den Tisch legte, fiel ich aus allen Wolken. Sie hatte eine Stelle angeboten bekommen, die viel näher an ihrem Zuhause lag, und der neue Arbeitgeber hatte ihr die Pistole auf die Brust gesetzt: „Jetzt oder nie! Entweder Sie entscheiden sich sofort oder ich vergebe die Stelle anderweitig." Also sagte sie noch am gleichen Abend zu. Im Nachhinein ärgerte sie sich sehr, dass sie sich so unter Zeitdruck hatte setzen lassen. Denn bei genauerem Hinsehen lagen die neuen Aufgaben weit unter ihrem fachlichen Niveau und ich weiß, dass sie sehr gelitten hat, bis sie dann dort endlich wieder gekündigt hat.

Ich kenne das Gefühl auch gut: „Das ist die Gelegenheit. So was kommt niiee wieder." Und prompt sind Kopf und Bauch ausgeschaltet. Ich weiß nicht, wie viele Ehen, Immobilienkäufe, Arbeitsverträge und andere Lebensentscheidungen unter diesem Druck schon zustande gekommen sind. Aber ich bin sicher, dass der Prozentsatz von Entscheidungen, die unter solchen Bedingungen gefällt und hinterher bitter bereut wurden, hoch ist.

Doch je wichtiger die Entscheidung ist und je mühevoller eine Entscheidung rückgängig gemacht werden kann, desto mehr habe ich mir angewöhnt, an das Teufels-Motto mit der Eile zu denken.

Ein klares Gefahrenzeichen für solche kritischen Entscheidungssituationen: Sie fühlen sich unter Druck gesetzt. Lassen Sie die Alarmglocken angehen, wenn Sie so etwas spüren. Denn Sie können dann nicht mehr klar denken und auch Ihren Bauch nicht mehr spüren. Sagen Sie sich in solchen Momenten: „Der Teufel hat die Eile erfunden." Und gewinnen Sie erst einmal Ruhe, Gelassenheit und Zeit für eine klare Entscheidung.

Wenn das nicht geht, weil sich dann jemand anderes das Haus schnappt, ein anderer Bewerber vorgezogen wird oder Ihre Freundin Ihnen den Laufpass gibt? Mein Rat: Lassen Sie das Wasser einfach weiter den Bach runterfließen und den Dingen ihren Gang. Wenn nicht die richtige Zeit für Ihre Entscheidung ist, dann entscheiden Sie auch nicht. Das ist dann in der Regel die richtige Entscheidung.

Ich sage nicht, dass Sie sich nicht auch mal schnell entscheiden dürfen. Wenn die Zeit reif ist und Ihr Bauch sich eindeutig dafür ausspricht, dann schlagen Sie zu. Aber nur weil Sie können, nicht weil Sie müssen.

Den Augenblick beim Schopf packen

Selbst wenn Sie den richtigen Augenblick und die wahre Gelegenheit erkannt haben, haben Sie noch einen dicken Brocken aus dem Weg zu räumen. Einen Brocken, der nicht nur so verbreitet, sondern auch so lästig ist wie die Grippe: die „Aufschieberitis".

Jeder kennt sie, jeder hat sie, jeder hasst sie – eigentlich. Denn sie macht weder glücklich noch zufrieden. Und sie löst keine Probleme. Im Gegenteil: Sie schafft nur Probleme, weil der Berg, den Sie mit ihrer „Hilfe" vor sich herschieben, immer größer und undurchdringlicher wird. Um gegen diese Plage vorzugehen, sollten Sie jedoch zunächst die richtige Diagnose stellen. Es gibt nämlich drei verschiedene Arten von Aufschieberitis.

Die Aufschieberitis perfectionissima: Von dieser Form werden insbesondere Perfektionisten befallen. Die Anzeichen der Krankheit sind: der dringende Wunsch, ja keinen falschen Schritt zu tun, und das riesige Bedürfnis, alles, und zwar wirklich ALLES, von Anfang an richtig geil – einfach perfekt – halt eben „extraordinary" zu machen. Der Befallene sammelt immer neue Informationen, um hundertprozentig sicherzugehen, dass er richtig entscheidet. Sein Ganz-oder-gar-nicht-Glaube quält ihn und hält ihn gleichzeitig gnadenlos davon ab, auch nur irgendwie anzufangen.

Die modernen Kommunikationsmöglichkeiten befeuern diese Beeinträchtigung noch: Wir haben so viel Information zur Verfügung, dass wir im Newsstrudel unterzugehen drohen. Und die Aufschieberitis macht uns wehrlos gegen diese Flut. Darüber hinaus vermengt sich diese Form der Aufschieberitis mit den objektiven Abers, mit denen Sie sich sowieso herumschlagen: Diese verunsichern Sie eh immer wieder, ob jetzt wirklich der richtige Moment ist.

Die Aufschieberitis inconcentrata: Auch diese Art greift – bedingt durch unsere moderne Lebensweise – immer mehr um sich. Krankheitsauslöser sind die ständigen Eilmeldungen, Ereignisse, Push-Nachrichten: kurz die Informationsüberflutung. Folglich können sich die Befallenen nicht mehr auf ihre wichtigen Vorhaben konzentrieren, weil ihre Aufmerksamkeit von den genannten Störern abgezogen wird.

Und schwupps – eh Sie sichs versehen – ist mit Ihrer Aufmerksamkeit auch Ihr Anfangsschwung des richtigen Augenblicks flöten gegangen.

Die Aufschieberitis faulensis: Diese Krankheit hat es wohl schon immer gegeben und wird es immer geben. Eine gewisse Trägheit ist uns Menschen angeboren und sie macht uns anfällig für diese Form der Aufschieberitis. Gedanken wie „Irgendwann erledigt sich das eh von selbst" oder „Schauen wir mal, dann sehen wir schon" beruhigen zwar die Nerven des Erkrankten vorübergehend, aber sie nehmen ihm auch jeden Schwung.

Zugegeben: Eine gewisse Gelassenheit ist nicht verkehrt. Und vieles, was zunächst ganz aufgeregt daherkommt, erledigt sich auch von selbst. Ihre großen Ideen aber tun das sicher nicht. Und Zeitmillionär werden Sie nur, wenn Sie es auch anpacken. Im richtigen Augenblick.

Wie gut, dass die Aufschieberitis zwar so verbreitet ist wie Grippe, aber besser kurierbar. Denn es gibt gleich zwei probate Rezepte, um sie zu überwinden. Beide bekämpfen die Aufschieberitis in jeder Form – unabhängig davon, ob Sie nun Zeitmillionär werden, endlich abnehmen oder mit dem Rauchen aufhören wollen. Oder über irgendein anderes großes oder kleines Ding in Ihrem Leben entscheiden wollen.

Allerdings hilft bei den meisten Menschen nur entweder das eine oder das andere. Aber lesen Sie erst einmal beide durch.

Rezept 1 – „Du siehst mich": Gestehen Sie sich selbst ein, was Sie vorhaben, und erzählen Sie allen Ihren Freunden davon. Meinetwegen posten Sie es sogar auf Facebook, damit es auch die Freunde Ihrer Freunde oder sogar die ganze Welt sehen kann. Das gibt einen gewissen sozialen Druck, der es Ihnen viel leichter macht anzufangen. Würden Sie es nicht tun, würden Sie ja Ihr Gesicht verlieren.

Rezept 2 – „Ich sehe mich": Gestehen Sie sich selbst Ihr Vorhaben ein und vereinbaren Sie es ganz fest – aber nur mit sich. Sie erzählen niemandem oder wenigen davon. Dafür stellen Sie sich Ihr Ziel möglichst bildlich vor: Wie wird es sein, wie werden Sie sich fühlen, wenn Sie es erreicht haben? Einfach gut, einfach frei, einfach leichter? Sie dürfen auch gerne eine Art Vertrag mit sich schließen. Und dann fangen Sie an.

Welches der beiden Rezepte bei Ihnen hilft, können Sie leicht feststellen. Es kommt nämlich darauf an, welcher Motivationstyp Sie sind.

Wie stellen Sie fest, welcher Typ Sie sind? Sie könnten es natürlich einfach ausprobieren und erst das eine und dann das andere Rezept versuchen. Oder Sie überlegen sich anhand des kleinen folgenden Selbsttests, welche Motivation bei Ihnen bisher funktioniert hat.

	Motivations-typ I	**Motivations-typ II**
Haben Sie in der Schule kontinuierlich mit gelernt, wenn Sie das Fach interessiert hat (I), oder haben Sie sich stets erst hingesetzt, wenn die Prüfung kurz bevor stand (II)?		
Haben Sie die Präsentationen für die Arbeit schon Tage vorher fertig (I) oder legen Sie regelmäßig die Nachtschicht vor dem Meeting ein (II)?		
Sind Sie eher ein Individualsportler, der für sich und aus Spaß trainiert (I), oder ein Mannschaftssportler, der sich dann so richtig reinhaut, wenn das Team davon abhängt (II)?		
Räumen Sie Ihre Wohnung regelmäßig von sich aus auf (I) oder nur dann, wenn Sie wissen, dass Sie Besuch bekommen (II)?		

Je nachdem, in welcher Spalte Sie mehr Kreuze gesetzt haben, sind Sie eher Motivationstyp I oder II. Dem Typ I empfehle ich das Rezept 1 – „Du siehst mich", dem Typ II das Rezept 2 – „Ich sehe mich".

Und eins noch: Bei Rezept 2 ist es noch wichtiger als bei Rezept 1, dass Sie nicht gleich in der ersten Woche die Riesenerfolge von sich erwarten. Freuen Sie sich auch über die kleinen Schritte, so als würden Sie mit stolzgeschwellter Brust Ihren Freunden davon erzählen. Denn Ihren ersten Erfolg haben Sie definitiv erzielt, wenn Sie den richtigen Augenblick beim Schopf gepackt haben.

4. Leben Sie einen Tag lang wie ein Privatier

Es ist Freitagmorgen. Sie sitzen im Büro und bereiten Ihren Kundentermin für heute Nachmittag vor. Da reißt Sie ein lautes „DZZZ-DZZZ-DZZZ!“ aus Ihren Gedanken.

Auf dem Handy-Display ploppt das Bild Ihres besten Freundes auf. Was der Frank wohl mitten am Tag will?

„Manne, hast du Lust, heute auf die Skihütte zu fahren? Das Wetter in den Alpen ist der Wahnsinn! Die hatten 20 Zentimeter Neuschnee über Nacht, das heißt ewige Pisten mit jungfräulichem Pulverschnee. Und jetzt strahlenden Sonnenschein! Ein alter Schneehase wie du kann sich das fast nicht entgehen lassen.“

Skifahren, hmm, toll ... Sie denken kurz nach. Eigentlich sollten Sie später ja noch zu Ihrem Termin. Aber das kann warten. Sie können den Kunden auch ein anderes Mal treffen.

„Hast recht, Frank. Das sollten wir uns nicht entgehen lassen. Lass mich bloß einen Termin verschieben und meine Sachen packen. Bin in etwa einer Stunde bei dir. Okay?“

„Geil! Immer noch so spontan wie zu Studi-Zeiten. Bis gleich, Alter!“

Der Traum von Freiheit

Luxus ist nicht unbedingt die Yacht am Mittelmeer, der Sportwagen in der Garage oder die teure Uhr am Handgelenk. Luxus ist etwas, was Ihnen nicht nur beim Kauf einen Kick gibt, sondern etwas, was Sie immer wieder erfüllt. Es ist die Freiheit, die Dinge dann zu tun, wenn Sie Lust darauf haben – nicht später, nicht am Wochenende, nicht wenn Sie schon müde sind, oder keine Lust mehr haben. Wahrer Luxus sieht so aus:

- Das Büro spontan verlassen, wenn sich eine tolle Gelegenheit bietet – obwohl es normalerweise gar nicht möglich ist

- Vormittags an einem Wochentag mit den Kindern etwas unternehmen – wenn die Parks und die Spielplätze nicht überfüllt sind

- Auf dem Markt einkaufen und selbst ein leckeres und gesundes Gericht kochen, auch wenn das länger dauert, als eine Pizza in den Ofen zu schieben

Ja, das sind alles Dinge, die man sich leisten können muss. Zeitmillionäre können sich das leisten. Sie haben Zeit. Und Sie haben ausreichend Geld. Wobei Zeit und Geld quasi das gleiche sind: Währungen.

Bei den meisten Menschen reichen beide Währungen nicht. Obwohl sie viel arbeiten, fühlen sie sich nicht wirklich reich. Ja okay, das Geld reicht, um die Familie zu ernähren, den Jahresurlaub zu bezahlen oder Ihrem Hobby zu frönen. Aber wirklich üppig ist das alles nicht. Und dann ist die Zeit noch knapp. Mit anderen Worten: Sie kämpfen an der Überlebenslinie. Sie versuchen, zig verschiedene Anforderungen zu erfüllen, und haben dabei Stress. Und je mehr Stress Sie haben, desto mehr schleicht sich die Überzeugung ein:

Ich kann nicht. Ich muss!

- Ich kann nicht einfach einen Tag freinehmen! Ich muss arbeiten, um Geld zu verdienen!

- Ich kann nicht einfach weggehen, ich muss die Kinder in die Schule bringen!

- Ich kann nicht mit meiner Freundin für eine Woche nach New York fliegen. Ich muss da sein, damit das Geschäft läuft.

So viel Pflichtbewusstsein! Meine Güte! Der einzige Haken: Pflichtbewusstsein macht unfrei. Ja, Pflicht und Verantwortung ist nicht das Gleiche! Der Pflichtbewusste ist nämlich dauernd damit beschäftigt, seine „Pflicht zu erfüllen“, statt das zu tun, was er will! Statt seinem

Leben einen Sinn zu geben! Statt erfolgreich zu sein und den Erfolg zu genießen!

Versäumen Sie es mal, Ihren Pflichten nachzukommen – weil Ihnen die zum Hals heraushängen –, melden sich das schlechte Gewissen und Schuldgefühle. Versäumen Sie es aber, Ihrer Verantwortung nachzukommen – und Ihre größte Verantwortung im Leben ist, dass es Ihnen gut geht, sonst können Sie auch nicht für andere sorgen –, dann melden sich Ihr Körper, Ihr Geist, Ihre Seele. Mit Krankheiten!

Erst die Arbeit, dann das Vergnügen? Das würde nur der Pflichtbewusste sagen. Der Verantwortungsbewusste fragt: Warum soll ich auf die Belohnung warten, wenn ich jetzt machen kann, was mir Spaß macht? Und dennoch voll verantwortlich handeln. Weil Belohnungsaufschub laut Marshmallow-Test anscheinend erfolgreich macht? Weil Sie gerade nicht können? Weil Sie vorher noch viele andere Dinge erledigen müssen? Weil Ihre Welt zusammenbricht, wenn Sie sich mal nicht um Ihre ganzen Pflichten kümmern? Weil es eben überhaupt gar nicht geht?

Was wäre, wenn ich Ihnen sage, dass das doch geht? Hätten Sie dann Lust auf ein kleines Experiment?

Ach, kommen Sie mal mit. Ich zeige Ihnen etwas.

Experimente

Wir tun jetzt mal so, als ob Sie gar nichts müssten. Als ob Sie einen ganzen Tag lang keine Verpflichtungen hätten. Als ob Sie niemandem Rechenschaft schuldig wären, außer sich selbst. Als ob Sie tun könnten, was Sie wollen. Lassen Sie diese Vorstellung mal kurz zu. Es ist nur ein Gedankenspiel.

Sie müssen absolut nichts –
Sie können aber alles.

Können Sie sich vorstellen, einen Tag lang so zu leben?

Ja, ich weiß: Sie HABEN Ihre Pflichten! Sie KÖNNEN Ihre Arbeit nicht einfach liegen lassen. Und das sollen Sie auch nicht. Aber was Sie auf jeden Fall können, ist, für NUR EINEN TAG alle Verantwortlichkeiten zu delegieren. Wenn Sie die Grippe hätten, wären Sie auch längere Zeit nicht verfügbar. Der einzige Unterschied: Sie könnten nichts mehr delegieren. Dafür ist es zu spät, wenn das Fieber Sie in die Horizontale zwingt.

Jetzt aber haben Sie idealtypische Bedingungen. Sie können Ihren „Kurzausfall“ planen. Und das sollten Sie auch tun. Bereiten Sie das Experiment gut vor. Nicht dass Sie sich mit diesem Projekt in den Ruin stürzen.

Was also ist zu tun?

1. Nehmen Sie sich einen Tag frei!
Machen Sie das Geschäftshandy aus und den Autoresponder an. Und richten Sie sich darauf ein, dass Sie einen Tag lang keine Mails checken werden. Seien Sie auch nicht „für den Notfall" privat erreichbar.

2. Blasen Sie für einen Tag sämtliche Pflichten in den Wind!
Sie müssen normalerweise mit dem Hund raus? Nein, heute nicht. Das können auch mal Ihre Kinder erledigen. Sie müssen immer für Ihre Schwiegermutter erreichbar sein? Heute kann sich Ihre Frau bzw. ihr Mann selbst mit ihr rumschlagen. Sie müssen den riesigen Stapel Wäsche endlich mal bügeln? Das kann auch noch einen Tag länger warten – außer natürlich, es ist Ihre Lieblingsbeschäftigung.

3. Seien Sie für alle Eventualitäten bereit!
Gehen Sie zum Geldautomaten und heben Sie Geld ab. Tanken Sie den Wagen voll. Nehmen Sie Ihre Bahncard und Ihre Kreditkarte mit. Stecken Sie Ihr Smartphone ein, das Ladekabel und das Schweizer Messer. Wer weiß, worauf Sie an dem Tag Lust haben und wie viel Bargeld, Sprit und Strom Sie dafür brauchen.

4. Nehmen Sie sich absolut nichts vor!
Starten Sie einfach in den Tag – und warten Sie ab, was er so bringt. Alles klar? Sind Sie bereit? Dann ab ins Bett und freuen Sie sich auf morgen.

Das Meer der Möglichkeiten

Na, haben Sie sich den Wecker gestellt? Wenn nicht, sind Sie schon auf dem richtigen Weg. Wenn ja, fragen Sie sich, was dahintersteckt. Tatendrang? Oder eher Gewohnheit oder Pflichtbewusstsein?

Dieses Experiment ist übrigens nicht aus der Luft gegriffen. Ich habe es selbst hinter mir. Als ich mal tief im Hamsterrad steckte, eine 70-Stunden-Woche hatte und meine Freunde mich schon gar nicht mehr anriefen, weil ich nie Zeit hatte, wollte ich die Abhängigkeiten ein für alle Mal stoppen –und startete genau dieses Experiment.

Bis dahin hatte ich nur gehört, dass die Welt nicht untergeht, wenn man mal einen Tag lang fünfe gerade sein lässt. Aber ich konnte das nicht glauben. Ich fühlte das nicht. Darum unterzog ich mich der Kur: einen Tag lang raus! Einen Tag leben wie ein Privatier.

Ich schaffte es tatsächlich, den Wecker nicht zu stellen. Wachte aber trotzdem um 6.00 Uhr auf wie jeden Tag. Ich duschte, ging in die Küche, machte mir meinen Kaffee, holte schnell einen Joghurt aus dem Kühlschrank. So wie jeden Morgen. Doch während ich den kalten Joghurt runterschluckte, fühlte ich mich wie ein Radfahrer, der sich bei Gegenwind abstrampelt, obwohl der Wind gerade von hinten bläst.

Da merkte ich: Ich muss mich gar nicht beeilen. Ich hatte gar keinen Termin! WOW, ich hatte gar keinen Termin!

Auf einmal war ich voller Freude! Und im nächsten Moment komplett verunsichert.

Keinen Termin.

Aha.

Und was sollte ich jetzt machen?

In der Wohnung war Totenstille.

In meinem Inneren völlige Einsamkeit. Und zugleich eine tiefe Unruhe.

Verdammt, ich hatte nicht einmal eine Idee, was ich mit meiner Zeit anfangen könnte!

Eine halbe Stunde saß ich auf dem Küchenstuhl, auf dem ich jeden Morgen frühstücke, und stellte erstmals fest, wie unbequem er eigentlich ist.

Und während ich so mitkriegte, was sonst meiner Aufmerksamkeit entglitt, kamen mir auch schon erste Ideen. Wie wäre es mal, die ollen Stühle zu ersetzen? Zack, bum: Ich hatte einen Plan. Ich stieg ins Auto und fuhr zum Möbelladen.

Vielleicht sind Sie auch unschlüssig, was Sie mit dem Tag anfangen sollen. Haben keine Idee, was Sie tun wollen. Sie stehen mit Ihrer Tasse Kaffee in der Hand am Fenster und es macht sich eine leise Panik in Ihnen breit. „Was habe ich mir nur gedacht?"

Atmen Sie ruhig durch. Lassen Sie sich treiben.

Vielleicht erlauben Sie sich heute, den schwarzen Wachmacher wegzulassen – wenn Sie festgestellt haben, dass Kaffee Sie zu sehr aufputscht und Sie ihn hauptsächlich trinken, um für den Job und den Alltag fit zu sein. Was dann wohl passiert? Heißhunger auf einen Fruchtdrink? Plötzliche Lust auf Pfefferminztee? Vielleicht sind Sie ja der Typ, der morgens „eine Weile" braucht, um ins Laufen zu kommen – und Sie geben sich heute durch den Tee einfach mal diese Zeit. Und siehe da: Ihr Magen scheint sich zu freuen, wenn er morgens Basisches statt Saures bekommt. Tolle Erkenntnis! Und weil Sie die Zeit haben, schmökern Sie noch im Internet und lesen etwas über basische Ernährung.

Während Sie auf Ihrem Tablet tippen, fällt Ihnen möglicherweise ein alter Freund ein, mit dem Sie schon lange nicht mehr gesprochen haben. Da ziehen Sie Ihr Handy aus der Tasche und rufen ihn an. Leider geht nur seine Mailbox dran. Nun gut, dann eben ein anderes Mal.

Und dann geht es immer weiter. Eine Idee reiht sich an die nächste. Und Sie staunen, wie viele Dinge Sie anpacken, für die im Alltag nie Zeit ist. Für die so wenig Zeit ist, dass Sie sie schon vergessen haben!

Na, wie fühlen Sie sich? Macht der Tag Spaß?

Ich jedenfalls genieße diese Tage, an denen alles möglich ist. Mich treiben lassen, meinen Gedanken nachhängen, mich mit Menschen unterhalten, an denen ich sonst vorbeiziehen würde.

Vielleicht tun Sie das ja auch. Sie bemerken das Treiben auf dem Wochenmarkt und beschließen, beim Griechen-Stand Oliven zu probieren. Mit dem Gemüsehändler kommen Sie ins Gespräch über Ihre gemeinsame Leidenschaft: schnelle Autos. Möglicherweise kommt Ihnen dabei eine tolle Geschäftsidee in den Sinn und Sie spazieren zur nächsten Drogerie, kaufen sich Stift und Papier und skizzieren Ihr künftiges Imperium. Wer weiß?

Und wenn Sie danach beflügelt sind, machen Sie sich vielleicht noch auf Schatzsuche in den kleinen Läden in den verwinkelten Gassen der Innenstadt, die Sie so mögen.

Klingt gut, oder?

Es könnte passieren, dass …

Vielleicht fällt es Ihnen aber auch gar nicht so leicht, sich einen ganzen Tag freizuschaufeln. Sie haben ständig die Arbeit im Kopf und denken darüber nach, was alles passieren könnte. Und haben ein schlechtes Gewissen gegenüber den Menschen, um die Sie sich heute ausnahmsweise mal nicht kümmern.

Egal, wie Ihr Tag aussieht – die Wahrscheinlichkeit ist groß, dass Sie nach Hause kommen und erschreckt denken: Was ist denn hier los?

Der Hund hat in die Wanne mit der Bügelwäsche gepinkelt, auf dem Anrufbeantworter sind fünf Nachrichten von Ihrer verärgerten Schwiegermutter, und Ihr Smartphone blinkt und blinkt und blinkt. 57 ungelesene Nachrichten. Scheiße!

Möglicherweise erklären Sie Ihren pflichtfreien Tag sogar kurzerhand schon nachmittags für beendet, stecken die Wäsche in die Waschmaschine, gehen mit dem Hund raus, fahren bei Ihrer Schwiegermutter vorbei und beantworten Ihre Mails.

Ja, es ist gar nicht so einfach, einen Tag lang nur zu tun, was einem gefällt.

Ist das Experiment missglückt? Keineswegs!

Denken Sie mal darüber nach, was Ihnen der Tag gebracht hat! Blenden Sie das Ende dabei aus.

Hatten Sie Spaß? Tat es gut, niemandem Rede und Antwort stehen zu müssen, und nur das zu tun, worauf Sie in diesem Moment gerade Lust hatten? Haben Sie die Freiheit genossen, sich in jedem Moment dorthin treiben zu lassen, wo es Sie eben hinzog? Ja? Dann haben Sie heute eine neue Erfahrung gemacht: Es gibt Dinge, die Sie tun können – und die Sie glücklich, zufrieden, ausgeglichen machen, die Ihnen Energie geben, statt zu nehmen, und die Sie als Erfolg werten.

Keine Erholung nötig

Und jetzt stellen Sie sich vor, es wäre immer so. Sie hätten jeden Tag diese Freiheit. Das bedeutet nicht, jeden Tag zu leben, als hätten Sie Urlaub. Das bedeutet:

Nichts zu haben,
wovon Sie sich erholen müssen.

Weil Sie nämlich alles freiwillig tun – eben weil Sie wollen.

Das bedeutet nicht, nie Stress zu haben. Es bedeutet:

***Die absolute Freiheit,
sich den Stress selbst zu wählen.***

Es bedeutet: Aussteigen aus den Zwängen, aus der Fremdbestimmung, aus dem getriebenen Leben. Sich ein Leben zu erschaffen, in dem Sie so frei sind, dass Sie sämtliche Entscheidungen selbst treffen können.

Es bedeutet: Einsteigen in das wahre Leben. Ein Leben, in dem Sie selbst beschließen können, wie Sie Ihren Tag gestalten, was Sie tun, um was Sie sich kümmern.

Und das bedeutet auch: Die Muße haben, sich nach anderen Möglichkeiten umzuschauen. Offen sein für alle möglichen Chancen, die sich Ihnen jeden Tag bieten. Und Sie dann zu ergreifen – sofern Sie wollen.

Es bedeutet: zu leben wie ein Privatier.

Ja genau, ein Luxusleben zu führen! Und damit meine ich nicht endlosen Konsum. Denn ein Privatier ist kein Mittfünfziger, der sich jeden Tag die Sonne in der Karibik auf den Pelz brennen lässt, mit dem Privatjet um die Welt fliegt, das Geld zum Fenster seines Porsches rauswirft und von den geerbten Millionen auf seinem Konto lebt.

Ein Privatier ist jemand, der sein Zeit- und Geldkontingent von seiner Präsenz zu einer bestimmten Zeit an einem bestimmten Ort entkoppelt hat. Es ist jemand, der nicht ständig da sein muss, damit das Geschäft oder die Arbeit läuft. Es ist jemand, der frei wählen kann, wann, wo und wie viel er arbeitet. Und vor allem ist es jemand, der nur Arbeit macht, die ihm Spaß bereitet. Darum braucht er keine Erholung von der Arbeit. Auch wenn er immer genug Zeit hat für Freunde, Familie, Sport und Hobbys. Warum? Weil er einen guten Wechselkurs hat! Weil er nicht Zeit gegen Geld tauscht, sondern Wert gegen Geld! Und damit deutlich besser fährt.

Um eine solche Freiheit zu genießen, brauchen Sie keine Million auf dem Konto. Sie müssen nur schlau sein und sich gut organisieren. Dann können Sie Ihr Leben in absoluter Freiheit genießen.

Selbstverständlich erreichen Sie das nicht von heute auf morgen. Sie können nicht einfach beschließen, Ihren Job zu kündigen, alles hinzuwerfen und dann erwarten, dass sich die ersehnte Freiheit schon einstellen wird und sich alles von alleine regelt. So einfach ist es nicht. Natürlich brauchen Sie Geld, um zu leben. Natürlich befinden Sie sich in Abhängigkeiten, die Sie erst einmal regeln müssen. Das verschwindet nicht einfach, nur weil Sie einen Tag lang gespürt haben, was noch alles in Ihnen steckt.

Was ich sagen will: Zeitmillionär zu werden erfordert zunächst eine Menge Arbeit. Schließlich müssen Sie sich von sämtlichen Zwängen befreien, die Sie davon abhalten.

Aber Sie wissen jetzt: Die Arbeit lohnt sich!

5. Eine Schwäche ist eine Stärke, die noch nicht entdeckt wurde

Die eigenen Stärken entdecken. Okay, das klingt jetzt erst mal überhaupt nicht neu. Das kennen Sie wahrscheinlich noch aus Ihrem letzten Seminar. Egal, um was es gerade geht, die Aufgabe „Finden Sie Ihre Stärken" ist immer dabei. Oft zerbrechen sich die Teilnehmer ewig den Kopf, was sie denn da hinschreiben sollen, wenn der Seminarleiter sie bittet, ihre Stärken aufzuzählen.

Die eigenen Schwächen, ja, die fallen jedem sofort ein. Die schreibt zwar keiner so gerne hin – denn wer gibt sie schon bereitwillig und offen zu –, aber innerlich wissen werden Sie auf Anhieb einige. Aber Stärken? Es will ja auch keiner angeben. Also schreiben sie alle den üblichen Kram hin – das klingt dann wie im Vorstellungsgespräch: teamfähig, strukturiert, stressresistent und so weiter. So sehen übrigens die meisten Bewerbungen in diesem Punkt aus: immer ähnlich und austauschbar nichtssagend.

Dabei geht die Aufgabe eh am wichtigsten Punkt vorbei ...

„Und, was sagt Herr Schiller? Wird er das Angebot unterschreiben?" Ich lehne am Türrahmen zu Annemaries Büro.

Der Kopf meiner Mitarbeiterin Annemarie taucht nur kurz hinter dem großen Bildschirm auf, um gleich wieder dahinter zu verschwinden. „Ach, ja. Den habe ich fast vergessen. Ich rufe gleich an", murmelt sie.

Als ich auf dem Weg zu meinem 17.00-Uhr-Termin wieder an ihrem Zimmer vorbeilaufe, hake ich noch mal nach: „Wie sieht's aus? Unterschreibt er heute?"

Sie schaut von dem aufgeschlagenen Ordner vor ihr gar nicht auf und nuschelt nur: „Da ist irgendwie die ganze Zeit besetzt. Vielleicht stimmt was mit der Telefonleitung nicht. Ich versuch es morgen noch mal."

Doch dann hebt sie den Kopf und sagt strahlend: „Aber diese Kalkulation kriege ich heute noch fertig. Ich bin bei Excel gerade auf eine neue Funktion gestoßen. Die könnte uns in Zukunft eine Menge Zeit ersparen. Soll ich Ihnen die zeigen?“

„Später. Bitte versuchen Sie es jetzt lieber noch mal bei Herrn Schiller und ruhig auch auf seiner Mobilnummer. Ich muss heute noch wissen, ob wir den Auftrag bekommen.“ Sie nickt nur.

Als der Termin um kurz nach 18.00 Uhr beendet ist, sehe ich, dass Annemarie telefoniert und bleibe neugierig stehen. Ich höre sie stottern: „Ehm ja, verstehe ... Keine Ahnung. Ähhhm, da müsste ich nachfragen. Ehhh ... Ich glaube, da ist heute keiner mehr da. Tut mir wirklich leid, dass ich Sie gestört habe ... Ja ... Lassen Sie sich Zeit ... Nein, das ist nicht dringend ... Natürlich ... Ihnen auch. Wiederhören!“

Sie lässt den Hörer sinken und schaut mich entschuldigend an: „Ehhhh ... Er hat sich noch nicht entschieden. Tut mir leid, wenn ich zu zurückhaltend war. Aber der Mann war ziemlich unhöflich und ich glaube eher genervt. Und ...“ Ihre Stimme bricht, ihre Augen füllen sich mit Tränen. Ohne den Satz zu beenden, greift sie zu ihrer Handtasche und stürzt aus dem Büro.

Nachdenklich schaue ich ihr hinterher.

Echt schwach

Ich bin mir sicher, dass meine Mitarbeiterin damals alles andere als mit sich zufrieden war. Wahrscheinlich war sie sogar megafrustriert darüber, dass sie in ihrer Schüchternheit ihr Anliegen nicht mit Nachdruck rübergebracht hat. Womöglich hat sie sich insgeheim gedacht: „Ich wusste, dass ich das nicht kann! Ich habe einfach nicht das Talent dazu.“

Wenn Sie auf diese Weise mit Ihren Schwächen konfrontiert werden, ist das nicht lustig. Je nach Typ ärgern oder schämen Sie sich. Es gibt so viele, die das und noch viel mehr scheinbar viel besser können, und nur Sie können das nicht.

Dabei hat in Wahrheit jeder Eigenschaften, an denen er sich stört und die er für eine Schwäche hält. Der eine weiß, dass er dazu neigt, andere zuzutexten. Er bekommt sogar von seinen besten Freunden gesagt: „Wenn du anrufst, dann weiß ich, dass du mich zwei Stunden vollschwallst." Wieder andere sind zu ernst oder zu albern und ecken damit an.

Oder nehmen Sie den kontaktfreudigen Superverkäufer, der aber verzweifelt, sobald es darum geht, sich an den Schreibtisch zu setzen und endlich mal ein Angebot zu schreiben. Das Stillsitzen, Konzentrieren und die vielen Details aus den seitenlangen Preislisten rauszusuchen – das macht ihn wahnsinnig. Er hadert mit dieser Schwäche und schwört sich jedes Mal aufs Neue, daran zu arbeiten. Er hat Seminare dazu besucht, Methoden an die Hand bekommen und Übungen gemacht. Immer wieder nimmt er Anlauf, sortiert die Unterlagen auf dem Schreibtisch ganz oben auf den Stapel – und legt sie voller Abneigung, aber mit schlechtem Gewissen wieder weg. Er schiebt diese Aufgabe vor sich her und erledigt sie erst, wenn es gar nicht mehr anders geht, in einer Nachtschicht. Prompt ist das Angebot fehlerhaft und der Ärger vorprogrammiert.

Dabei hat er doch das getan, was allerorten empfohlen wird: „Erkenne deine Schwächen und arbeite daran" oder „Schul sie weg, deine Schwächen und Defizite".

Auf Biegen und Brechen

Das mit dem Erkennen ist richtig. Es ist wichtig, dass Sie sich selbst im Klaren darüber sind, was Sie nicht gut können. Denn das, was Sie nicht können, ist ganz oft auch das, was Sie nicht mögen, und umgekehrt. Wie fühlt es sich an, wenn Sie etwas mögen? Dann geht es Ihnen leicht von der Hand. Sie machen es immer und immer wieder und deshalb auch immer und immer besser.

Wenn Sie aber etwas nicht mögen, werden Sie es möglichst vermeiden oder es nur tun, wenn es nicht anders geht – also selten, widerstrebend und mit minimaler Motivation. Entsprechend kriegen Sie darin keine Übung und werden auch nicht besser. Wie sollen Sie es da lieben lernen?

Deshalb ist es extrem wertvoll, wenn Sie erkannt haben, dass Sie etwas nicht gut können oder schlichtweg nicht mögen. Denn dann können Sie eins sofort tun:

Sie können es guten Gewissens sein lassen,
diese Eigenschaften verändern zu wollen.

Warum? Weil es absolut nichts bringt. Das kostet nicht nur unnötig Zeit und Nerven, sondern es macht vor allem keinen Spaß und demotiviert Sie. Ich habe noch nie erlebt, dass ein Freund oder Kollege, der gegen seine Schwächen gearbeitet hat, damit glücklich geworden ist.

Natürlich kann der erwähnte kommunikationsfreudige Vertriebler sich weiterhin darauf versteifen, die Angebote selbst zu schreiben. Mit eiserner Disziplin, völlig spaßbefreit und dem einen oder anderen Workshop wird es ihm schon irgendwann gelingen, mal ein astreines Angebot abzuliefern. Und dann noch eine. Womöglich ist er am Ende so gut darin, dass er nur noch damit beauftragt wird, Angebote zu erstellen. Aber wird er dabei glücklich? Never ever. Denn er wird das vermissen, was er noch besser kann und zudem liebt: den Umgang mit seinen Kunden.

Wenn es sein muss und mit dem entsprechenden Aufwand können wir unsere Schwächen schon irgendwie wegschulen – es ist nur die Frage, ob das ein guter Ansatz ist. Der Zeitmillionär sagt: Nein, denn es gibt einen besseren Weg.

Der Zeitmillionärsweg zu den Stärken

Der Weg ist ein Geheimtipp, weil ihn kaum jemand kennt. Er startet bei unseren Schwächen – soweit ja nichts Ungewöhnliches. Nur dann führt er in eine andere Richtung, und zwar in die entgegengesetzte wie sonst. Es geht nicht darum, die Schwächen zu ändern. Sondern darum, das Riesenpotenzial zu entdecken, das in Ihren vermeintlichen Schwächen steckt!

Also fragen Sie sich als Erstes: Über was ärgere ich mich immer wieder? Wo sind meine Schwachstellen? Schreiben Sie auf, was Ihnen einfällt. Seien Sie nicht zimperlich! Machen Sie sich ruhig mal so richtig und absolut schlecht. Das heißt, vermerken Sie alles, was Ihnen in den Kopf kommt, zum Beispiel. „Ich bin ein richtiger Schlamper, kann kein Angebot zu Ende ausfüllen und verkaufe deshalb immer ohne vorheriges schriftliches Angebot!“

Oder: „Wenn es um Haushalt und die Kinder geht, bin ich eine totale Perfektionistin und möchte alles am liebsten selbst machen. Ich will zwar immer, dass mein Mann mir hilft. Er macht es aber dann doch aus meiner Sicht falsch und ich übernehme selbst. Und dann wundere ich mich, wenn ich total gestresst und fertig bin.“

Sind Sie soweit? Gut, dann schauen Sie sich jetzt eine Eigenschaft nach der anderen auf Ihrer Liste an. Denn jetzt kommt der entscheidende Schritt, auch wenn es überraschend klingt:

Konzentrieren Sie sich auf Ihre Schwächen, denn das sind Ihre größten Stärken.

Ich gebe zu, das klingt paradox. Diese Vorgehensweise geht voll gegen die Intuition – aber sie funktioniert! Seitdem ich es genauso mache, bin ich viel erfolgreicher.

Denn auch ich habe lange mit meinen Schwächen gehadert. Ich hatte schon als Kind extrem viel Energie und echte Schwierigkeiten, längere Zeit still zu sitzen. Heute würden die Lehrer meinen Eltern wahrscheinlich was von ADHS erzählen. Und wie Sie sich vorstellen können, hat mir diese Eigenschaft die ein oder andere schlechte Note eingebracht.

Noch heute muss ich mir häufig anhören, ich sei hibbelig. Dem würde ich auch nie widersprechen. Ich hasse es nach wie vor, ruhig daheim auf dem Sofa zu sitzen und einfach nichts zu tun. Das ist einfach nicht mein Ding. Ich bin mir sicher, dass der ein oder andere über mich sagt: „Der Typ hat einfach Hummeln im Hintern, ist immer auf Achse, hängt andauernd am Telefon oder ist gerade auf dem Sprung." Früher haben mich solche Kommentare geärgert und ich habe mich mit mir nicht wohlgefühlt.

Heute mache ich das anders: Heute „booste" ich meine Schwächen regelrecht. Das heißt, ich setze sie da ein, wo sie zur Stärke werden. Und koste sie auf diesem Gebiet genussvoll und ohne Reue voll aus: Ich habe zu viel Energie? Klasse, dann nutze ich sie! Für Sport, zum Netzwerken, für die Arbeit an kreativen Ideen, für das Managen von aufreibenden Projekten. Ja, ich habe Hummeln im Hintern – und ich habe sie lieben gelernt! Erst diese vermeintliche Schwäche macht mich zu dem erfolgreichen Unternehmer, der ich heute bin.

Und ich habe ja nicht nur die eine „Schwäche": So haben mir früher meine Chefs oft gesagt, dass ich zu „nett" bin. Das stimmt auch. Ich bin lieber freundlich als unfreundlich, ich setze lieber auf Verständnis als auf Ansagen, ich trete so ziemlich jedem Menschen offen und zugewandt entgegen. Und genau das macht mich stark: Meine Kunden arbeiten lieber mit einem netten, fairen Geschäftspartner, dem sie Vertrauen entgegenbringen. Meine Mitarbeiter arbeiten lieber für einen Chef, der ihnen ehrlich, aber verständnisvoll begegnet, als mit einem, der nicht mal sich selbst ausstehen kann.

Ich kenne inzwischen viele Menschen, bei denen das Prinzip nachhaltig funktioniert hat. So hatte ein Freund von mir ständig Schwierigkeiten mit seinem Chef. Er war für ein großes internationales Unternehmen tätig, wo die Mühlen konzerntypisch langsam mahlten. Das hat meinen Freund wahnsinnig gemacht und er stand ständig bei seinem Chef zeternd auf der Matte, um die Dinge voranzutreiben. Was wiederum seinen Chef wahnsinnig machte. Also hat es regelmäßig geknallt. Mit seiner fast zwanghaften Neigung, Projekte ruckzuck und knallhart durchzuziehen, eckte er im Konzernumfeld ebenfalls an. Doch jetzt, wo er sein eigenes Unternehmen gegründet hat, führt ihn genau diese Eigenschaft zum bewunderten Erfolg.

Sie sehen: Es ist nicht die Eigenschaft selbst, die gut oder schlecht ist. Es ist die Situation, die sie zu dem einen oder anderen macht. Das heißt: Schaffen Sie sich die richtige Situation für Ihre Eigenschaft!

Echt stark

Wenn also der Zeitmillionär sich auf die Suche macht nach dem, was ihm am meisten liegt, darf er ruhig bei seinen Schwächen anfangen. Und dann die richtige Umgebung suchen, in der sie eine Stärke sind. Da gehört er hin.

Damit Sie sich ein Bild machen können, was ich damit meine, nenne ich Ihnen in der Tabelle eine breite Palette von Eigenschaften, die für die einen Tätigkeitsbereiche ein Manko sind und gleichzeitig für andere die perfekte Voraussetzung.

Sie sind ...	**Das ist wohl nicht Ihr Ding**	**Das könnte Ihr Ding sein**
... bierernst und hassen Smalltalk	Verkäufer, Barkeeper, Politiker, Stewardess	Controller, Wirtschaftsprüfer, Finanzbeamter
... nicht mit Fingerspitzengefühl und übermäßiger Empathie geschlagen.	Telefonseelsorger, Arzt, Sozialarbeiter, Hebamme	Staatsanwalt, Polizist, Gerichtsvollzieher, Geldeintreiber, TÜV-Prüfer

Sie sind ...	**Das ist wohl nicht Ihr Ding**	**Das könnte Ihr Ding sein**
... ängstlich, sicherheitsorientiert, strukturiert und genau.	Freischaffender Künstler, Zirkusartist, Lebemann	Bankangestellter, Statistikprofessor, QM-Beauftragter
... ein Quatschkopf vor dem Herrn.	Pfarrer, Sachbearbeiter, Schalterbeamter	Comedian, Poetry Slammer, Starverkäufer
... ein detailverliebter Perfektionist.	Fließbandarbeiter, Kinderbetreuer, Spontanredner	Atomkraftwerks- oder Flugzeugingenieur, Hochhausstatiker, Fahrplanentwickler bei der Bundesbahn
... schüchtern und zurückhaltend.	Eventmanager, Partylöwe, Animateur	Backoffice, Haremswächter, stiller Teilhaber

Ihre Aufgabe ist also herauszufinden, was bei Ihnen in der linken Spalte steht und was in der rechten stehen könnte. Und wenn Sie Glück haben, hilft Ihnen sogar jemand dabei.

Ein paar Tage später stehe ich wieder in Annemaries Büro.

Sie ist so vertieft in die Zahlenkolonnen auf dem Bildschirm, dass sie meine Anwesenheit gar nicht bemerkt. Als ich mich höflich räuspere, schaut sie überrascht auf.

„Ich habe eine Weiterbildung für dich gefunden", sage ich und wedle mit dem Hochglanzkatalog in meiner rechten Hand.

Annemarie verdreht die Augen. „Wieder so ein Assistenzgedöns? Da sind immer nur Tussis unterwegs."

Ich muss grinsen. „Nein, das ist ein Workshop zum Thema Unternehmensbewertung. Da geht es nur um Bilanzen, Kennzahlen, EBIT-Multiples, Cash-Flow-Ratios, Beta-Faktoren und lauter so abstraktes Zeug."

Ihr Blick erhellt sich. „Was, echt? Cool, vielen Dank!" Sie nimmt den Katalog entgegen und liest mit leuchtenden Augen die Beschreibung durch.

Ich will gerade gehen, da sagt sie zögernd: „Den Herrn Schiller, muss ich den eigentlich noch mal anrufen?"

Ich schüttele den Kopf und sage: „Nee, um das Telefon und die Schillers dieser Welt kümmert sich ab jetzt Frau Zimmermann. Die macht das gern. Und Sie können sich ganz auf den Kosmos von Buchhaltung, Bewertung, Kennzahlen, Formeln und deren Herleitungen konzentrieren. Klingt das gut?“

„Ja!“, haucht sie. „Das ist perfekt.“

Mein Zeitmillionärs-Tipp

Sie sind sich nicht sicher, ob Sie alle Ihre Schwächen erfasst haben? Fragen Sie nicht Ihre Kollegen oder Freunde danach. Die sind zu höflich oder neidisch, um Ihnen ihre wahre Meinung zu sagen.
Lassen Sie sich lieber von Ihrem schlimmsten Feind portraitieren! Stellen Sie sich vor, was der über Sie sagen würde! Und danach: Zeigen Sie's ihm, indem Sie beweisen, dass Sie eben diese Eigenschaft als große Stärke nutzen können!

6. Wie Sie lernen, den Reset-Knopf zu drücken

Den Reset-Knopf kennen Sie aus Ihrem Alltag: von Ihrem Computer, Ihrem Handy und x anderen elektronischen Geräten. Er ist die Rettung, wenn klar ist, dass das Ding nicht mehr so läuft, wie es soll, und sich auch nicht mehr durch die üblichen Korrekturen retten lässt. Einfach nur das Programm zu schließen reicht nicht.

Was passiert, wenn Sie einen Reset machen? Ihr Gerät wird dann auf einen – wie die Techniker sagen – definierten Anfangszustand zurückgesetzt. Das heißt, die Altlasten, die den Arbeitsspeicher beschweren, werden entsorgt, die laufenden Prozesse werden abgebrochen, der Kasten fährt runter. Dann bootet sich das System neu und läuft wieder.

Und genau das macht der Zeitmillionär auch.

Alltagsknöpfe

Den Reset-Knopf gibt es nämlich auch im Leben. Er heißt da nur anders. Und wird seltener gedrückt. Gängige Bezeichnungen für ihn sind „Abbruch“ oder „den Stecker ziehen“. Auf diesen Knopf zu drücken bedeutet, etwas zu beenden, das Sie begonnen haben, aber aus guten Gründen nicht zu Ende führen wollen.

Stellen Sie sich zum Beispiel vor, Sie sind Autoverkäufer und befinden sich mitten im Verkaufsprozess. Sie hatten mit dem Mann schon mehrere Termine. Er ist ein bisschen schwierig. Aber er scheint ernsthaftes Interesse zu haben. Sie haben ihm im ersten Gespräch alles erklärt, verschiedene Autos gezeigt und Prospektmaterial gegeben. Beim zweiten Termin hat er eine Probefahrt mit dem Golf GTI gemacht. Beim dritten Termin hat er von Ihnen das Golf Cabrio für ein ganzes Wochenende bekommen. Beim vierten Termin sind Sie mit ihm die komplette Ausstattung durchgegangen, haben verschiedene Angebote erstellt und einen Rabatt angeboten.

Beim fünften Termin, bei dem auch seine Frau dabei war, haben Sie einen weiteren Rabatt nachgelegt und sind damit hart an Ihre Schmerzgrenze gegangen.

Und nun kommt der potenzielle Kunde ein sechstes Mal vorbei. Was tun Sie jetzt? Sie haben in ihn bereits sehr viel Zeit, Mühe und Geld investiert. Daher haben Sie das Gefühlt, dass Sie den Deal nun machen müssen. Und genau das wissen die Profikunden: Nun sind Sie „erpressbar". Das heißt, die Chance ist groß, dass Sie noch mehr Nachlass oder Zugaben als üblich oder vertretbar rausrücken. Dieses Beispiel lässt sich übrigens auf fast alle Branchen und viele Situationen übertragen.

Die meisten Autoverkäufer machen in einem solchen Fall übrigens das Geschäft, anstatt es abzubrechen. Auch dann, wenn es für sie ein margenmäßig mieser Deal ist und sie sich Ärger mit dem Chef einhandeln. Und nicht nur das: Solche Querulanten-Kunden kommen mit ziemlicher Sicherheit später mit Beschwerden und Nachbesserungswünschen daher. Ich spreche aus Erfahrung.

Das Problem ist: Wer in so einer Situation steckt, findet einfach den Reset-Knopf nicht. Und je länger der Prozess dauert, je höher die Investition ist, die Sie gemacht haben, desto schwerer fällt es, sich für einen Abbruch zu entscheiden. Denn wenn Sie vor der Entscheidung für oder gegen einen Abbruch stehen, heißt das, dass Sie den richtigen Augenblick für eine gute Weichenstellung bereits verpasst haben. Die erfolgt nämlich nur dann, wenn Sie in eine Sache einsteigen, die sich für Sie lohnt. Und das ist der Fall, wenn sich die Investitionen, die Sie machen, irgendwann für Sie auszahlen.

Bei einem Abbruch dagegen müssen Sie bereit sein, Ihre Investitionen in den Wind zu schreiben: Das sind Ihre Abbruchkosten.

Abbruchkosten

Frau Kruschke wählt hektisch die Nummer des Helpdesks ihrer Firma. Sie sieht in dem kleinen Spiegel, der an der Trennwand zum nächsten Schreibtisch hängt, dass sie schon wieder diese roten Flecken am Hals kriegt. Als der Angerufene endlich abhebt, platzt es aus ihr heraus: „Herr Platinski, mein Rechner spinnt! Ich war schon fast fertig mit der Excel-Budgetplanung und jetzt hat er sich aufgehängt.

Er hat vorher schon ein paarmal komisch reagiert, hat sich aber immer wieder gefangen. Aber jetzt geht nichts mehr."

Der IT-Experte Kevin Platinski antwortet in gelangweiltem Ton: „Haben Sie den Rechner schon mal neu gestartet?"

„Aber dann sind ja meine Daten weg", kreischt Frau Kruschke. „Da stecken mindestens fünf Stunden Arbeit drin!"

„Nicht zwischengespeichert?", fragt Platinski, immer noch gelangweilt.

„Öh, mmh", stammelt sie.

„Tja, hilft nix. Schwund ist immer", sagt der IT-Experte ungerührt. „Sie müssen einen Reset machen."

Ja, ein Abbruch ist immer mit Kosten verbunden. Das ist unvermeidlich. Sie haben mit etwas angefangen, also haben Sie investiert. Sie haben etwas hineingesteckt, in der Erwartung, dass Sie über kurz oder lang etwas dafür bekommen.

Vielleicht ist es nur Geld, das Sie in die Hand genommen haben. So wie ich, als ich eine neue EDV-Lösung beauftragt hatte. Die Firma legte los, aber schon beim Aufspielen der ersten Testversion wurde mir klar, dass das Ganze überhaupt nicht so funktionierte, wie ich mir das vorgestellt hatte. Kurz entschlossen cancelte ich den Auftrag. Ja, dafür musste ich das anbezahlte Drittel der Auftragssumme in den Wind schreiben. Aber für mich war klar: Das sind mir meine Nerven und der vermiedene Aufwand beim Nachbessern wert. Denn wäre das so weitergegangen, hätte ich womöglich noch viel mehr Geld abschreiben müssen – eine Entwicklung, die übrigens vor allem auf dem Bau oft passiert.

Vielleicht ist es aber auch die Zeit, die Sie in die Anbahnung eines großen Projekts gesteckt haben, das aber einfach nicht anlaufen will.

Oder es sind die Gefühle, die Sie über Jahre in eine Beziehung eingebracht haben, in der Hoffnung, dass Ihr Partner Sie genauso lieben lernt wie Sie ihn.

Was auch immer Sie investiert haben: Der drohende Verlust durch einen Abbruch lässt Sie zumindest zögern. Aber ist es wirklich nur die Angst vor den Abbruchkosten, die uns vor einem Reset zurückschrecken lässt?

Abbruchhindernisse

Nein, da schwingt noch mehr mit. Wenn ich mich selbst und die Menschen in meinem Umfeld beobachte, sehe ich, dass zu dieser Angst noch zwei weitere Hindernisse hinzukommen.

Das ist zum einen der unbewusste Widerwille, sich Fehler einzugestehen. Denn Sie müssen ja zugeben, dass Sie zumindest versäumt haben, die Weichen richtig zu stellen. Vielleicht waren Sie zu Beginn des Prozesses nicht konsequent genug, obwohl eine Ahnung Ihnen schon da geraten hat, es sein zu lassen. Vielleicht haben Sie Ihr Bauchgefühl sogar absichtlich ignoriert.

Die Aversion gegen das Eingeständnis von Fehlern geht so weit, dass sich einige noch nicht einmal eingestehen, dass sie sich nicht wohlfühlen mit der Situation. Sie lassen das Gefühl einfach nicht zu. Und wenn das Gefühl nicht zugelassen wird, dann entsteht auch kein Bewusstsein für das Kritische an der Situation. Und das ist echt gefährlich: Denn die Unzufriedenheit ist wie ein Frühwarnsystem. Sie zeigt Ihnen schon zu einem frühen Zeitpunkt an, dass etwas schiefläuft. Zu diesem Zeitpunkt sind die Kosten für einen Abbruch noch verhältnismäßig niedrig.

Das zweite Hindernis ist der menschliche Hang zur Bequemlichkeit. Das Weiterwursteln wie bisher scheint auf den ersten Blick viel weniger aufwendig als der Abbruch. Ein Abbruch bedeutet Veränderung und die kostet einiges an Mühe. Die liegt ja schließlich außerhalb der Komfortzone. So lange es also scheinbar weniger Mühe macht, die Zähne zusammenzubeißen und einfach weiterzumachen, als sich auf das Wagnis Abbruch einzulassen, werden Sie den starken Drang spüren, genau das zu tun.

Früh gescheitert? Gratuliere!

Ein Aspekt, der für das Abbrechen gilt, gilt ganz ähnlich für das Scheitern: Je früher, desto besser. Denn wenn Ihnen jedes Vorhaben auf Anhieb gelingt, wird jedes folgende Projekt, das Sie anpacken, größer und mutiger sein. Doch mit steigender Größe steigt auch der Schaden, wenn Sie scheitern. Und Sie werden einmal scheitern – so sicher, wie das Amen in der Kirche kommt.

Deshalb hat es etwas Gutes, wenn schon eines der ersten Vorhaben in die Hose geht, denn dann ist der Schaden besser verdaubar. Gleichzeitig können Sie beim Scheitern einen Riesenlernerfolg verzeichnen. Wenn Sie die Niederlage samt dem Schmerz nicht verdrängen, sondern zulassen, dann sind die Fehler, die Sie gemacht haben, unglaublich wertvoll: Sie sind Ihre besten Lehrer.

Wenn Sie dann den Schaden gegen den Lernerfolg aufrechnen, landen Sie sofort im Plus-Bereich.

Es gibt nur eine einzige Voraussetzung für diese positive Bilanz: Sie setzen nach dem Scheitern erneut an und profitieren von den „Learnings" aus Ihrer „Pleite". Denn wenn Sie nach dem Scheitern aufhören, war tatsächlich alles umsonst. Von 110 Unternehmern, die scheitern, machen nur 20 weiter. Aber die werden megaerfolgreich.

Das gilt nicht nur im wirtschaftlichen Bereich, sondern ganz genauso für alle anderen Bereiche, beispielsweise in Beziehungen. Wer mit der vermeintlichen Liebe seines Lebens Schiffbruch erleidet, der hat nur eine Chance, irgendwann glücklich zu werden: indem er über kurz oder lang eine neue Beziehung eingeht. Und nicht, indem er ab diesem Zeitpunkt sicherheitshalber prinzipiell alleine bleibt.

Deshalb mein Rat für Zeitmillionäre: Lassen Sie die Trauer um den Verlust zu, lernen Sie daraus und versuchen Sie es aufs Neue. Besonders Männer neigen dazu, so zu tun, als würde ihnen das gar nichts ausmachen. Das führt nur dazu, dass Männer in Wahrheit viel länger darunter leiden als Frauen. Die trauern intensiver und überwinden den Schmerz dafür schneller.

Kostengewinn

Egal aus welchem Grund Sie den Abbruch immer weiter hinausschieben: Das Zögern macht die Sache nie besser. Im Gegenteil: Die Abbruchkosten werden immer höher, je länger Sie warten. Denn während Sie warten, zieht das Vorhaben im Weiterlaufen immer mehr und mehr Investition von Ihnen ab. Jeder weitere Tag kommt Sie teurer und teurer.

Ein Abbruch lohnt sich immer! Das ist die gute Nachricht: Es ist tatsächlich nie zu spät für den Reset-Knopf. Klar: Je früher Sie ihn drücken, desto günstiger kommen Sie weg. Aber zu spät ist es nie, denn solange es sich um Abbruchkosten handelt, sind noch keine existentiellen Kosten entstanden. Die kommen erst auf Sie zu, wenn Sie den Reset-Knopf nicht drücken. Wenn Sie Ihr Vorhaben durchziehen und Ihnen am Ende alles um die Ohren fliegt.

So wäre es fast meinem Freund Karsten gegangen: Er hatte einen neuen tollen Job angenommen, war dafür extra in eine andere Stadt gezogen und voller Vorfreude. Die ersten zwei oder drei Wochen erzählte er mir noch, wie super es ihm gefällt, doch dann wurde er stiller. Auf Nachfrage ließ er nur noch verlauten: „Alles gut." War es nicht, aber er wollte nicht darüber sprechen. Erst nach Monaten erfuhr ich, wie schlecht es ihm ging. Er hatte alles versucht: intern eskaliert, mit dem Chef gesprochen, mit dem Betriebsrat geredet und so weiter. Keine Veränderung.

„Dann brich's halt ab! Drück den Reset-Knopf! Sofort!", sagte ich zu ihm. Aber er antwortete nur: „Wie sieht das denn im Lebenslauf aus, wenn ich jetzt hinschmeiße. Und einen Teil der Fortbildungskosten muss ich auch zahlen. Das geht einfach nicht." Er hat tatsächlich so lange weitergemacht, bis sein Körper für ihn den Reset-Knopf drückte. Ich habe ihm dann geholfen, den Abbruch wirklich durchzuziehen. Allein hätte er es nicht mehr geschafft.

Dieser so weit hinausgezögerte Abbruch hat ihn im Endeffekt über ein Jahr Auszeit wegen Burn-out gekostet. Er hat sich glücklicherweise wieder davon erholt. Heute sagt er: „Das war extrem teuer, aber – dank dir, Jochen – lebe ich noch und heute geht es mir sogar wieder gut. Das war verdammt knapp! Ich hätte viel, viel früher aufhören sollen."

Deshalb sage ich noch mal ganz deutlich: Abbruchkosten sind nie, nie zu hoch. Denn sie sind im Verhältnis zu dem, was es Sie kostet, wenn Sie nicht abbrechen, immer klein. Es lohnt sich also zu jeder Zeit.

Je früher Sie sich zum Abbruch entschließen, umso mehr können Sie bewahren. Das ist wie mit einem Korb voll Erdbeeren: Wenn eine davon an einer Ecke faulig ist und Sie schneiden das Stückchen weg, dann schmeckt der Rest von dieser Erdbeere und alle anderen im Korb noch wunderbar. Wenn Sie allerdings zögern und die faulende Ecke nicht zügig entfernen, verfault Ihnen die eine Erdbeere im Nu ganz – und der Rest folgt ziemlich schnell nach.

Der Resetograph

Wie merken Sie nun, ob die erste Erdbeere faulig wird? Klar, schlau ist es, wenn Sie nur Dinge anpacken, die Sie voller Zufriedenheit zu Ende kriegen. Aber so ist das Leben nicht: Das gelingt nicht einmal dem Zeitmillionär. Aber das, was Sie hinkriegen, wenn Sie erst einmal Zeitmillionär sind, ist, dass Sie seltener abbrechen müssen: Denn Sie treffen die besseren Entscheidungen – davon handelt ja fast mein ganzes Buch.

Und für die wenigen verbleibenden Fälle, in denen Sie dann noch abbrechen wollen, hilft Ihnen der Resetograph. Es gibt nämlich drei Phasen der Reset-Dringlichkeit. Von Phase zu Phase wird der Abbruch teurer. Deshalb lernen Sie als Zeitmillionär, immer zu einem frühen Zeitpunkt abzubrechen. Und den zeigt Ihnen der Resetograph an.

Dieses Instrument hat eine in drei Teile aufgeteilte Anzeigescheibe und einen Zeiger. Der Resetograph fängt an zu arbeiten, sobald er direkt mit Ihrem Gefühl verbunden ist – das heißt, wenn Sie sich eine Auszeit nehmen und sich dafür Zeit geben.

Wenn alles in Ordnung ist, wird der Zeiger in der neutralen Position bleiben. Wenn nicht alles in Ordnung, aber noch ein früher Zeitpunkt für einen Abbruch ist, deutet der Zeiger auf das erste, das gelbe Drittel – das ist Phase eins der Reset-Dringlichkeit. In dieser Phase spüren Sie zwar eine Unzufriedenheit, aber die lässt sich mit dem Argument: „Ein Abbruch ist mir zu anstrengend" noch gut übertünchen. Sie befinden sich nämlich noch in Ihrer Komfortzone. In dieser Phase kriegen Sie den Abbruch zum Schnäppchenpreis: Die Kosten sind ziemlich niedrig, Sie müssen sich nur ein kleines Stück aus Ihrer Komfortzone hinauswagen.

Was Ihnen bei dem Entschluss hilft, diese Phase zu nutzen, ist

Das Reset-Gesetz Nummer eins für Zeitmillionäre:
Was später kommt, ist nie schlimmer als das, was du jetzt hast.

Phase zwei der Reset-Dringlichkeit ist die, in der Sie nicht mehr Unzufriedenheit, sondern Angst verspüren. Wenn Sie Angst haben vor den Herausforderungen, den Kollegen oder der Langeweile, die bei Ihrer Arbeit auf Sie warten. Wenn Sie Angst haben, sich grundsätzliche Gedanken über Ihr Vorhaben oder Ihre Beziehung zu machen. Wenn Sie Angst haben, sich vorzustellen, dass es einfach so weitergeht. Dann wandert der Zeiger des Resetographs schon in das orangene Drittel. Jetzt sind die Abbruchkosten schon deutlich gestiegen und Sie müssen ganz schön weit aus Ihrer Komfortzone heraus, um den Reset-Knopf zu drücken.

In der letzten, der dritten Phase zeigt der Zeiger auf das rote Feld: Da haben Sie das Gefühl, dass Sie schon gar nicht mehr abbrechen können. Sie haben gefühlt all Ihre Energie verbraucht und keine Kraft mehr, den Abbruch zu vollbringen. Da braucht es schon eine sehr große Anstrengung und die Kosten sind richtig hoch. Aber selbst in dieser Phase lohnt es sich noch, die Reißleine zu ziehen.

Mein Zeitmillionärs-Tipp

Stellen Sie sich einen Reset-Knopf auf den Schreibtisch. Das meine ich ganz wörtlich: Wenn Sie keinen zu kaufen finden, dann basteln Sie sich einen. Wichtig ist, dass Sie ihn immer vor Augen haben: Er soll Sie jeden Augenblick daran erinnern, dass Sie die Möglichkeit zum Abbruch haben. Das macht Sie frei im Kopf. Und je früher Sie darauf kommen, dass der Reset die richtige Entscheidung ist, umso besser.

7. Schaffen Sie sich Ihre Wohlfühloase

Heute ist mein Glückstag! Der Deal ist in der Tasche! Das wird ein richtig spannendes Projekt. Ich kann den Kick-off kaum erwarten! Das muss gefeiert werden. Wissen Sie was? Ich leg jetzt erst mal eine schöne, lange Mittagspause ein. Mal sehen, ob ich später Lust habe, mich wieder an den Schreibtisch zu setzen. Und Sie? Was haben Sie jetzt vor? Ach, kommen Sie doch einfach mal mit mir mit! Springen Sie auf den Beifahrersitz und begleiten Sie mich. Wohin es geht? Lassen Sie sich überraschen. Sie werden es nicht bereuen – Hand drauf!

Schön, dass Sie so spontan sind! Ich freue mich über Ihre Begleitung. Stört es Sie, wenn ich die Musik etwas aufdrehe? Bei diesem Lied bekomme ich immer gute Laune.

Das hier ist übrigens meine Lieblingsstrecke. Nicht wegen der Landschaft, sondern wegen des Ortes, zu dem die Straße hier führt. Sehen Sie das blaue Haus da vorne rechts? Ab da sind es noch genau fünf Kilometer bis zum Ziel. Wundern Sie sich nicht über mein Dauergrinsen. Ich kann einfach nicht anders. Das ist die Vorfreude!

So, da sind wir. Was wir jetzt machen? Seien Sie nicht so ungeduldig. Steigen Sie erst mal in aller Ruhe aus und atmen die frische Luft ein. Schauen Sie sich um! Ist das nicht eine grandiose Aussicht?

Sie haben wohl nicht gedacht, dass Sie heute noch an einem See stehen werden, gell? Ich hoffe, Sie haben keine Angst vor Wasser.

Das hier ist mein Segelboot. Es ist genug Platz für zwei darauf. Kommen Sie, ich helfe Ihnen an Bord. Was schauen Sie denn so skeptisch? Machen Sie sich doch ein bisschen nützlich! Binden Sie das Tau da vorne los und dann hissen wir die Segel!

Gut machen Sie das! Sehen Sie, wie wir uns langsam vom Ufer entfernen? Das ist mein Lieblingsmoment. Mit jedem Windhauch entfernt sich die Welt ein bisschen weiter. Hören Sie mal, wie das Wasser unter dem Bug plätschert. Beruhigend, nicht?

Hm, ich sehe schon. Sie sind wohl immer noch zu sehr mit der Frage beschäftigt, warum ich Sie an diesen Ort gelockt habe.

Ich werde sie Ihnen in diesem Kapitel beantworten, aber im Gegenzug müssen Sie mir versprechen, dass Sie am Ende einen Selbstversuch starten. Versprochen? Nun gut.

Hier darf ich sein

Dieses Boot, auf dem wir uns gerade befinden, ist meine persönliche Wohlfühloase. Hierher komme ich, wenn es etwas zu feiern gibt – so wie heute. Wenn ich etwas geleistet habe und mich dafür belohnen will.

Aber ich fahre auch hierher, wenn es mir so richtig mies geht. Wenn ich eine Verhandlung in den Sand gesetzt habe, mir der Streit mit einem Freund keine Ruhe lässt oder ich nicht weiß, warum etwas schiefgelaufen ist. Hier an Bord finde ich die Zeit, über alles nachzudenken. Während das Boot so vor sich hin segelt, kommen mir ganz neue Gedanken. Auf einmal wird mir klar, warum mein Kumpel kein Wort mehr mit mir wechselt oder der Kunde nicht angebissen hat. Diese Geistesblitze kommen mir nur hier und nicht an meinem Schreibtisch. Es ist dieser besondere Ort, der meinen Kopf frei macht und mich inspiriert.

Doch es sind nicht nur die konkreten Anlässe der Freude oder des Ärgers, die mich immer wieder an diesen Ort führen. Ich ziehe mich auch hierhin zurück, wenn ich merke, dass mir der Alltag über den Kopf wächst und ich den Überblick verliere. Hier finde ich den Abstand, den ich brauche, um die Dinge, die mich im Alltag umtreiben, neu zu sehen. Hier auf meinem Boot öffnet sich mein Blick. Und wenn ich von meinem Segeltrip zurückkehre, bin ich wieder in der Lage, mich auf das Wesentliche zu besinnen.

Dieser Besinnungseffekt entsteht durch die Wirkung einer Wohlfühloase. Sie ist eine Kraftquelle, deren Energieressourcen nie leer werden. Es ist die Ruhe dieses Ortes, die seinem Besucher gar keine andere Wahl lässt, als sich zu entspannen. Diese Umgebung lässt ihn den alltäglichen Zeitoptimierungsdruck vergessen. An diesem Zufluchtsort erlebt er, was es heißt, bewusst ineffizient zu sein. Deshalb braucht jeder Zeitmillionär mindestens einen solchen Ort.

Diese Kraftquelle ist nicht für jeden gleich, aber jeder kann eine finden. Er muss sie nur entdecken und sich die Zeit nehmen, regelmäßig zu ihr zurückzukehren, um neue Energie zu schöpfen.

Kennen Sie Ihre persönliche Wohlfühloase schon? Ich weiß nicht, wie die Ihre aussieht: Meine haben Sie ja jetzt erlebt. Wenn ich auf dem Wasser bin, kommt es mir so vor, als ließe ich die Welt hinter mir. Ich liebe die feuchte Luft, den leichten Wind und die Geräusche der Wellen. Da draußen fühle ich mich frei.

Ich weiß, dass für viele Menschen Wasser etwas Beruhigendes hat: ob sie auf einem Boot sitzen oder auf einem Steg, ob sie an einem Fluss entlanggehend oder am Strand.

Aber nicht jedermanns Wohlfühloase ist auf oder am Wasser: Für den einen ist dieser Ort sein Denk- und Kreativzimmer, für den anderen das Rennrad. Für meine Bekannte in Berlin ist ein kleiner Schrebergarten zu ihrer Oase geworden. Mein Onkel dagegen verweilt stundenlang auf seinem Jagdsitz im Wald. Dort oben habe er seinen Frieden, sagt er.

Die Wohlfühloase muss übrigens kein isolierter, einsamer Ort sein. Es gibt Menschen, die sich in Gesellschaft am wohlsten fühlen und am besten bei einem Kaffeehausbesuch mit Freunden entspannen können. Wichtig ist nur, dass an dem Ort Ihrer Wahl Ihr eigener Rhythmus Ihr Tun und Ihr Denken bestimmt. Wenn Sie immer den gleichen romantischen Weg an den Wildrosenhecken entlanggehen oder mit Ihrem Gleitschirm über die Lande fliegen: Es ist Ihr Takt, der zählt. Das macht die Wohfühloase aus.

Die Möglichkeiten sind unendlich. Dabei gibt es kein richtig und kein falsch. Es gibt noch nicht einmal einen Absolutheitsanspruch: Bei mir ist es auch nicht nur das Wasser. Wenn ich zum Beispiel samstagmorgens auf den Markt gehe, um in aller Ruhe mein Obst und Gemüse einzukaufen, ist das für mich so entspannend wie für andere Menschen die samstägliche Gartenarbeit.

Wo Sie sich wohlfühlen

Muße, eigenes Tempo, Freude, Erholung – alles an einem Ort. Spätestens, wenn Sie Ihren Platz zum Wohlfühlen gefunden haben, werden Sie sich fragen, warum Sie sich nicht schon längst auf die Suche nach ihm gemacht haben.

Sie wissen nicht, ob es einen solchen Ort für Sie gibt? Ich sage Ihnen eins: Es gibt ihn! Auch wenn Ihnen auf Anhieb keiner einfällt. Haben Sie ein wenig Geduld.

Wichtig ist, dass Sie sich bei der Suche danach von niemandem beeinflussen lassen. Die Wohlfühloase ist Ihr Ort. Das ist Ihr Ding. Nur Sie allein wissen, wo es Ihnen gut geht. Am besten, Sie erzählen niemandem davon. Nicht mal Ihren engsten Freunden. Dadurch entsteht ein ganz besonderer Zauber. Diese Oase ist Ihr Geheimnis.

Also, wo sollten Sie mit der Suche starten?

Ich will Ihnen dazu ein paar Fragen stellen:

- Waren Sie schon mal an einem Ort, an dem Sie sich so richtig gut gefühlt haben? Wo Sie in Muße-Stimmung waren und das Gefühl hatten, dort stundenlang verweilen zu können?

- Fällt Ihnen ein Ort ein, an den Sie gehen könnten, wenn Sie einfach mal Ihre Ruhe haben wollen? Wo können Sie sicher sein, dass Sie ungestört sind? Wo würden Sie zum Beispiel hingehen, wenn Sie Liebeskummer hätten? Oder wenn Sie Streit mit Ihrem Kumpel hatten? Oder wenn Sie trauern?

- Gibt es einen Ort, der Sie – wenn Sie an ihn denken – automatisch zum Lächeln bringt? Der Ihnen ein Funkeln in die Augen zaubert? Der Ihren Atem tiefer und ruhiger werden lässt, wenn Sie an ihn denken?

- Wie könnte ein Ort aussehen, an dem Sie sich zu 100 Prozent entspannen können? Wo Sie sich frei und fernab vom Alltagsstress fühlen könnten?

Falls Ihnen spontan nichts einfällt, probieren Sie es einfach aus, indem Sie an verschiedenen Plätzen verweilen. Sei es Zuhause auf der Couch, im Park, im Museum oder in Ihrem Lieblingsbuchladen.

Wenn Sie gut zuhause abschalten können, dann richten Sie sich einen besonderen Platz für die Oasenzeit ein. Lassen Sie sich irgendetwas einfallen, das Sie darauf einstimmt, aus dem Alltagsflow heraus in eine andere Welt zu reisen. Vielleicht ist es der flauschige Sitzsack, den Sie nur für diese Gelegenheiten hervorholen. Oder es ist die Ecke auf Ihrem kleinen Balkon, die wie ein Pariser Straßencafé wirkt, sobald Sie das zierliche Klappstühlchen und den kleinen Sonnenschirm öffnen – egal ob die

Sonne scheint oder nicht. Sie allein entscheiden über die Gestaltung Ihrer Wohlfühloase. Sich diesen Ort so angenehm wie möglich einzurichten macht übrigens Spaß!

Der Ort muss nicht bei Ihnen zuhause sein. Vielleicht ist er im Tropenhaus des Zoos oder bei den Elefanten dort. Oder es ist ein bestimmter Wanderweg. Oder die schicke Bar auf der Dachterrasse, wo Sie mit einem kühlen Getränk in der Hand zusehen, wie die Sonne untergeht. Es gibt in vielen Gegenden auch „Seelenberge": Probieren Sie doch einfach mal aus, ob das was für Sie ist, wenn Sie da oben stehen und alles im Tal auf einmal so klein und unbedeutend aussieht.

Egal wo die Wohlfühloase ist: Sie kommen dort von Mal zu Mal schneller an, wenn Sie ein immer gleiches Einstimmungsritual auf dem Weg dorthin etablieren. Vielleicht ist es das richtige Lied oder ein Gedicht von der Playlist. Oder der besondere Schokoriegel oder der Glücksbringer aus einem besonders schönen Stein, der in Ihrer Hand ruht. Was auch immer Ihnen gut tut.

Wie Sie erkennen, dass Sie Ihre Wohlfühloase gefunden haben? Das spüren Sie! Vielleicht sind Sie bei Ihrer ersten Oasenentdeckung noch ein bisschen unsicher, ob Ihr Gefühl Sie trügt. Um sicherzugehen, gibt es zwei Checks:

- Wenn Sie an diesem Ort sind, verlässt Sie Ihr Zeitgefühl. Der übliche hektische Takt, der Sie auf Trab hält, entweicht. Sie müssen sich aktiv daran erinnern, auf die Uhr zu sehen.

- An diesem Platz fühlen Sie sich sicher und geborgen. Sie müssen sich nicht umsehen nach möglichen Störungen, Sie sind innerlich nicht mehr in Hab-Acht-Stellung, Sie haben keine Angst.

An diesem Ort ist die Welt in Ordnung.

Eine Wohlfühloase kann die Zeiten überdauern. Sie kann aber auch von neuen Oasen abgelöst werden. Damals, mit 19 Jahren, habe ich mich mit einem Freund regelmäßig auf dem „schwarzen Parkplatz" getroffen. Das war ein abgelegener Waldplatz, an dessen Ende eine moosbewachsene Bank aus halbierten Baumstämmen stand. Ich glaube, ich habe dort nie Autos oder andere Menschen gesehen. Es war wie ein verwunschener

Ort. Wir trafen uns dort regelmäßig, unterhielten uns stundenlang über das Leben, Gott und die Welt – und vor allem über Frauen.

Als dieser Freund dann auswärts zum Studieren gegangen ist, bin ich noch ein paarmal alleine hingegangen, um nachzudenken. Aber es war nicht mehr das Gleiche. Dafür habe ich in dieser Zeit neue Wohlfühloasen für mich entdeckt, zum Beispiel mein Boot.

Wenn es einen Ort gibt, an dem Sie etwas Tolles erlebt haben, ist das magisch! Denken Sie doch mal ein wenig zurück: Gibt es einen Ort, an dem Sie etwas besonders Emotionales oder Romantisches erlebt haben? Wo haben Sie sich früher mit Ihrer Clique getroffen? Wo haben Sie Ihren ersten Kuss bekommen? Kehren Sie an diese Orte zurück. Das bringt Sie mit Sicherheit auf andere Gedanken. Womöglich inspiriert Sie ein solcher Ort dazu, in alten Erinnerungen zu schwelgen, die Sie dazu verleiten, Ihren Alltagsstress für einen Moment hinter sich zu lassen.

Die Belohnung

Sagen Sie mal, können Sie einen Seemannsknoten? Hallo? Haben Sie gar nicht gemerkt, dass wir zurück im Hafen sind? Das Boot muss angebunden werden. Aber ich lasse Sie noch ein bisschen weiterträumen. Rutschen Sie mal ein Stück zur Seite. Ich übernehme das Anbinden.

So. Und? Wie geht es Ihnen nach unserem kleinen Ausflug? Sie sehen sehr entspannt aus.

Ich bin auch entspannt. Das hat mir jetzt richtig gut getan! Wie ein kleiner Urlaub. Ich war nach dem Verhandlungsmarathon heute Vormittag vollkommen erledigt. Das war ein ganz schön stressiger Morgen.

Jetzt fühle ich mich wieder handlungsfähig und sehe klar. Das Zeitmillionärs-Feeling ist zurück. Wenn ich mich in meine Wohlfühloase zurückziehe, dann wird mir wieder bewusst: „Ich kann, muss aber nicht." Das ist die Belohnung dafür, dass ich mir die Zeit genommen habe, an den See rauszufahren.

Die Oase spendet Entspannung, Kraft, Inspiration, Klarheit und Weitblick zugleich.

- Entspannung, wenn Sie sich unter Druck gesetzt und getrieben fühlen
- Kraft, wenn Sie ausgelaugt und energielos sind
- Inspiration, wenn Sie nach einer bestimmten Lösung oder kreativen Ideen suchen
- Klarheit, wenn Ihnen Stress und Infoflut den Blick vernebeln
- Weitblick, wenn Sie nicht mehr wissen, wo Ihnen der Kopf steht und vergessen haben, was Ihnen in Ihrem Leben wirklich wichtig ist

Egal in welcher Situation und Verfassung Sie diesen Ort aufsuchen, Sie fühlen sich besser. Selbst der allerhöchste Sorgenberg erscheint kleiner und überwindbar. Es ist Ihre innere Einstellung, die sich verändert und Sie entspannt.

Mein Zeitmillionärs-Tipp

Stellen Sie sich vor, Sie sitzen am See an Ihrem Lieblingsplatz und sind gerade dabei, sich auf Ihre Wohlfühloase einzustimmen. Auf einmal läuft ein Bekannter mit seinem Hund an Ihnen vorbei und will auf Teufel komm raus Smalltalk mit Ihnen machen. Oder Sie freuen sich auf eine entspannte Yoga-Session und ausgerechnet die Frau mit dem unangenehmen Schweißgeruch hat ihre Matte neben Ihnen ausgebreitet. Bleiben Sie nicht sitzen und ärgern sich. Sagen Sie sich: Na und? Packen Sie Ihre Sachen zusammen und versuchen es bei Ihrem Lieblingsitaliener noch einmal. Alles ganz entspannt.

Teil 2

Äußere Zwänge: Ich kann schon, ich muss aber auch!

So, jetzt haben Sie sich die Basis für Ihren Weg zum Zeitmillionär schon geschaffen: Sie haben sich den Freiraum im Kopf und im Alltag erobert, den Sie brauchen. Und nun machen Sie sich daran, mit Ihren äußeren Zwängen aufzuräumen.

8. Wie Ihr Kopf lernt, auf Ihren Bauch zu hören!

Ich sitze mit meinem Freund Bernhard bei einem Bier zusammen.

„Das mit der Stelle in der anderen Abteilung klappt jetzt endlich“, erzählt er fast nebenbei. Er wirkt mehr nachdenklich als glücklich.

„Hey, gratuliere!“, sage ich freudig. „Da arbeitest du ja schon ewig darauf hin. Das ist doch toll, oder?“

„Na ja“, antwortet er seufzend. „Das ist sicher die bessere Variante im Vergleich zu vorher.“

„So richtig überzeugt klingst du ja nicht“, stelle ich fest.

„Weißt du, das Bewerbungsgespräch bei dem neuen Chef war eher stressig als angenehm. Und der direkte Kollege, den ich kurz kennengelernt habe, ist ein ziemlich komischer Typ: Der sieht einen nie an, wenn er mit einem spricht“, sagt er mit krausgezogener Stirn. Dann zuckt er mit den Achseln und fügt hinzu: „Aber was soll's. Über die Sachthemen werde ich mit dem schon irgendwie reden können. Ich muss ihn ja schließlich nicht heiraten.“

Ich zögere einen Moment und sage dann: „Berni, bist du wirklich sicher, dass du diesen Job annehmen willst?“ So wie er das erzählt, läuten bei mir alle Alarmglocken.

„Was heißt wollen? Es ist nur vernünftig. Und das erwarten die anderen schließlich auch von mir, wo ich schon so lange vom Wechseln rede.“

Als Bernhard mir ein halbes Jahr später berichtet, wie sehr er die Entscheidung bereut hat, bin ich nicht überrascht. Obwohl ihm der neue Job objektiv gesehen viele Pluspunkte gebracht hat – kürzerer Arbeitsweg, mehr Gehalt, mehr Ansehen. Und wenn er sich vorab eine Liste mit Pros und Kontras gemacht hätte, wäre die positive Seite um einiges länger gewesen als die negative. Ja, die Entscheidung war vernünftig!

Aber eben nicht mehr als das.

Komisch

Jeder kennt diese Situation: Es geht etwas schief und hinterher denken Sie sich: „Mensch, das habe ich doch geahnt. Ich hatte so ein komisches Gefühl." Ob es um die Wohnung geht, die gut geschnitten und ziemlich günstig, aber in einer B-Lage platziert ist und bei der sich nach dem Einzug herausstellt, dass Sie wegen der Disco nebenan am Wochenende kein Auge zu tun. Oder um den neuen Geschäftspartner, der zwar unheimlich bemüht und kompetent erscheint, aber auch ein wenig undurchschaubar und sich im Nachhinein als Schlitzohr entpuppt. Oder um den komplizierten Versicherungsvertrag der renommierten Gesellschaft, dessen bloße Lektüre Ihnen schon Kopfschmerzen machte, und den Versicherungsschutz, der genau bei dem Schaden, den Sie gerade melden wollen, natürlich nicht greift.

Vor jeder dieser Entscheidungen haben Sie das Grummeln im Bauch sehr wohl vernommen. Aber weil so viele gute Gründe für die Sache sprachen, griffen Sie zu einem Trick, um Ihr Gefühl zu überspielen. Sie redeten sich die Sache schön. Indizien dafür sind Sätze wie:

- „Warum die Wohnung so billig ist? Da haben wir halt einfach Glück."
- „Der Typ ist zwar ein bisschen komisch, aber da gewöhne ich mich schon dran."
- „Im Kleingedruckten wird schon nichts Schlimmes stehen – schließlich war der Versicherungsvertreter so ein Netter. Und kompetent hat er auch gewirkt."

Grummeln? „Ach, was!" Aus irgendeinem Grund verbannen wir unser schlechtes Gefühl in den Hinterkopf und ahnen nicht, was das für Folgen haben kann.

Die Mutter eines guten Bekannten hatte ein deutliches Widerstreben verspürt und war drauf und dran sich zu weigern, in den Flieger zu steigen, der sie vom Urlaub in der Karibik wieder nach Hause bringen sollte. Aber sollte sie nur wegen eines Gefühls die 1.000 Euro für den Flug in den Wind schreiben und die ganzen Umstände beim Umbuchen in Kauf nehmen? Sie sagte sich und ihrer Tochter am Handy: „Ach, was! Ich spinne doch nur." Also überwand sie sich und stieg ein. Das Flugzeug ist tatsächlich abgestürzt und sie kam ums Leben.

Klar, die Folgen müssen lange nicht so dramatisch sein, wenn Sie sich gegen Ihr Bauchgefühl entscheiden. Aber eines gilt immer: Das Bauchgefühl lügt nicht. Wenn es sich meldet, bedeutet das, dass es etwas zu sagen gibt. Daher:

Nehmen Sie Ihr Bauchgefühl unbedingt ernst!

Warum der Kopf so oft siegt

Ich habe in meinem Leben schon massenhaft vernünftige Entscheidungen getroffen. Auch gegen mein Bauchgefühl. Angefangen von der Banklehre, die rational gesehen eine gute Sache war: hochwertige Ausbildung, beste Vergütung, Sicherheit, Anzug-Umfeld. Meine Eltern waren begeistert. Mein inneres Kopfschütteln ignorierte ich. Doch es stellte sich heraus: Die Banklehre und vor allem der Job danach waren sterbenslangweilig. Ich habe die Ausbildung nur mit großem Widerwillen bis zum Ende durchgezogen. Trotz dieser schlechten Erfahrung habe ich noch viele Jahre vorrangig Vernunftentscheidungen getroffen. Bestärkt worden bin ich darin auch noch durch mein BWL-Studium, denn da heißt es klipp und klar: „Nur rationale Entscheidungen sind gute Entscheidungen."

Und die Wahrscheinlichkeit ist groß, dass auch Sie eher die vernünftigen Entscheidungen bevorzugen. Sie können dieser Verlockung nämlich kaum entkommen. Denn Vernunftentscheidungen prägen unsere gesamte Gesellschaft. Die Werbung lockt Kunden mit vermeintlich rationalen Argumenten und die Wirtschaft setzt bei der Personalauswahl und im Verkauf ebenfalls auf Vernunft: Wir sprechen von Vorteilen, Nachteilen, Deckungsbeiträgen und davon, ob sich etwas lohnt oder nicht. Je rationaler jemand veranlagt ist, je mehr er sich von seinem Naturell her auf Zahlen, Daten und Fakten stützt, desto eher ist er „anfällig" für Entscheidungskriterien, die er schwarz auf weiß vor sich sieht: bessere Bezahlung, mehr Urlaubstage, größerer Dienstwagen.

Die Tatsache, dass wir diesen Entscheidungskriterien aber nicht nur den Vorrang geben, sondern die alleinige Macht über unsere Handlungen, hat eher etwas mit der Erziehung und der Schule zu tun: Von klein auf werden wir darauf getrimmt, unsere Entscheidungen mit sachlichen Argumenten zu untermauern. Im Deutschunterricht lernen wir, dass wir Präferenzen und Abneigungen in einem Aufsatz begründen müssen. Und im Debattierclub zählen starke Argumente mehr als die eigene Meinung oder Überzeugung. Gefühle, das bekommen wir mal direkt, mal unterschwellig mit, sind gut und schön. Aber außerhalb des Privaten haben sie nichts zu suchen.

Das lernen Sie im Elternhaus, das lernen Sie in der Schule, das lernen Sie im Job und das sagt Ihnen auch Ihr Karriere-Coach. Was zählt, das sind stichhaltige Argumente wie Sicherheit, gute Bezahlung, Karriere-Chancen – nicht Gefühle. Ich habe noch meinen ersten Chef im Ohr, der mir beim Mittagessen auf die Schulter klopfte und jovial sagte: „Jochen, merk dir eins: Emotionen sind was für Weicheier und Heulsusen – nicht für erfolgreiche Geschäftsleute." Die Überzeugung, dass Gefühle als Entscheidungsgrundlage nicht taugen, sitzt tief in uns drin und wird zwanghaft. Kaum einer traut sich zuzugeben, dass er seinem Bauchgefühl folgt, selbst wenn er es tut. Und viele haben sich dieses Bauchgefühl selbst gründlich verboten – sie bemerken es kaum noch, wenn es sich regt.

Stellen Sie sich vor, Sie sitzen mit sieben oder acht Ihrer Kollegen im Meeting und alle um Sie herum sind einer Meinung: Das gerade diskutierte Projekt läuft zwar nicht gut, aber wenn der Konzern das Doppelte an Ressourcen hineinsteckt, dann wird das ein Bombenerfolg. Sie sitzen dabei und fühlen sich sehr unwohl. Das können Sie jetzt auf das üppige Kantinenessen schieben – oder als Bauchgefühl wahrnehmen, das Ihnen sagt: Dieses Projekt ist ein Rohrkrepierer und wird nie ins Fliegen kommen.

Selbst wenn es Ihnen gelingt, das schlechte Gefühl zuzuordnen: Es ist schon klar, dass es einen mutigen Schritt bedeutet, den Finger zu heben und zu sagen: „Leute, ich habe kein gutes Gefühl dabei."

Meiner Beobachtung nach werden gerade in größeren Organisationen viele rationale Fehlentscheidungen getroffen, weil den Mitarbeitern der Mut fehlt, sich gegen den Mainstream zu stellen – vornehmlich aus emotionalen Gründen. Da nehme ich mich selbst gar nicht aus. Ich war oft genug bei solchen Besprechungen dabei und habe mich nicht gegen Entscheidungen gewehrt, bei denen der Bauch mir sagte: „Macht es nicht." Ich sagte nichts, weil ich mir dachte: „Die lachen mich nur aus, wenn ich ohne ein rationales Argument das Vorgehen infrage stelle."

Natürlich geht es mir nicht darum, Ihnen zu empfehlen, sich im Meeting allein auf Gefühle zu berufen. Da finden Sie schon elegantere Wege, Ihre Kollegen mitzunehmen. Aber wenn Sie Ihr Gefühl erst gar nicht zulassen, dann haben Sie nicht einmal die Chance, dass Sie gemeinsam zu einer vielleicht besseren Entscheidung kommen.

Bauch über Kopf

Bessere Entscheidung? Ja, davon bin ich fest überzeugt, denn meiner Erfahrung nach behält der Bauch fast immer recht. Das ist auch kein Wunder, denn er hat einen großen Vorteil gegenüber dem Kopf:

Der Bauch denkt schneller!

Wo Ihr Kopf 20.000 Denkschritte in der Sekunde schafft, schafft Ihr Bauch über 500.000. Das liegt daran, dass Ihr Bauch einen besseren Zugriff auf Ihr Wissen hat. Er kommt nämlich nicht nur an die Informationen ran, die Ihnen bewusst sind, sondern auch an die, die in Ihrem Unterbewusstsein verstaut sind. Und das ist das meiste von dem, was Sie jemals in sich aufgenommen haben: Laut der Wissenschaft sind uns nur zehn Prozent unserer Kenntnisse bewusst, der Rest lagert unterhalb dieser Oberfläche – ganz wie beim schwimmenden Eisberg. Und Ihr Bauch kann die bewussten und unbewussten Anteile sogar verknüpfen.

Das ist der Grund, warum Ihr Bauch viele Signale erkennt und einordnet, die Ihr Kopf gar nicht registriert. Mit anderen Worten: Ihr Bauch hat einfach mehr Informationen zur Verfügung und weiß, was eine gute Entscheidung ist und was nicht. Und er weiß es nicht nur, er sagt es Ihnen auch sehr deutlich.

Klemens arbeitet seit fast einem Jahr bei mir und ist ein Supertyp. Eine echte Bereicherung für meine Firma und immer gut gelaunt. Fast immer! Gerade erzählt er von seinem vorherigen Job und runzelt dabei unwillig die Stirn.

„Ich frage mich immer noch, warum ich mich vor vier Jahren auf diese Stelle überhaupt eingelassen habe! Ich habe von Anfang an gespürt, dass das nichts für mich ist. Das war der totale Krampf, aber

ich war da schon eine Weile arbeitslos gewesen und hatte geglaubt, dass ich die Stelle nehmen muss", erzählt er. Die Erinnerung lässt ihn den Kopf schütteln: „Das hätte ich echt besser gelassen. Aber nach dieser Erfahrung weiß ich: Entweder habe ich ein gutes Gefühl oder ich lasse die Finger davon."

„Und bei uns hattest du ein gutes Gefühl?", frage ich ihn mit einem Augenzwinkern.

„Absolut. Sonst wäre ich nicht hier", gibt er grinsend zurück.

Um auf den Bauch zu hören, brauchen Sie eine bewusste Entscheidung dafür. Die fällt uns nicht so leicht, denn sie widerspricht unserer Erziehung genauso wie der gesellschaftlichen Geringschätzung von Emotionen. Aber es lohnt sich. Wenn Sie wie ein Privatier leben wollen, ist es sogar entscheidend, dass Sie Ihr Bauchgefühl schätzen lernen. Auf dem Weg dahin haben Sie nämlich eine Reihe von Entscheidungen zu treffen, die vorgefassten Meinungen und Gewohnheiten entgegenstehen. Und solche Entscheidungen treffen Sie auf gelassene Weise nur dann, wenn Ihr Kopf gefühlsmäßige Unterstützung hat.

Ich bin im Laufe meines Lebens zu dem Entschluss gekommen, meinem Bauch öfter den Vortritt zu lassen, weil ich mich gefragt habe, warum sich meine rationalen Entscheidungen – obwohl sie doch so gut aussahen – immer wieder als falsch entpuppten. Und ich habe einfach mal ausprobiert, was passiert, wenn ich auf diese andere Art vorgehe. Das war eine hohe Hürde für mich, weil diese Entscheidungen oft das genaue Gegenteil von dem bedeuteten, was nach rationaler Überlegung herausgekommen wäre. Und weil der rationale Weg oft so scheinbar klar erschien, während der emotionale Weg gefühlt eher in den Nebel führte. Das kostete erst mal ganz schön Mut und Überwindung.

Als geschultem Betriebswirtschaftler ging es mir schon ziemlich gegen den Strich, mich nicht auf die rationalen Argumente allein zu verlassen. Aber dann habe ich es gewagt und gemerkt:

Hey, das funktioniert!

Als ich zum Beispiel meine Unternehmensberatung gründete, war das rational gesehen totaler Blödsinn: Ich war viel zu jung, viel zu unerfahren, viel zu wenig etabliert. Aber es hat sich als das Richtige herausgestellt. Es war genau mein Ding. Und gerade weil ich anders war als all die anderen Berater, hatte ich großen Erfolg.

Wie Sie auf Ihren Bauch hören lernen

Deshalb ist mein Rat: Besinnen Sie sich auf Ihren Bauch. Selbst wenn Sie seine Stimme über die letzten Jahre immer erfolgreich ignoriert haben: Sie ist da! Sie ist glücklicherweise nicht totzukriegen.

Es kann sein, dass die Stimme am Anfang nicht sehr laut ist. Wenn Sie aber genau hinhören, werden Sie sie vernehmen. Sie spricht nämlich umso klarer zu Ihnen, je häufiger Sie hinhören. Das ist wie Training: Die Übung macht Sie auch bei der Bauchkonsultation zum Meister.

Ich gebe Ihnen zwei Tipps, was Sie tun können, um die Stimme Ihres Bauchs deutlicher zu vernehmen.

Der erste Tipp ist: Stellen Sie sich vor, Sie sind völlig frei in Ihrer Entscheidung – es gibt keinerlei Restriktionen. Und dann stellen Sie sich die Frage: „Wenn Geld, Zeit, die Meinung der anderen keine Rolle spielen würden: Würde ich es machen oder nicht?“ Wenn dann Ihre ehrliche Antwort ist: „Nein!“, spricht Ihr Bauch zu Ihnen – und auf ihn sollten Sie hören.

Vielleicht spricht Ihr Bauch auch gar kein klares Wort aus, sondern lässt Sie seine Präferenz nur spüren. Denken Sie mal intensiv an die anstehende Entscheidung und achten Sie darauf, wie Ihr Magen sich benimmt: Bleibt er ruhig und entspannt? Oder fühlt es sich so an wie früher in der Schule, wenn Sie wussten, dass Sie gleich dran sind? Nur hundertmal stärker und bedrohlicher?

Übrigens kann es sein, dass Sie bei der Befragung Ihres „Bauchs“ eine Empfindung an einer anderen Stelle Ihres Körpers spüren. Vielleicht zieht sich die Kehle zusammen, Ihr Herzraum wird eng, Ihr Herz klopft ganz wild oder Sie bekommen keine Luft. Diese Empfindungen sind zwar nicht direkt im Bauch lokalisiert, aber auch sie geben Ihnen Aufschluss über Ihr Unterbewusstsein.

Auf die Stimme oder das Gefühl sollten Sie möglichst immer achten. Im Alltag ist es zwar nicht so essentiell, weil die Auswirkungen von Fehlentscheidungen nicht so groß sind. Aber bei strategischen Entscheidungen rate ich Ihnen ganz dringend dazu. Ob Sie ein Haus kaufen wollen oder eine neue Partnerschaft eingehen, ob Sie einen neuen Job annehmen oder für Ihr Kind die Schule auswählen – wann immer es sich um Entschlüsse mit langfristigen oder tiefgreifenden Konsequenzen handelt, wird Ihnen das Bauchgefühl gute Dienste leisten.

Einfach so? Nicht ganz! Damit Ihr Bauch Ihnen Rat geben kann, braucht er auch etwas von Ihnen:

Zeit und Entspannung.

Weder im Stress noch unter Zeitdruck kann Ihr Bauch gut arbeiten. Gönnen Sie ihm also Muße.

Und dazu gebe ich Ihnen einen zweiten Tipp: Wie finden Sie die Muße, von der die Dichter der Romantik schwärmten? Indem Sie es wie Goethe und Schiller machen: Gehen Sie aus dem alltäglichen Umfeld raus und verschaffen Sie sich Abstand zum Alltag. Wie schon in Kapitel 7 beschrieben, kann das mit einem spontanen Spaziergang oder – und noch besser – einem Abstecher in Ihre persönliche Wohlfühloase gelingen.

Oft genug gibt Ihnen Ihr Bauch unter solchen entspannten Verhältnissen eine klare Auskunft. Falls nicht, dann heißt das nur, dass Ihr Gefühl noch nicht ganz klar ist. Auch wenn das Umfeld Sie drängt und Ihnen Entscheidungsschwäche vorwirft: Nehmen Sie sich die Zeit, die Sie brauchen. Meiner Erfahrung nach ist es besser, nicht zu entscheiden, als übereilt zu entscheiden. Schnellschüsse rächen sich immer.

Ein Mentor hat einmal zu mir gesagt: „Lass die Entscheidung näher auf dich zu schwimmen, dann wird sie klarer und richtiger." Probieren Sie es aus! Lassen Sie also Ihre Gedanken weiter um die Entscheidung kreisen, aber blenden Sie den Druck aus – dann kann Ihr Bauch besser denken. Er wird Ihnen seine Entscheidung präsentieren, wenn er soweit ist. Solange er noch keine klare Aussage parat hat, warten Sie ab.

In Kapitel 3 habe ich schon erzählt, dass ich mich inzwischen konsequent weigere, eine Entscheidung zu treffen, wenn ich mich unter Druck gesetzt fühle, mein Bauch aber noch keine Entscheidung parat hat. Das hat sich für mich in der Praxis bewährt und ich weiß von vielen erfolgreichen Menschen, die das auch so machen – auch wenn die wenigsten ihre Weigerung damit begründen, dass ihr Bauch sich noch nicht entschieden hat.

Sie brauchen also gerade am Anfang Geduld und Vertrauen zu Ihrem Bauchgefühl. Je öfter Sie aber auf diese Art entscheiden, desto mehr von beidem werden Sie haben. Und gleichzeitig wird Ihr Bauch mit der Übung schneller zu Urteilen kommen.

Das bewundere ich an großen Unternehmern: Ich beobachte immer wieder, dass sie sehr schnell sehr intuitiv entscheiden können, selbst wenn sie noch gar nicht viel über ein Thema wissen. Wie sie das schaffen? Sie sind einfach auf einem Profi-Level, was Bauchentscheidungen angeht.

Wenn Kopf und Bauch zusammenkommen

So deutlich Sie selbst Ihr Bauchgefühl vernehmen mögen – Ihr Umfeld tut das nicht. Deshalb ist es nur rücksichtsvoll, wenn Sie von Ihrer Umwelt nicht verlangen, sich Ihrer Meinung anzuschließen – nur im Vertrauen auf Ihr Bauchgefühl. Gerade die Vertreter von rational geprägten Berufsgruppen wie Anwälte, Banker, Steuerberater und Wirtschaftsprüfer werden Ihnen viel besser folgen können, wenn Sie für Ihren Standpunkt sachliche Gründe ins Feld führen und diesen das entsprechende Gewicht verleihen.

Und die Gründe wird Ihr Kopf liefern – garantiert. Wenn Sie für sich das Gefühl zulassen und sich darüber im Klaren sind, bringen Sie nämlich Kopf und Bauch zusammen. Der Kopf wird gute Argumente geliefert bekommen: vom Bauch, denn der hat sie bereits gefunden.

Denn in Wahrheit ist es nicht so, dass der Bauch schlauer ist als der Kopf. Er ist einfach nur schneller im Denken, er hat den direkteren Zugriff auf alle verfügbaren Informationen und dadurch viel mehr Kombinationsmöglichkeiten. Wenn der Kopf nur genug Zeit bekommt, schließt er sich in seinem Urteil praktisch immer dem Bauch an.

Kopf und Bauch versöhnen sich.

Solange die beiden uneins sind: Lassen Sie dem Bauch den Vortritt.

Um aber Missverständnissen vorzubeugen: Ich sage nicht, dass Sie Ihren Kopf ausschalten sollten, wenn es um Entscheidungen geht. Sie brauchen ihn ganz dringend. Und zwar in zweierlei Hinsicht:

1. Für eine gute Entscheidung brauchen Sie Informationen, daran führt kein Weg vorbei. Sie sollten also mit Sinn und Verstand alle nötigen Kenntnisse zusammensammeln. Und Ihr Kopf kann dafür sorgen, dass Sie sich die nötige Zeit dafür nehmen, anstatt sich von einer Welle der Begeisterung in eine übereilte Entscheidung spülen zu lassen. So eine kurzzeitige Begeisterung, die sich fast wie Verliebtheit anfühlt, ist nämlich nicht zu verwechseln mit dem Bauchgefühl, das eine ausgewogene Entscheidung trifft.

2. Der Kopf kann Sie vor dem einzigen blinden Fleck bewahren, den der Bauch hat. In das Bauchgefühl kann sich nämlich der Trägheitsfaktor mischen und es überlagern.

Typisches Beispiel: Der innere Schweinehund. Wenn Sie an einem kalten Winterabend zuhause auf der Couch liegen und sich nicht überwinden können, noch raus in die Kälte und zum Beispiel ins Fitnessstudio oder zum Sport zu gehen. Sie haben einfach keine Lust auf Sport! Das hat nichts mit Bauchgefühl zu tun! Das ist der innere Schweinehund!

Der Trägheitsfaktor ist das Element, das Sie in Ihrer Komfortzone hält. Es will Sie teils aus Bequemlichkeit, teils aus einem Sicherheitsbedürfnis heraus vor allem bewahren, was neu oder ungewohnt und deshalb anstrengend ist. Das können Sie als Zeitmillionär nicht brauchen: Schließlich wollen Sie die äußeren Zwänge nicht mit dem inneren Zwang zur Trägheit verwechseln.

Hier schlägt die große Stunde des Kopfs: An diesem Punkt darf er sich rational und kritisch mit dem Gefühl auseinandersetzen und den Trägheitsfaktor möglichst überwinden. Übrig bleibt Ihr Netto-Bauchgefühl – und das hat viel öfter recht als unrecht.

Meine Zeitmillionärs-Tipps

- Konzentrieren Sie sich die nächsten 24 Stunden darauf, dass Sie sich vor jeder Entscheidung – ob klein oder groß – fragen: „Was sagt mein Bauch?" Allein dadurch, dass Sie seine Antwort bewusst hochkommen lassen, geben Sie ihm schon einen anderen Stellenwert.

- Nehmen Sie in den nächsten 24 Stunden das Gefühl nicht nur wahr, sondern vertrauen Sie ihm und folgen Sie ihm konsequent. Achten Sie auf die Erfahrung, die Sie mit Ihrem intuitiven Handeln sammeln.

- Fassen Sie am Abend schriftlich zusammen, wie Ihr Bauchgefühl war, wie sich Ihre entsprechende Entscheidung angefühlt hat und wie die Konsequenzen waren. Das Schreiben hilft Ihnen, mehr Bewusstheit über die Vorgänge, die sich tagsüber ereignet haben, zu erlangen. Sie werden staunen, wie viel Sie an einem solchen Tag über sich selbst lernen!

9. Bildung hat die beste Rendite – aber wo Bildung draufsteht, ist selten Bildung drin

Wenn in meiner Zeit als Unternehmensberater Kunden zu mir kamen, über die niedrigen Zinsen jammerten und mich fragten, ob sie ihr Geld überhaupt noch anlegen sollten, sagte ich: „Ja, es gibt noch ein paar gute Investmentmöglichkeiten. Eine ist heute sogar lohnender denn je. Steckt euer Geld in eure eigene Bildung! Dann habt ihr die höchste Rendite ..."

Zunächst erntete ich ungläubige Blicke. Aber ich hatte genug Erfahrung in der Finanzwelt, um zu wissen, dass das stimmt. Und hatte genug Standing bei meinen Kunden, um mir eine kleine Provokation erlauben zu können.

Warum die Menschen skeptisch sind, wenn ich von Bildung spreche, ist mir schon klar. Sie denken an Schule, Ausbildung und Studium. Und sind heilfroh, dass die Zeiten vorbei sind. Außerdem haben sie verinnerlicht: Wenn ich die Ausbildung hinter mir habe, ist Zeit „für's Schaffe", wie man bei uns im Schwäbischen sagt. Die Lernerfahrung in den Institutionen Schule, Ausbildung, Universität oder Fachhochschule war für viele eher mühe- als freudvoll. Da ist es völlig nachvollziehbar, wenn die meisten froh sind, dass damit Schluss ist.

Diese Lernskepsis begegnet mir übrigens nicht nur in bodenständigen Kreisen, sondern auch bei Top-Managern. Ab einem gewissen Alter oder einer bestimmten Karrierestufe meinen sie, dass sie eh alles wissen.

Das heißt, keiner investiert mehr in Weiterbildung. Zumindest nicht freiwillig. Klar, immer wieder verdonnert die Firma ihre Angestellten dazu, mal wieder ein Seminar zu besuchen. Und mit entsprechend wenig Bock gehen die Mitarbeiter hin und hocken die Zeit ab. Der Seminarleiter „animiert sich vorne einen Wolf", das heißt, die Teilnehmer warten nur darauf, dass es endlich vorbei ist und sie sich ihr Zertifikat abholen können. Wie die Schulkinder. Und mit einem entsprechend mickrigen Lernerfolg gehen sie dann auch wieder raus. Ressourcen, die Sie so investieren, sind tatsächlich für die Katz.

Genau gesehen haben sogar beide Seiten einen Schaden: Die Firma hat Geld zum Fenster rausgeschmissen und die Mitarbeiter haben ein weiteres „Muss" über sich ergehen lassen. Was für eine Verschwendung von Geld, Zeit und Energie!

Der Unterschied zwischen Bildung, die Gewinn bringt, und Bildung, die zwar auch so heißt, aber in Wirklichkeit nur Zeit und Geld kostet, ist der zwischen Können und Müssen. Und das ist das Privileg des Zeitmillionärs: Er kann die Bildung machen, die er mag – er muss nicht irgendeine Bildung erdulden.

Wo die Rendite herkommt

Wie aber macht das der Zeitmillionär, dass er so stark von seiner Bildungsinvestition profitiert? Da will ich Ihnen eine Geschichte erzählen.

Ich bin ja gelernter Bankkaufmann, Betriebswirt und ehemaliger Unternehmensberater. Vor einigen Jahren war ich auf der Suche nach einer Weiterbildungsmöglichkeit und habe zwei Lehrgänge entdeckt, die sich für mich spannend anhörten. Der eine war der Fachberater für Sanierung und Insolvenzverwaltung, der andere der Fachberater für Unternehmensnachfolge. Ausgeschrieben waren beide Lehrgänge vom Deutschen Steuerberaterverband – ausschließlich für Steuerberater, denn nur die waren berechtigt, die Fachberatertitel auch wirklich zu führen. Ich hatte aber das Gefühl, dass das, was da vermittelt wurde, genau das war, was mich gerade brennend interessierte – und mich weiterbringen würde. Also meldete ich mich an.

Zwei Tage später rief mich eine Vertreterin des Anbieters an und sagte mit verzweifelter Stimme: „Sie, Herr Mulfinger! Sie haben sich verlesen: Sie haben sich angemeldet und auch schon bezahlt, aber Sie können den Titel ja gar nicht erwerben. Sie sind kein Steuerberater. Was sollen wir denn jetzt machen?"

Ich lachte nur und sagte, dass mir der Titel nicht wichtig sei und dass ich den Lehrgang trotzdem machen wolle. Also saßen in dem

Seminarraum da über neun Monate lang an den Schulungstagen 50 Steuerberater – und ein Unternehmensberater.

Seither war ich tatsächlich der einzige Unternehmensberater in unserer Gegend mit diesem Wissen. Das haben sonst nur Steuerberater. Und die wenden es anders an. Sie haben schließlich keine Zeit, es draußen in der Praxis umzusetzen. Es hat meinen Kurswert erheblich erhöht, dass ich mir das an Bildung geholt habe, was mich interessiert hat. Und nicht das, was Unternehmensberater üblicherweise lernen.

Genau hier liegt der zählbare Gewinn, den Sie mit der „richtigen" Bildung erreichen können: Sie steigern Ihren Kurswert, weil Sie kompetenter werden als Ihresgleichen. Das gilt besonders, wenn Sie die Dinge lernen, die Sie kitzeln, oder in den Bereichen Neues lernen, in denen Sie ohnehin schon richtig gut sind. Denn diese Themen machen Sie besonders: einzigartig in der Zusammensetzung und einzigartig in der Qualität.

Mich hat dieses Erlebnis bestärkt, meine eigenen Weiterbildungen nur noch nach dem Lustprinzip auszusuchen. Und ich verrate Ihnen eins. Seit ich das tue, bin ich wesentlich erfolgreicher.

Manche Menschen investieren ihr Geld in Kunstwerke in der Hoffnung, dass sie mit der Zeit wertvoller werden. Machen Sie es besser: Seien Sie Ihr eigenes Kunstwerk, in das Sie investieren. Damit investieren Sie direkt in Ihren eigenen Marktwert. Und dieser Wert ist sogar krisenfest: Das kann Ihnen keiner mehr nehmen, egal was kommt – ob Wirtschaftskrise, Enteignung, Krieg, Flucht, Währungsreform, Kommunismus etc.

Mehr noch: Neben dem Gewinn, der in Heller und Pfennig ausgezahlt wird, gibt es eine weitere Rendite, die noch viel höher zu bewerten ist. Gute Bildung nährt nämlich nicht nur Ihr Fachwissen. Gute Bildung trägt auch zu Ihrer Persönlichkeitsentwicklung bei. Sie werden sich mit jedem Seminar, mit jedem Coaching, mit jedem Kurs weiter entfalten lernen.

Denn wenn Sie da mit offenen Ohren und offenem Herzen hingehen, werden Sie immer mit neuen Erkenntnissen nach Hause kommen. Daran wachsen Sie auch persönlich. Und dieses Wachstum ist unbezahlbar.

Wo die Bildung herkommt

Die Bildung mit der höchsten Rendite ist die Bildung nach dem Studium – also die Bildung, wo nicht mehr unbedingt Bildung draufsteht. Die staatliche Grundbildung hat schon etwas Gutes, denn Sie lernen, wie man lernt und wie man an ein Problem herangeht. Wenn Sie aber erst einmal die Schule, die Ausbildung oder das Studium hinter sich haben, dann ist es Zeit für Sie, selbstbestimmt zu lernen. Und da sind die staatlichen Bildungsangebote nur bedingt geeignet.

Deren Problem ist, dass sie immer alle ansprechen und mitnehmen müssen. Deshalb sind sie erstens mit Fachwissen überfrachtet und zweitens geben sie zu viel vor. Zudem ist ein Studium immer so konzipiert, dass der Student Unmengen an Zeit aufwenden muss, um sich das Wissen zu erarbeiten. Er muss Vorlesungen besuchen oder wird online dazugeschaltet, bekommt eine lange Literaturliste mit Pflichtlektüre und muss zunächst Inhalte aus verschiedenen Quellen zusammentragen, bevor er sich tatsächlich ans „Lernen" machen kann. Kurz: Sie kriegen zu viel Wissen auf einmal vorgesetzt, und das auf komplizierte Weise. In der Erwachsenenbildung dagegen bekommen Sie das Wissen mundgerecht aufbereitet. Da können Sie an drei Tagen so viel Stoff lernen, wie Sie an der Uni in einem Semester schaffen.

Das liegt nicht nur an der didaktischen Aufbereitung, sondern auch daran, dass die Weiterbildungsanbieter die besseren Trainer haben. Die schlauesten Köpfe gehen weder in die Politik noch an staatliche Bildungseinrichtungen. Das rechnet sich für sie einfach nicht. Deshalb geben sie ihr Wissen lieber im Rahmen von Seminaren, Vorträgen oder Coachings weiter.

Die Uni ist also nicht unbedingt die erste Wahl für die Weiterbildung des Zeitmillionärs. Und je nachdem, was Sie machen wollen, kann Sie die Uni sogar verderben: Ich hatte einen Kunden, eine angestellte Führungskraft, den ich für einen potenziell tollen Unternehmer halte. Er hat auch damit geliebäugelt, sich selbstständig zu machen. Um sich vorzubereiten, hat er den MBA gemacht, weil er dachte, dass der Titel ihm hilft. Das ist komplett in die verkehrte Richtung gegangen. Er ist jetzt randvoll mit Konzernwissen, das mit der Praxis in kleineren und mittelgroßen Betrieben nichts zu tun hat.

Nach viel eigener Erfahrung und der Erfahrung vieler Kunden steht für mich fest: Die teureren privaten oder halbprivaten Angebote rechnen sich wesentlich mehr als die kostenfreien oder günstig angebotenen staatlichen Möglichkeiten, weil sie Ihnen in kürzerer Zeit relevanteres Wissen auf eine bessere Weise beibringen. Deshalb sage ich für mich als Zeitmillionär:

Ich schaue auf den Wert, nicht auf den Preis.

Aber wenn Sie mich fragen: Lernen geht nicht nur über die Theorie in bezahlten Seminaren. Das Lernen in der Praxis ist mindestens genauso wertvoll. Meinen Studenten an der Hochschule sage ich immer: „Arbeitet, um zu lernen, nicht um Geld zu verdienen!" Warum also nicht ein Praktikum in Ihrer Wunschbranche machen? Oder wenn Sie selbstständiger Internetprogrammierer sind und normalerweise nur zuhause am Computer sitzen, aber Kundenkommunikation lernen wollen: Warum nicht mittwochs oder samstags in der Einkaufsmeile im Café aushelfen?

Die meisten Erwachsenen fühlen sich zwar zu etabliert dafür, aber das ist eine großartige Chance, direkt umsetzbares Wissen zu erlangen. Sie arbeiten dann nicht, um Geld zu verdienen, sondern um zu lernen. Sie investieren in Form des entgangenen Einkommens und der Zeit. Und möglicherweise haben Sie dabei mehr Spaß, als Sie denken. Auch so kann fruchtbares Lernen gehen.

Wo die richtige Bildung für Sie drin ist

Okay: Lieber private Weiterbildungsangebote nutzen als mit dem Strom zu schwimmen und zur Uni zu gehen. Das ist soweit klargeworden. Die Frage ist nur: Wo ist denn die beste Bildung für Sie drin? Um das zu erfahren, sollten Sie zunächst zwei Dinge klären: das Thema und den Anbieter.

Als Allererstes brauchen Sie das richtige Thema. Fragen Sie sich: Was interessiert mich? Was klingt so, als würde es mir Spaß machen? Ja, was Sie sich aussuchen, darf und soll Ihnen Spaß machen. Schielen Sie bitte nicht darauf, ob für Sie ein tolles Zertifikat oder ein wohlklingender Titel damit verbunden ist. Das ist kein Hinderungsgrund, aber sicher kein Entscheidungsgrund.

Sie dürfen und sollen für sich lernen. Am besten ist Ihre Lernzeit reine Mußezeit. Denn Ihr Lernen dient nicht einem kurzfristigen, sondern dem mittelfristigen Erfolg. Und den erreichen Sie nur, wenn Ihnen die Sache an sich Freude macht.

Das Thema darf ruhig „out of the box“ sein. Sie sind Anlageberaterin und wollen einen Stylingkurs besuchen? Sie sind Künstler und interessieren sich für alternative Heilmedizin? Alles gut. Es ist das Beste, wenn Sie bei der Wahl Ihrer Kurse ganz strikt Ihrem Instinkt, ja Ihrer Lust folgen. Und nicht einem sinnvoll erscheinenden Weiterbildungsplan. Ihr Vorhaben kann nämlich ganz anders aussehen als das, was alle machen. Das ist sogar ein gutes Zeichen, wenn Sie da nicht beim Mainstream sind: Umso wahrscheinlicher ist es dann genau Ihr Ding.

Wenn Sie das Richtige gefunden haben, dann gehen Sie ab wie's Zäpfle, wie wir Schwaben sagen. Da arbeitet das Motivationszentrum in Ihrem Hypothalamus auf Hochtouren. Und das spüren Sie richtig. Als ich dieses Gefühl in einem meiner ersten Seminare hatte, stellte ich voll Erstaunen fest: „Ey, Lernen macht ja Spaß.“ Da vergeht die Zeit wie im Flug, zehn oder zwölf Stunden sind im Nu vorbei. In einem Seminar, das Sie nicht interessiert, halten Sie unmöglich so lange durch.

Warten Sie deshalb auch nicht darauf, was Ihnen die Firma als Weiterbildung anträgt. Schließlich geht es um Ihre persönliche Rendite – da lohnt es sich, dass Sie persönlich investieren. Suchen Sie das Angebot für sich heraus, das Sie interessiert und an dem Sie Spaß haben. Wenn das zufällig mit den Interessen Ihrer Firma übereinstimmt oder Sie einen Chef haben, der dieses Buch auch gelesen hat, dann können Sie ja mit ihm reden, ob er nicht was zuschießen kann und will.

Sobald Sie also Ihr Thema gefunden haben, schauen Sie sich nach dem richtigen Anbieter um. Wie schon gesagt: Schauen Sie nicht nach dem Preis, sondern nach dem Wert. Nehmen Sie also nicht das günstigste, sondern das beste Angebot.

Und was ist das beste Angebot?

Ich weiß, es ist von außen oft schwer zu beurteilen, was gut ist und was nicht. Vieles werden Sie ausprobieren oder sich auf Empfehlungen verlassen müssen. Das ist ein bisschen so, wie wenn Sie in der verputzen Wand die hohle Stelle suchen. Da klopfen Sie mit Hammer und Meißel vorsichtig die Wand entlang. Sobald Sie die Stelle gefunden haben, geht der Meißel ganz leicht in die Wand hinein. So klopfen Sie auch die

Seminarangebote ab. Wenn Sie auf das Richtige stoßen, werden Sie es merken. Es packt Sie einfach.

In der Praxis buchen Sie vielleicht erst mal eines der vier Seminare des Anbieters. Wenn das gut war, buchen Sie die nächsten auch bei ihm. Oder Sie testen erst einmal ein Einzelcoaching bei dem Kursleiter. Das kommt im ersten Moment teurer, kann aber effizienter sein, weil die Entwicklung genau auf Sie zugeschnitten ist.

Misstrauisch sollten Sie auf jeden Fall sein, wenn es mehr um Produktverkauf als um Wissensvermittlung geht. Das gibt es zum Beispiel im Investmentbereich oft: Das Seminar wird angeboten zum Thema Sachwertstrategie, aber in Wirklichkeit will Ihnen der Anbieter nur Gold verkaufen und arbeitet mit Ihren Ängsten. Oder es stellt sich heraus, dass das günstige Einsteigerseminar Sie nicht schlauer, sondern nur heiß auf das Folgeseminar machen soll.

Schauen Sie also, ob da, wo Bildung draufsteht, auch die richtige Bildung für Sie drinsteckt. Und wenn Sie ein interessantes Angebot gefunden haben, dann schlagen Sie herzhaft zu: weil Sie es sich als Zeitmillionär wert sind.

Mein Zeitmillionärs-Tipp

Genehmigen Sie sich ein Jahresbudget für Ihre eigene Bildung. Und bemessen Sie es nicht zu knapp! Sie wissen ja, dass das Geld, das Sie in Ihr Lernen stecken, x-fach zurückkommt. Überlegen Sie ganz nüchtern, wie viel Geld Sie dieses Jahr beiseitelegen können, und stecken Sie höchstens die Hälfte davon in die Geldanlage Ihrer Wahl. Für die andere Hälfte besuchen Sie Seminare, Kurse, Coachings zu Themen, auf die Sie neugierig sind. Endlich mal ein steueroptimiertes Anlagemodell, das schon während der Investition Spaß macht und eine Megarendite abwirft.

10. Sie werden nie lieben, was Erfolg bringt – aber was Sie lieben, kann ein Riesenerfolg werden

„Mhm."

(Pause)

„Ja, Mama, du hast schon recht."

(Pause)

„Ja, die Beförderung ist eine Chance."

Marius stützt sein Kinn auf die linke Handfläche. Mit der rechten hält er sich das Handy ans Ohr.

„Ich weiß, was du meinst. Die Idee mit dem Online-Shop läuft nicht weg."

Nach dem Auflegen starrt Marius nachdenklich in seine leere Kaffeetasse. Warum ausgerechnet jetzt? Jahrelang hat sein Chef ihn zappeln lassen. Und ausgerechnet, als er sich endlich zur Kündigung durchgerungen hat, um seine Geschäftsidee umzusetzen, kommt der mit dieser verflixten Beförderung um die Ecke …

Wieder klingelt das Smartphone.

Auf dem Display erscheint Lena, Marius Freundin. Marius Mutter hat ihr gerade per SMS geschrieben, dass Marius befördert wurde. Und sie ist ganz aus dem Häuschen.

„Du, ich weiß noch gar nicht, ob ich das Angebot annehme. Ich hatte doch eigentlich vor …", versucht er Lena zu beschwichtigen.

Wieder entsteht eine Pause.

„Ja klar, von dem Gehalt könnten wir uns endlich mal was leisten."

(Pause)

„Ja, natürlich denke ich an unsere Zukunft …"

Marius Stimmung wird durch diese ganze Beförderungsdiskussion noch schlechter, als sie ohnehin schon war. Er hat überhaupt keine Lust mehr, darüber zu reden.

Er verabschiedet sich, legt auf und lässt seinen Kopf auf die Tischplatte sinken.

„Verdammt. Ich dachte, es wäre wirklich gut, mich mal was zu trauen. Ich dachte, meine Familie und Freunde würden mich unterstützen. Aber wahrscheinlich habe ich mich übernommen. Offensichtlich war das mit dem Online-Shop gar keine gute Idee."

* * *

Am darauffolgenden Samstag treffe ich Marius zufällig auf dem Wochenmarkt. Er berichtet mir, dass er den Deal mit seinem Chef abgeschlossen hat.

Ich kann es nicht glauben. „Du hast mir doch so oft gesagt, dass dir die Firma zum Hals raushängt!"

Er schaut bedröppelt auf seine Füße und murmelt: „Na ja, die Selbstständigkeit ist ein hohes finanzielles Risiko. Und was, wenn der Shop am Ende floppt? Ich muss mich halt zusammenreißen. Aber dafür habe ich endlich mehr Kohle und den Senior-Titel in der Tasche."

Traurig schüttle ich den Kopf.

„Überleg dir noch mal gut, ob dich das wirklich glücklich macht, Alter!"

Erst die Arbeit …

… dann das Vergnügen. Dieser Spruch ist so verbreitet wie die Tulpen in Holland. Und so unsinnig wie die Vorstellung, dass die Erde flach ist.

Ich sage niemandem, er soll einen sicheren Job für eine riskante Liebelei hinschmeißen. Aber was ich gar nicht verstehe, ist, warum Menschen bereit sind, eine Arbeit zu machen, die sie nicht erfüllt, die sie nicht gern verrichten und bei der das Gehalt nur Schmerzensgeld ist. Genau das ist der Fall bei meinem Kumpel Marius. Und bei unglaublich vielen anderen Menschen.

Wie häufig sagen Leute, wenn sie etwa ins Kino eingeladen werden: „Ich kann morgen nicht, ich muss arbeiten"? Oder wenn sie ein Projekt angeboten bekommen, das ihnen sichtlich nicht zusagt: „Ohne Arbeit keine Kohle. Ohne Kohle kein Vergnügen." Hinter solchen Aussagen steckt nichts anderes als die Vorstellung, dass Arbeit anstrengend ist, keinen Spaß macht und ein notwendiges Übel ist. Sonst würden die Sätze anders lauten. Zum Beispiel: „Sorry, morgen geht bei mir nicht, da habe ich mir vorgenommen, dieses Projekt hier voranzutreiben. Wie wäre es aber am Dienstag?“ Oder: „Ach, das Projekt nehme ich nicht an, es wird mir vermutlich wenig Freude machen, mich mit den Maklern rumzuschlagen.“ Merken Sie den Unterschied?

Er ist nicht nur leicht spürbar, er lässt sich auch leicht erklären. In der ersten Variante ist der Antreiber ein innerer Zwang, in der zweiten Variante passiert alles freiwillig.

Und jetzt kommt die gute Nachricht: Ob Sie freiwillig oder aus Zwang arbeiten hat weniger mit Ihrem Kontostand zu tun, als Sie denken. Natürlich brauchen Sie eine gute Balance zwischen Einnahmen und Ausgaben, um entspannt zu leben. Natürlich brauchen Sie eine bestimmte Geldsumme jeden Monat, um Ihren Lebensunterhalt zu bestreiten. Und um Ihren Spaß zu haben. Und um was zur Seite zu legen. Aber das alles können Sie auch mit einer Arbeit erreichen, die sich gar nicht wie Arbeit anfühlt. Mit Arbeit, die ein Vergnügen ist!

Die Crux ist aber die: Sehr viele Menschen glauben, dass Arbeit anstrengend ist und keinen Spaß macht. Und weil sie das glauben, wählen sie eine Arbeit, die für sie anstrengend ist und die ihnen keinen Spaß macht.

Blöde Arbeit

Woher dieser schädliche Glaube kommt? Aus unseren Erfahrungen und aus den Überzeugungen, die wir bei anderen aufgeschnappt haben. Bei Mama, Papa, bei der Lehrerin, bei Tante Lise, bei Familienfreund Otto und so weiter und so fort.

Es ist nicht so, dass unser Umfeld uns absichtlich in eine schlechte Position rücken will. Es ist aber so, dass das Umfeld die Früchte der Arbeit anderer nur an den sichtbaren Ergebnissen dieser Arbeit abliest. Sie sehen: Der Nachbar arbeitet bei der Bank und hat sich letztes Jahr einen Porsche gekauft. Sie sehen: Der Freund von der Otilie ist Unternehmensberater und hat schon mit 34 eine riesige Villa gebaut. Sie sehen: Der Sohn von der Emily ist in der IT-Branche und es ist der Wahnsinn, wie sein Verdienst sich in den letzten Jahren gesteigert hat.

Zugleich sehen sie Sozialarbeiterinnen, die mit 42 noch in WGs wohnen, Musiker, die für Kleingeld im U-Bahn-Schacht spielen, und hören von sogenannten Künstlern, die jeden Tag in ihrem Atelier „arbeiten" und von Hartz IV leben.

Diese Bilder prägen das allgemeine Verständnis von Arbeit. Und dieses allgemeine Verständnis ist geprägt von zwei sehr starken und sehr hartnäckigen Überzeugungen:

- Es gibt Berufe, die sind erfolgsträchtig, und es gibt Berufe, die sind brotlos.
- Es gibt Arbeitsformen, die sicher sind, und Arbeitsformen, die sehr risikoreich sind.

Das ist der Grund, warum Selbstständigkeit und Unternehmertum als hoch unsicher gelten im Vergleich zum Angestellten- bzw. Beamtenstatus. Oder warum Berufe, die überdurchschnittlich gut bezahlt sind, als einzige Möglichkeit für Erfolg, Ansehen und Status gelten, während Berufe, die durchschnittlich schlecht bezahlt sind, als sicheres Sprungbrett in den finanziellen Misserfolg und langfristig in die gesellschaftliche Ächtung betrachtet werden.

Dabei ist die Realität um einiges vielfältiger! Es gibt Künstler, die sind Millionäre – dagegen sind Bankangestellte kleine Bettler. Es gibt Musiker, die haben mehr Erfolg als jeder Unternehmensberater, wenn man Erfolg in Einfluss, Verdienst, Popularität, Sinnhaftigkeit, Spaß etc. misst. Und es gibt Sozialarbeiter, die nicht einfach nur angestellte Sozialarbeiter geblieben sind, sondern erfolgreiche Unternehmen gegründet haben oder ganz eigene Wege gegangen sind. Wege, die sie glücklich und frei gemacht haben. Ob mit oder ohne Porsche. Ob mit oder ohne Villa. Ich brauche Ihnen nicht zu sagen, dass nicht jeder Mensch diese Attribute überhaupt erstrebenswert findet.

Lassen Sie sich nicht blenden von einem veralteten Erfolgsverständnis! Glauben Sie nicht, dass Erfolg „mein Haus, mein Auto, mein Boot" bedeutet. Und machen Sie sich klar: Die tatsächlichen Früchte der Arbeit sind nicht nur die sichtbaren Ergebnisse. Der Verdienst ist nur ein kleiner Teil davon. Zu den Früchten jeder Arbeit gehören außerdem Faktoren wie:

- Energielevel bei der Arbeit: Gibt Ihnen Ihre Arbeit Energie oder nimmt sie Ihnen Energie?

- Gefühle, die sich bei der Arbeit einstellen: Empfinden Sie Spaß, Freude, Glück? Empfinden Sie Wut, Ärger, Trauer? Empfinden Sie womöglich nichts?

- Bedeutung der Arbeit für Sie: Haben Sie das Gefühl, mit Ihrer Arbeit Sinn zu stiften, oder ist Ihnen die Arbeit gleichgültig? Oder stehen Sie sogar in einem moralischen Konflikt dazu? (Letzteres kann zum Beispiel der Fall sein, wenn Sie grundlegend andere Werte als die Firmenwerte vertreten.)

Wenn Sie also Erfolg wollen, dann ist es an der Zeit, ihn neu zu definieren. Denn: Sie bestimmen, was Erfolg für Sie bedeutet.

Geile Arbeit

Von der Wortbedeutung her ist Erfolg einfach eine Folge aus dem, was Sie tun. Wenn Sie Erfolg so sehen, werden Sie viel weniger Stress haben auf dem Weg dorthin. Sehen Sie den Erfolg nicht als ein bestimmtes Ergebnis, das Sie anstreben und das unbedingt genau so eintreffen muss wie in Ihrer Vorstellung, sondern als die Folge aus etwas, das Sie mit Liebe tun.

Drehen Sie den Satz, der solchen Druck macht, einfach um. Setzen Sie nicht erst auf die Arbeit. Setzen Sie erst aufs Vergnügen. Und schauen Sie dann, was sich daraus entwickelt.

Ein Beispiel für das, was möglich ist, zeigt mein junger Freund Max.

Manchmal kann er es immer noch nicht fassen. Max sitzt in seinem geräumigen Büro. Er hat seinen Schreibtischstuhl Richtung Fensterfront gedreht und blickt auf die Frankfurter Skyline.

Heute ist es genau drei Jahre her, dass er die Schule schmiss, um als Unternehmer ins digitale Marketing-Business einzusteigen. Er schließt die Augen. Er sieht sich auf dem Bett seines Jugendzimmers liegen, das Kopfkissen auf die Ohren gepresst. Er hört seinen Vater heute noch brüllen: „Was? Du willst deine Zukunft ruinieren? Meinetwegen, nur zu! Aber erwarte ja nicht, dass du ab jetzt auch nur noch einen Cent von mir siehst, Freundchen!"

Er war fest entschlossen, an seinem Traum festzuhalten.

Und das tat er.

Max öffnet die Augen, lehnt sich zurück und schüttelt schmunzelnd den Kopf. Mittlerweile beschäftigt er 40 Leute. So langsam wird es eng auf der Etage.

Sein Blick streift die Digitalanzeige auf seiner Armbanduhr: 20.54 Uhr. Am liebsten würde er noch ein paar Stunden hier sitzen bleiben und an neuen Ideen tüfteln. Aber seine Freundin wartet schon mit dem Abendessen und Schlafen ist auch eine gute Sache. Er seufzt zufrieden, klappt das Notebook zu, verstaut es in seiner ledernen Aktentasche und verlässt pfeifend das Büro.

Was ich Ihnen sagen möchte, ist: Machen Sie eine Arbeit, die keine Arbeit für Sie ist. Dann haben Sie die Chance auf wirklich schöne Momente. Sie werden die Chance haben, Freude zu erleben. Sie werden die Chance haben, eine ungeheure Motivation zu erleben. Sie werden die Chance haben zu erleben, wie belastbar Sie wirklich sind. Sie werden die Chance haben auf Wertschätzung, Dank und Anerkennung. Und sogar auf den klassischen „Erfolg" im Sinne von Prestige, Status, Geld.

Glauben Sie aber nicht, dass Sie in dem Moment, in dem Sie beginnen zu tun, was Sie meinen zu lieben, automatisch frei und „erfolgreich" werden. Keiner von den aufgezählten Punkten wird von selbst zu Ihnen kommen. Es kann sein, dass sich Ihre erste Aktivität als die Falsche erweist. Es kann sein, dass Sie feststellen: So viel Freude macht mir das Schwimmtraining doch nicht. Geben Sie es auf – aber bleiben Sie auf der Suche nach dem, was Sie lieben. Vielleicht ist es eine andere Sportart. Vielleicht lieben Sie das Wasser und empfinden das größte Glück beim Fischen. Suchen Sie unbedingt weiter. Kehren Sie nicht in die Sicherheit der Langeweile zurück. Sondern finden Sie, was Sie lieben. Und lassen Sie sich überraschen.

Es kann sein, dass Ihre Lieblingstätigkeit Ihnen tatsächlich nicht viel Geld einbringt. Aber dafür vielleicht viel Sinn, viel Freude und eine bestechende Ausstrahlung. Ich wette: Ihr Leben wäre in diesem Fall hundertmal glücklicher, als wenn Sie in einem Job versauern, der Ihr Konto füllt, aber Ihre Energiereserven Jahr für Jahr immer stärker angreift.

Wichtig ist, dass Sie sich für das entscheiden, was Sie glücklich macht.

Vor ein paar Wochen kam eine Freundin zu mir. Sie war zwischen zwei Jobalternativen hin und hergerissen: einer vermeintlich sicheren, gut dotierten Vollzeitstelle in einer großen Bank und einem Zeitvertrag als Lehrerin für orientalischen Tanz. Ich fragte sie: „Was macht dich glücklich?" Ohne Zögern schoss es aus ihr heraus: „Na, der Tanzkurs natürlich!" Damit war die Entscheidung in meinen Augen gefallen. Ich riet ihr, den befristeten Vertrag an der kleinen Tanzhochschule zu unterschreiben und die miserable Bezahlung vorerst in Kauf zu nehmen. Die Kurse lasten sie ohnehin nicht zu 100 Prozent aus, sodass sie locker nebenher noch eine Teilzeitstelle zum Broterwerb annehmen kann. Ich bin mir sicher, dass sie sich während dieser Beschäftigung sehr schnell weiterentwickeln wird. Womöglich wird sie von einem Dozenten entdeckt, der sie an eine renommierte Tanzschule weiterempfiehlt. Wer weiß, was die Zukunft noch bringt. Auf jeden Fall hat sie die Chance, bei finanzieller Sicherheit viel mehr Freude und Lebensenergie zu entfalten. Und das wiederum hilft, immer wieder neue Ideen und Alternativen zu entwickeln.

Nur Mut!

Wenn Sie tun, was andere sagen, werden Sie vielleicht in den Augen der anderen „erfolgreich". Aber Sie werden nie lieben, was Sie tun. Sprich: Sie werden sich nie erfolgreich fühlen.

Wenn Sie das tun, was Ihnen Spaß macht, egal was andere sagen, haben Sie nicht die Garantie, dass es sofort ein Erfolg wird. Aber es ist die einzige Möglichkeit, die Sie haben, um sich selbst erfolgreich zu fühlen. Und wenn Sie sich selbst erfolgreich fühlen, dann haben Sie die Chance, etwas zu tun, was andere als „Riesenerfolg" werten.

Klingt gut? Na dann möchte ich noch etwas Wasser in den Wein gießen: Glauben Sie bitte nicht, dass Sie den Zustand von Freude, Sinn, Energie und Anerkennung einmal finden müssen – und dann bleibt er für immer.

Die 100-Prozent-Sonnenschein-Garantie gibt es nicht.

Wer behauptet, bei ihm liefe es jeden Tag spitzenmäßig, dem schenke ich nur sehr eingeschränkt Glauben. Oder ist es wirklich das, was Sie sich wünschen? Dann stellen Sie sich mal vor, Sie hätten jeden Tag blauen Himmel und Sonnenschein. Würden Sie sich dann noch über das gute Wetter freuen?

Schlechtwetterphasen sind völlig legitim. Auch ein Trainer, der seine Arbeit liebt, erlebt miese Tage. Da muss nur ein demotivierter Teilnehmer dabei sein, schon wird ein Seminar sicher nicht das Highlight seiner Woche. Mit nur 50 Prozent Sonne sollten Sie sich jedoch langfristig nicht zufriedengeben. Die heiteren Tage sollten auf jeden Fall überwiegen! Ab 60 Prozent Sonnenschein wird es erst interessant. 80 Prozent ist eine perfekte Gesamtwetterlage.

Geben Sie sich mit der Bewertung Ihrer Situation ruhig ein wenig Zeit. Vor allem wenn Sie dabei sind, sich neu zu orientieren. Es kann nämlich gut sein, dass Sie die neuen Eindrücke am Anfang leicht überfordern. Und Sie sich erst einmal daran gewöhnen müssen, Ihre Komfortzone zu verlassen. Aber wenn es Sie nach ein paar Wochen immer noch anödet, sollten Sie Ihre Zeit nicht länger verschwenden und sich schleunigst nach einem sonnigeren Arbeitsplatz umschauen!

Dann das Glück

Wenn Sie etwas tun, nur um auf den wirtschaftlichen Gewinn und den gesellschaftlichen Ruhm hinzuarbeiten, werden Sie ein großes Opfer bringen: das Vergnügen auf dem Weg zu diesem Ziel. Der Spaßfaktor bleibt auf der Strecke. Außerdem ist es höchst unwahrscheinlich, dass Sie einen Job, der Sie tagtäglich frustriert oder gar zermürbt, so gut machen, dass Ihnen schließlich der Megaerfolg gelingt, den Sie sich so sehr wünschen. Der Erfolg als Ziel führt nicht zum Ziel.

Hören Sie auf, Erfolg anzustreben.

Streben Sie Spaß und Muße an! Wenn Sie das tun, was Sie lieben, dann haben Sie eines garantiert: Spaß! Und wenn es dann noch finanziell ein Erfolg wird, super!

Und auch, wenn Ihr Kontostand nicht rapide in die Höhe schnellt, so haben Sie doch einen unbezahlbaren Reichtum erlangt: Happiness!

Eine Kundin von mir war viele Jahre Key-Account-Managerin bei einem großen Softwareunternehmen. Mit Mitte dreißig hat sie sich Hals über Kopf dazu entschieden, einen Hofladen mit regionalen Bioprodukten zu eröffnen. Hätte sie sich als Ziel gesetzt, eine Megakarriere in der Lebensmittelindustrie hinzulegen, wäre sie heute wahrscheinlich todunglücklich. Klar, sie muss, im Vergleich mit ihrem damaligen Job, finanzielle Abstriche in Kauf nehmen. Ich habe sie neulich in ihrem kleinen Geschäft besucht. Sie stand hinter der Theke und strahlte übers ganze Gesicht, als sie zu mir sagte: „Ich glaube nicht, dass ich jemals einen Riesenumsatz machen werde, aber es reicht zum Leben. Und viel wichtiger ist, dass ich jetzt jeden Tag gerne zur Arbeit gehe!"

Mein Zeitmillionärs-Tipp

Wenn Sie etwas gefunden haben, das Ihnen Spaß machen könnte und das viel schöner wäre als das, womit Sie jetzt Ihre Zeit verbringen: Erzählen Sie zunächst keinem davon. Machen Sie Ihre Eskapaden erst mal für sich. Lassen Sie das Ihr persönliches Geheimnis sein. Ansonsten laufen Sie Gefahr, dass die Reaktionen Ihres Umfelds Sie zu sehr verunsichern und Sie sich schließlich gehemmt fühlen, die Sache unbefangen anzugehen.

Wenn Ihnen etwa der Tanz nach ein paar Trainingsstunden tatsächlich gefällt und Sie ein gewisses Standing bzw. Leistungsniveau haben, dann können Sie selbstbewusst Gott und der Welt davon berichten und Ihren Weg verfolgen.

11. Machen Sie nur Deals mit Leuten, die Sie mögen

Jetzt kommen wir zu einem Punkt, der fühlt sich wahrhaft wie Luxus an. Der klingt so abgefahren für manche, dass die mir sofort den Vogel zeigen, wenn ich ihnen das erzähle. Aber Sie haben ja schon mitbekommen, dass der Zeitmillionär Dinge macht, die für die anderen erst einmal verrückt klingen. Und mit denen er doch recht behält. Und dieses Kapitel handelt von so einem Ding. Denn ich lege Ihnen jetzt etwas ans Herz: Sie müssen nicht mit jedem, der Ihnen über den Weg läuft, ins Geschäft kommen! Im Gegenteil: Seien Sie wählerisch!

Warum Sie sich das leisten können

Ich habe da selbst ein knallhartes Learning durchgemacht: Früher habe ich alle Kunden, die zu mir kamen, auch betreut. Bei dem ein oder anderen hatte ich zwar das Gefühl, das mit dem etwas nicht stimmt, oder jemand war anstrengend oder hat mir ständig das Wort im Mund herumgedreht. Ich machte es aber trotzdem, weil ich mir sagte: „Ich brauche den Umsatz" oder „Der ist bekannt in der Gegend, der kann dir viele weitere Kunden bringen". Und unterdrückte das komische Gefühl von innerem Widerstand.

Damit aber machte ich Schluss in dem Moment, da ich beschlossen hatte, ein Zeitmillionär zu sein. Ich nahm diese Art von Kunden nicht mehr an. Ich machte tatsächlich nur noch mit Leuten Deals, die ich mochte.

Alle anderen lehnte ich ab.

Ich sagte denen vielleicht nicht direkt ins Gesicht, dass ich ihren Auftrag nur deshalb nicht annehme, weil ich kein gutes Gefühl bei ihnen habe – die hätten mich für verrückt erklärt, weil sie den Hintergrund nicht hätten verstehen können. Ich teilte denen stattdessen höflich mit, dass wir aktuell keine Kapazität hätten, oder setzte den Preis so unverschämt hoch an, dass sie von sich aus absagten.

Wir machten das ein bisschen so wie der Türsteher in einer Nobel-Disco: Damit der Laden gut läuft, siebt er das Publikum aus. Und wenn er geschickt ist, sagt er denen, die er nicht reinlassen will, nicht: „Du kommst hier net rein.“ Sondern vielleicht: „Heute nur mit Gästekarte.“

Das klingt erst einmal einfach, aber glauben Sie mir, es ist gar keine leichte Entscheidung, wenn Sie sich ab jetzt eine solche Selektion leisten wollen. Denn Achtung: Sie gehen ein Risiko damit ein. Dieses Risiko war auch mir damals bewusst: Wenn ich von 100 Kunden 20 nicht ausstehen kann und ablehne, kann mich das 20 Prozent oder mehr von meinem Umsatz kosten. Selbst wenn ich die anderen 80 Kunden wirklich mag und mit denen sogar nachts Pferde stehlen könnte: Wird das reichen?

Der äußere Zwang hätte dafür gesprochen, brav weiter jeden Kunden zu akzeptieren. Ich wollte es aber trotz des Risikos zumindest probieren. Und ich sage Ihnen, es hat sich voll rentiert: Mein Erfolg potenzierte sich und ich konnte seitdem viel entspannter arbeiten.

Warum das so ist, das erkläre ich mir so: Wenn ich mit jemanden nicht klarkomme, dann hat das einen Grund. Vielleicht will der ja nur das Beste, aber wir liegen einfach nicht auf einer Wellenlänge. Oder er will das Beste, er bemisst das aber an ganz anderen Werten als ich. Oder aber er will das Beste – für sich!

Aus welchem Grund auch immer mir jemand nicht sympathisch ist: Ich bin ihm gegenüber dadurch automatisch misstrauisch. Aber eine Beziehung, die auf Vertrauen basiert, ist nun einmal produktiver als eine, die auf Misstrauen aufbaut. Vielleicht kann der andere gar nichts dafür und allein mein Misstrauen führt dazu, dass ich falsch agiere. Egal: Das Resultat ist jedenfalls, dass das nichts taugt, was bei einer solchen Zusammenarbeit herauskommt.

Das Prinzip gilt übrigens nicht nur für das Geschäft: Es gilt ganz genauso für die Beziehung und für das soziale Umfeld im Privaten. Nur ist es da viel üblicher und akzeptierter, nach Sympathie zu gehen als im Beruf. Aber selbst da lässt sich der ein oder andere immer wieder verführen oder bequatschen, Deals zu machen, obwohl er kein gutes Gefühl dabei hat, zum Beispiel wenn es darum geht, ein Amt in einem Verein oder einer Elterninitiative zu übernehmen, selbst wenn einem der Großteil der

Mitglieder nicht sympathisch ist. Das macht der Zeitmillionär nicht: Der prüft vor der Entscheidung schon ganz gründlich sein Bauchgefühl.

Ich mag dich, ich mag dich nicht, ich mag dich ...

„Mögen“ ist ein weiter Begriff. Je nachdem, ob Sie ein offener oder eher ein zurückhaltender Mensch sind, liegt Ihre Schwelle für das Mögen niedriger oder höher. Bei mir persönlich liegt sie eher tief. Ich komme mit vielen Menschen klar. Das heißt nicht, dass ich die alle zu 100 Prozent klasse finde. Ganz ehrlich: Das gibt es nur selten. Das macht aber nichts, für mein „Mögen“ reicht es vollkommen aus, wenn der Eindruck mehr positiv als negativ ist. Das ist übrigens eine erfolgreichere Einstellung, als wenn Sie Ihre Latte für das Mögen sehr hoch legen. Wenn Sie Menschen grundsätzlich eher mit Misstrauen begegnen als mit einem Vertrauensvorschuss, dann haben Sie es nicht nur in der Geschäftswelt schwerer. Und:

Sie haben weniger Spaß.

Wichtig ist, dass Sie ehrlich zu sich sind – im Positiven wie im Negativen. Zwei Sorten von Menschen neigen nämlich dazu, sich einen negativen Eindruck schönzureden.

- Da sind auf der einen Seite die Leistungsorientierten. Die konzentrieren sich so komplett darauf, das Geschäft zu machen, dass sie ihr Bauchgefühl einfach wegreden: „Unfair? Ach was, der taktiert jetzt ein bisschen, aber in Wirklichkeit will er schon einen sauberen Deal."

- Noch gefährdeter sind die Harmoniebedürftigen: Die wollen sich so gerne mit allen Menschen verstehen, dass sie selbst über die gröbsten Unfreundlichkeiten hinwegsehen: „Ein knallharter Hund? Nein, nein, der meint's gar nicht so. Sicher hat er nur einen schlechten Tag."

Grundsätzlich ist es ja gut, wenn Sie eher das Positive an einem Menschen sehen. Aber das Negative einfach zu leugnen, bringt Ihnen mehr Schaden als Nutzen.

Wenn Sie also abseits von allem Schönreden ein tendenziell negatives Gefühl haben, dann stehen Sie dazu und lassen Sie die Finger von dem Menschen. Okay, das gilt natürlich nicht für jede Alltagssituation. Ob Ihnen die Bäckereifachverkäuferin sympathisch ist oder nicht: Wenn die Brötchen gut sind, können Sie ruhig weiter Kunde der Bäckerei bleiben. Oder wenn Ihnen der Mann, der Ihr Auto in der Werkstatt für eine kleine Reparatur entgegennimmt, nicht so angenehm ist:

Was soll's?

Wenn Sie dagegen einen Neuwagen kaufen wollen, dann kommt es schon viel mehr darauf an, dass Sie dem Verkäufer Vertrauen entgegenbringen können. Oder wenn Sie sich für eine neue Stelle bewerben und weder der Chef noch die zukünftigen Kollegen sind Ihnen auch nur annähernd sympathisch – dann rate ich Ihnen: Überlegen Sie sich gut, ob Sie diesen Job wirklich haben wollen!

Es gibt übrigens auch einen Unterschied beim Mögen im Privaten und im geschäftlichen Bereich: Ich habe Kollegen, die ich mag und mit denen ich fantastisch zusammenarbeiten kann. Ich kann mir allerdings nicht vorstellen, mit denen in Urlaub zu fahren. Auf der anderen Seite habe ich Freunde, die ich wirklich mag, mit denen ich aber nie im Leben Geschäfte machen wollte. Ist das ein Problem für mich? Nein, das ist ganz normal und sogar hilfreich – weil mir die Unterscheidung bewusst ist!

Mögen lernen

Achten Sie doch mal bewusst darauf: Sie merken sehr schnell, ob die Sympathie-Waage sich für Ihren Gesprächspartner Richtung positiv oder negativ neigt. Sie spüren es im Bauch – etwa an der Stelle, wo Sie sonst auch Angst spüren. Es ist ein Gefühl wie in der Schule damals kurz vor dem Drankommen. Oder spüren Sie, dass Ihr Atem kürzer und Ihr Puls höher wird? Auch das sind sichere Anzeichen von Nicht-Mögen.

Sie können sich auch selbst überprüfen mit Fragen wie: „Freue ich mich auf das nächste Gespräch mit ihm oder ihr oder muss ich mich dazu eher überwinden?" Stellen Sie sich vor, Sie gehen mit demjenigen Mittagessen: Kommen Sie da in einen Flow oder ist schon allein die Vorstellung von diesem Essen so anstrengend, dass Sie danach erst einmal Erholung nötig haben?

Ein ganz wichtiges Kriterium ist auch, ob Sie im Umgang mit einem Menschen so sein können, wie Sie sind, oder ob Sie sich verstellen müssen, um ihm zu gefallen. Letzteres ist ein schlechtes Zeichen. Das gilt zumindest für mich. Aber ich kenne auch Menschen, denen das gar nichts ausmacht: Die schlüpfen zum Besuch auf dem Oktoberfest in die Lederhose, nur weil es ihrem bayerischen Geschäftspartner so gefällt. Die haben Spaß an der Verkleidung.

Und alles ist gut.

Denn es ist vollkommen in Ordnung, wenn Sie sich dem Geschmack anderer Menschen anpassen, um ihnen eine Freude zu machen – solange Sie selbst auch Freude daran haben. Wenn es Sie aber Überwindung kostet: Lassen Sie es sein. Schätzt Sie der andere nur, wenn Sie nach seiner Pfeife tanzen, werden Sie mit dem eh nicht froh.

Wenn Sie aber heute anfangen, Ihre Kontakte nach dem Prinzip „Mögen oder nicht mögen" zu sortieren, sind Sie auch auf einem guten Weg, Ihre Menschenkenntnis zu trainieren. Sie achten nämlich bewusst auf Ihr Bauchgefühl und können im weiteren Verlauf prüfen, ob Sie richtiggelegen haben. Was mir dabei sehr geholfen hat, war die Ausbildung in der Bank. Da habe ich auf der einen Seite gesehen, wie sich die Kunden verhalten und was sie erzählen, und auf der anderen Seite hat der Blick in die Datenbank mir verraten, wie ihre tatsächliche finanzielle Lage ist. Dort ist mir zum ersten Mal wirklich aufgefallen, dass es gehörige Unterschiede zwischen Auftreten und wahrer Situation gibt. Und wie ich das erkennen kann.

Achten Sie also das nächste Mal bewusst darauf, wie Sie Ihr Gegenüber einschätzen. Falls er oder sie Ihnen tendenziell unsympathisch ist, dann können Sie immer noch entscheiden: Entweder Sie machen den Deal trotzdem und schauen sehr genau, was später passiert. Ich behaupte, dass Sie am Ende sehr wahrscheinlich sagen werden: „Das hätte ich nicht machen sollen."

Oder Sie lehnen – im Vertrauen auf die Zeitmillionärs-Methode – das Geschäft ab. Beobachten Sie den Fall aber weiter: Oftmals kommt Ihnen ja zu Ohren, wie die Geschäfte anderer mit diesem Menschen gelaufen sind. Und ich wette, Sie werden sagen: „Wie gut, dass ich mich für ein Nein entschieden habe."

Heißt das etwa, ich behaupte, dass alle Menschen, die Ihnen sympathisch sind, auch vertrauenswürdig sind? Nein, so ist es nicht: Der Zeitmillionär schaltet seinen Kopf nicht aus beim Umgang mit sympathischen Menschen. Ihr Bauch hat zwar ein feines Gespür, aber unfehlbar ist er nicht. Gerade dann, wenn Sie einen Menschen frisch kennenlernen, kann der ein oder andere sehr geschickte Schauspieler Sie doch täuschen. Auf diese Masche setzen manche unseriöse Vermögensberater. Unter denen gibt es einige echte Strukturvertriebsprofis, die gerade ihre in Finanzgeschäften wenig erfahrenen Kunden ganz schön aufs Kreuz legen. Bei der Riege lasse ich – auch wenn mir der Kerl auf den ersten Blick sympathisch erscheint – zunächst innerlich ein Programm mitlaufen, das mein eigenes Gefühl abcheckt: Meint der das wirklich ehrlich oder will er mir nur auf hohem Level was verkaufen?

Wie Sie es sich leisten lernen

„Jochen, du hast es als Selbstständiger natürlich leicht, dir rauszusuchen, mit wem du arbeiten willst", sagt mein Kumpel Fred. Wir treffen uns alle heilige Zeit auf ein Bier. „Du bist dein eigener Herr. Aber wie soll ich das machen? Mein Chef sagt, ich muss alle Kunden in dem neuen Gebiet abklappern."

„Ich glaube, das geht auch bei dir!", sage ich. „Wie wäre es, wenn du dich an die Kunden hältst, mit denen du auf Anhieb klarkommst? Den Rest lässt du erst einmal unter den Tisch fallen. Ich könnte darauf wetten, dass du richtig geile Ergebnisse hinkriegst."

„Meinst du?", fragt er zögerlich.

Ich nicke und bekräftige: „Meine ich. Du brauchst es deinem Chef ja nicht vorher auf die Nase zu binden."

„Okay, ich versuch's", sagt Fred.

Sechs Wochen später klingelt das Telefon: „Hallo Jochen, ich bin's: Fred. Ich wollte dir nur sagen: Es funktioniert! Ich habe Zahlen wie nie, das macht echt Spaß. Sogar der Chef staunt – und hat mich gestern Abend beiseitegenommen, um mich nach dem Geheimnis meines Erfolgs zu fragen."

Ein Luxus, der erfolgreich macht, ist ein Luxus, den sich jeder leisten kann, ob selbstständig oder angestellt. Und darum geht es, wenn ich sage, dass Sie heute schon anfangen können damit. Denn Sie gehen kein Risiko ein.

Sie müssen Ihren neuen wählerischen Blick auch nicht auf brachiale Art von heute auf morgen umsetzen. Wenn Sie zum Beispiel einen Kollegen haben, mit dem Sie nicht klarkommen, dann kommunizieren Sie das ab und zu. Und schauen Sie, dass Sie möglichst wenige Projekte mit ihm zusammen machen. Gleichzeitig orientieren Sie sich in der Abteilung oder im Unternehmen um.

Wenn Sie einen unsympathischen Kollegen und einen unsympathischen Chef haben, sehen Sie sich mittelfristig nach einem anderen Job um, bei dem Sie mit sympathischen Menschen zusammenarbeiten können. Ein Beschäftigungsverhältnis ist nichts anderes als ein Deal: Tun Sie es nicht mit Menschen, die Sie nicht mögen. Sie haben eindeutig mehr Spaß und auch immer mehr Erfolg, wenn Ihr Umfeld für Sie stimmt.

Und sagen Sie nicht von vornherein: „Das geht bei mir nicht!" Meine Erfahrung ist: Es geht sogar als Azubi. Ich hatte am Anfang meiner Ausbildung einen Chef, der mich behandelt hat wie den letzten Dreck. Dabei war ich keiner von den Lehrlingen, die meinen, sie haben die Weisheit mit Löffeln gefressen. Ich wollte etwas lernen und das ging bei dem einfach nicht. Er war unfair, hat mir null Wertschätzung entgegengebracht. Es hat eine Weile gebraucht, bis ich den Mut aufgebracht habe, mit dem Ausbildungsleiter zu sprechen. Schließlich war das wie David gegen Goliath. Aber irgendwann bin ich hingegangen und habe gesagt, dass ich mit diesem Chef nicht klarkomme. Ich bin dann tatsächlich versetzt worden und ab da war alles gut.

Also: Sie sollten es auf jeden Fall versuchen, Ihre Situation zum positiven zu beeinflussen. Meistens geht mehr, als Sie denken.

Mein Zeitmillionärs-Tipp

Wenn Sie sich Gedanken darüber machen, wen Sie mögen und besonders wen Sie nicht mögen, ist eines ganz wichtig: Werten Sie nicht, weder Eigenschaften noch Tätigkeiten. Fällen Sie keine Urteile – denn das macht Ihr Kopf und der irrt sich einfach zu oft. Es ist einzig und allein Ihr Gefühl, das zählt.
Schreiben Sie sich deshalb auf, was Sie von den Menschen halten – und streichen Sie dann alle Wörter, die werten. Das sind zum Beispiel Kopf-Begriffe wie „Er ist falsch" oder „Die ist blöd". Lassen Sie nur die Bauch-Begriffe stehen wie „Sie ist mir unsympathisch", „Ich habe kein gutes Gefühl bei ihr" oder „Ich kann über seinen Humor nicht lachen".

12. So lernen Sie Nein zu sagen und die Gegenreaktion auszuhalten

Wir gehen einen Waldweg entlang. Die Sonne scheint, die Luft ist klar, die Landschaft herrlich. Es gibt nur ein Problem: Ich hasse Wandern. Meine Eltern haben mich komplett versaut, indem sie mich in meiner Kindheit ständig in die Berge mitgeschleppt haben, obwohl ich keine Lust hatte. Ich wollte damals mit meinen Freunden Fußball spielen oder an den Baggersee gehen, aber sicher nicht als einziges Kind unter lauter Erwachsenen sinnlos durch die Gegend stapfen. Aber ich musste und die damalige Unlust hat sich tief in mir eingeprägt.

Als mich aber meine neue Flamme fragte, ob ich nicht mit ihr diesen herrlichen Fußmarsch machen wollte, traute ich mich nicht, Nein zu sagen. Ihr macht das Wandern nämlich großen Spaß, also wollte ich sie nicht enttäuschen. Ich dachte mir: „So schlimm wird das schon nicht werden."

Aber jetzt ist es schlimm. Meine Füße tun mir immer mehr weh, meine Laune wird immer schlechter, ich werde immer einsilbiger. Nur meine Begleiterin plaudert munter weiter.

Plötzlich bleibt sie stehen, zeigt auf ein kleines Schild und sagt strahlend: „Oh, schau nur: Hier geht es zu einem wunderschönen Aussichtspunkt. Das ist nur ein klitzekleiner Umweg."

Mir reicht's. Ich quäle mich schon jetzt und nun soll ich auch noch einen Umweg mitmachen? Ich schaue sie grimmig an, verschränke die Arme und grolle heftig: „Nein! Ich gehe keinen Schritt weiter. Du kannst ja da hinrennen, ich mach das nicht."

Ich weiß, ich bin wie ein kleines trotziges Kind, aber ich kann nicht anders. Es hat sich so viel Wut in mir angestaut, es bricht einfach aus mir heraus.

Meine Freundin schaut erst überrascht und dann wütend. „Dann lass es halt", sagt sie schneidend, dreht sich um und geht.

Den meisten Menschen fällt Nein zu sagen schwer. Sie und ich, wir sind soziale Wesen. Und wenn uns jemand etwas anbietet oder uns um etwas bittet, dann sagen wir lieber Ja als Nein. Denn ein Nein fühlt sich wie ein unfreundliches Wort an. Eines, das Beziehungen zerstört und Hoffnungen zunichtemacht. Eines, das uns mehr kostet, als es uns nützt.

Aber die Wahrheit ist: Wenn Sie Zeitmillionär werden wollen, müssen Sie auch immer wieder und ganz oft Nein sagen. Denn wenn Sie zu oft Ja sagen – nur um ein Nein zu vermeiden –, werden Sie immer mehr Dinge am Hals haben, die Sie eigentlich nicht wollen. Irgendwann sind das zu viele und Ihnen wird der Kragen platzen. Dann verwandelt sich der angestaute Groll explosionsartig in ein Nein – wie bei mir auf der Wanderung.

So ein Nein reißt dann tatsächlich Brücken ein und hinterlässt verbrannte Erde. Wenn Sie deswegen unangenehme Reaktionen der anderen erleben, verstärkt das Ihre Scheu noch, Sie lassen sich noch mehr unangenehme Dinge aufladen – ein Teufelskreis.

Das muss nicht sein, denn ein Nein muss nicht als unangenehm empfunden werden. Im Gegenteil: Es kann auch eine durch und durch freundliche Sache sein.

Warum Nein ein freundliches Wort ist

Stellen Sie sich vor, Sie lernen auf einer Tagung einen interessanten Unternehmer kennen, der Ihnen ein Geschäft vorschlägt. Er ist total begeistert von seiner Idee, schildert auch Ihre Chancen in den schönsten Farben und zeichnet eine wunderbare Zukunft. Sie aber haben Zweifel, denn Sie sehen das Marktumfeld kritischer. Weil der Mensch aber so nett ist und seine Begeisterung so ansteckend, sagen Sie Ja. Sie beide stecken Zeit und Geld in das Projekt, doch es kommt wie es kommen muss:

Die Sache scheitert.

Tatsächlich hätten Sie Ihrem Geschäftspartner einen Gefallen getan, wenn Sie Ihrem unguten Gefühl gefolgt wären. Ein frühes Nein mit einer guten Begründung hätte Ihnen beiden einiges erspart.

Oder noch schlimmer: Es kommt einer aus Ihrem Tennisverein auf Sie zu, der hat etwas bei Ihnen gut, denn er hat Ihnen schon einmal einen großen Gefallen getan. Er fragt Sie, ob Sie nicht das neu eingeführte Kindertennis eine Zeit lang leiten könnten – er sucht händeringend nach einem Freiwilligen. Ein blödes Dilemma: Sie fühlen sich verpflichtet, sich mit einem Ja für die Hilfe von früher erkenntlich zu zeigen. Aber gleichzeitig wissen Sie jetzt schon, dass Sie mindestens bei jedem zweiten Training nicht anwesend sein können. Und was machen Sie? Sie sagen trotzdem Ja – und prompt sind nach einem halben Jahr alle mühsam geworbenen Kinder wieder weg, weil das Training dauernd ausfällt. Was hat das vermiedene Nein gebracht? Es hat Sie beide viel Zeit und Nerven gekostet und Enttäuschung und Frust produziert.

Wer weiß: Wenn ich damals meiner Angebeteten gleich von Anfang an eingestanden hätte, dass ich Wandern hasse, vielleicht hätten wir zusammen eine andere Leidenschaft entdeckt und wären miteinander beim Tanzen, Klettern oder Videospielen glücklich geworden. So aber hat sich der Riss, der sich auf dem Wanderweg aufgetan hat, nie mehr kitten lassen.

Deswegen sage ich: Ein Nein ist auf lange Sicht immer die beste Wahl – nicht nur für den, der antwortet, sondern auch für den Fragenden.

Der Witz dabei ist: Eigentlich wissen wir das auch. Warum sagen wir trotzdem so häufig Ja, wenn wir Nein meinen? Das liegt daran, dass wir die Gegenreaktion scheuen. Das verstehe ich gut, denn es ging mir auch lange so. Bis ich gemerkt habe, dass ich Einfluss habe auf diese Reaktion. Denn sie hängt vorrangig von der Art ab, wie ich Nein sage: Sie bestimmt, wie mein Empfänger mit der Weigerung umgehen kann.

Seit ich das erkannt habe, fällt es mir viel leichter, nur noch dann Ja zu sagen, wenn ich es wirklich möchte. Ich habe die Zeitmillionärs-Kunst des virtuosen Neinsagens gelernt.

In vier Schritten zum virtuosen Nein

Es sind vier Schritte, die Sie zu diesem eleganten Nein hinleiten. Sie machen es Ihnen selbst leichter, Ablehnung zu denken und auszusprechen. Und sie machen es dem Empfänger leichter, eine Absage zu akzeptieren. Sie eröffnen ihm mit Ihrem virtuosen Nein nämlich die Chance, überlegt und wohlwollend mit der neuen Situation umzugehen. Die Wahrscheinlichkeit, dass Sie beide daraus gestärkt hervorgehen, ist groß. Und schon allein diese Aussicht wird es Ihnen einfacher machen, sich zu einem ehrlichen Nein zu entschließen.

Schritt 1: Lassen Sie das Nein in sich zu

Die Basis für diesen Weg ist – wie so oft in diesem Buch –, dass Sie für sich glattziehen, was Sie wollen. Sie sind in der Lage, für sich eine Entscheidung zu treffen: Ist es ein eindeutiges Ja oder ein klares Nein?

Wenn Sie noch keine Klarheit für sich haben, schieben Sie die Antwort noch ein bisschen auf und lassen Sie Ihren Bauch zu einem Ergebnis kommen. Erinnern Sie sich an den Zeitmillionärs-Rat aus Kapitel 2: Im Zweifel stellen Sie sich vor, Sie stehen an einem Fluss. Sie sehen in der Ferne, dass im Fluss etwas langsam auf Sie zutreibt – was genau, das können Sie noch nicht erkennen. Wenn Sie aber am Fluss stehen bleiben, wird das Objekt immer näher kommen und irgendwann ist es nahe genug, sodass Sie es ohne Mühe erkennen können. Und so ist es auch mit Entscheidungen: Je näher sie auf Sie zuschwimmen, desto besser erkennen Sie, ob es ein Ja oder ein Nein ist.

Sobald Ihr Nein Kontur gewonnen hat, erinnern Sie sich an Kapitel 3: Es gibt keinen perfekten Moment, sondern nur den richtigen – und der ist: Jetzt! Also zögern Sie nicht und gehen den nächsten Schritt zum virtuosen Nein.

Schritt 2: Sehen Sie Ihren Erfolg winken

Führen Sie sich vor Augen, was Sie gewinnen, wenn Sie jetzt Nein sagen. Sie werden merken, wie Sie das befreit. Stellen Sie sich vor, wie gut sich das Ergebnis anfühlt. Welches tolle Ziel erreichen Sie, wenn Sie jetzt entschlossen bleiben?

Auch wenn das Neinsagen jetzt weh tut: Machen Sie für sich ein Bild davon, wie Sie zehnfach dafür belohnt werden. Wenn Sie sich eine Szene, eine ganz plastische Vorstellung vom Zustand nach dem Nein einprägen, können Sie die in Ihrem Kopf abrufen, wenn Sie merken, dass Sie wieder ins Zögern kommen.

Schritt 3: Entwickeln Sie den Erfolg des anderen

Vergegenwärtigen Sie sich, wie Ihr Gesprächspartner und Ihr Verhältnis zu ihm gestrickt sind. Ist es nur ein Bekannter, dem Sie die Geburtstagseinladung absagen wollen? Der wird es kaum verstehen, wenn Sie zu ihm sagen: „Eure arroganten, dekadenten Feiern hängen mir zum Hals raus." Das will der nicht hören, es interessiert ihn wahrscheinlich nicht einmal. Das ist ja auch Ihre subjektive Wahrheit. Und er kann auf so eine Ansage eigentlich nur pampig reagieren.

In so einem Fall ist es vollkommen in Ordnung, wenn Sie sagen: „Versteh bitte, die Einladung ehrt mich zwar, aber ich fühle mich in so einem großen Kreis nicht wohl." Das heißt, Sie sollten nicht lügen, aber Sie sollten Ihre Worte so wählen, dass der andere sie auch annehmen kann.

Einem guten Freund dagegen können Sie ruhig offen sagen: „Du, ich hab heute einfach keine Lust zum Joggen." Der wird das verstehen.

Zum anderen und mindestens genauso wichtig: Sie können ein Nein erheblich verträglicher gestalten, wenn Sie mit ihm gleichzeitig eine andere Lösung präsentieren als die vorgeschlagene. Stellen Sie sich in die Schuhe des anderen und überlegen, welche Alternative auch für ihn positiv wäre: Was ist sein Ziel und gibt es einen für Sie beide angenehmen Weg, dieses Ziel zu erreichen?

Wenn Sie zum Beispiel dem Bekannten mit der Geburtstagseinladung sagen können: „Zur Feier komme ich nicht, aber hättest du Lust, dass wir uns zu zweit auf einen Kaffee treffen?" Oder Ihrem Freund: „Wenn du magst, kannst du ja nach deiner Laufrunde bei mir vorbeikommen und wir machen einen schönen Movie-Abend."

Vielleicht ist das, was Sie vorschlagen, auch nichts, wo Sie etwas dazutun müssen. Es kann genauso eine gute Idee für eine ganz neue, von Ihnen unabhängige Lösung sein, auf die der andere nur noch gar nicht gekommen ist.

Sie machen es auf diese Art nicht nur für den anderen leichter, mit Ihrem Nein umzugehen. Sie machen es auch sich selbst leichter. Denn ganz oft fühlen wir uns schlecht, wenn wir jemandem ein Nein gegeben haben. Warum? Weil wir ihm gefühlt etwas weggenommen haben, was er sich gewünscht hat. Wir haben Angst, den anderen traurig zu machen.

Wenn Sie ihm aber das Nein überreichen mit einer Formulierung, die er annehmen kann, und mit einer Idee, wie er seinen Wunsch doch erfüllt bekommt, dann geben Sie ihm ja etwas, anstatt ihm etwas zu nehmen. Sie gehen also mit einem guten Gefühl an die Überreichung der Botschaft heran und auch wieder heraus. Diese innere Haltung wird Ihnen beim Aussprechen helfen – und Ihrem Gegenüber beim Annehmen.

Diesen dritten Schritt vergessen die meisten komplett, wenn sie Nein sagen. Dabei ist es ganz besonders wichtig, dass Sie auch an Ihr Gegenüber denken. Bei den ersten beiden Schritten haben Sie sich ganz auf sich konzentriert, aber da dürfen Sie nicht stehen bleiben. Warum nicht?

- Erstens können Sie dem anderen das Nein wesentlich besser vermitteln, wenn Sie ihn in Ihre Gedanken einbezogen haben.

- Zweitens haben Sie seinen Standpunkt aus seiner Sicht betrachtet und dadurch erkannt, auf was es ihm wirklich ankommt.

Schritt 4: Sagen Sie's mit einem Lächeln

Wenn Sie das schlechte Gefühl beiseitegeschoben und das gute Gefühl für sich entwickelt haben, wird Ihnen auch der letzte Schritt des virtuosen Neinsagens leicht fallen: Überreichen Sie Ihr Nein nicht kalt und emotionslos, sondern mit einem Lächeln. Glauben Sie mir: Für den, der die Nachricht empfängt, ist das ein kolossaler Unterschied.

Es wirkt tierisch entwaffnend, wenn Sie mit Ihrem Lächeln signalisieren, dass Sie Ihrem Gesprächspartner nicht schaden, sondern nutzen wollen. Es wird klar: Sie begegnen ihm in freundlicher Absicht.

Mit diesen vier Schritten wird es Ihnen gelingen, die Zahl der unangenehmen Gegenreaktionen deutlich zu reduzieren. Ganz ausschließen können Sie sie allerdings nicht. Meiner Erfahrung nach kriegen Sie weiterhin in 20 Prozent der Fälle Antworten, die Sie nicht mögen. Und doch gibt es einen Weg, auch mit diesem Rest umzugehen.

Trennungsmanagement à la Zeitmillionär

Als einmal eine meiner Ex-Freundinnen sechs Monate nach ihrem Auszug anrief, um sich für die „angenehme Trennung" zu bedanken, war ich doch etwas verwirrt. Ich verstand dann: Nein, das war kein Wiederannäherungsversuch. Sie wollte nicht zurückkommen. Sie hatte nur unsere Trennung viel weniger schmerzhaft erlebt, als sie es erwartet hatte. Und wollte mir dazu Feedback geben. Schon interessant, dass sie sich jetzt für etwas bedankte, das mir ursprünglich nur hatte helfen sollen, den Schritt überhaupt zu wagen.
Was ich gemacht hatte? Ich war nicht nur fair, sondern ich war großzügig gewesen. Ich wollte einen Rosenkrieg um jeden Preis vermeiden, also gab ich ihr überall ein bisschen mehr, als ihr zustand. Ich organisierte ihren Umzug, sie musste sich um nichts kümmern. Sie wollte den Schlafzimmerschrank mitnehmen: keine Diskussion. Bekam sie. Sie hatte keinen privaten Rechner mehr: Ich schenkte ihr mein Tablet.
Natürlich musste ich kurz innerlich fluchen. Bei einer Trennung macht man so etwas ja nicht aus Liebe. Aber Sie ersparen sich selbst einen Berg emotionale Kosten. Und es hilft, ein Nein für den Partner verträglicher zu machen. Deshalb ist mein Rat für Sie: Wenn Sie solche Schritte vorhaben, machen Sie ein gutes Trennungsmanagement.

Die goldene Regel heißt:

Geben Sie immer 20 Prozent mehr als dem anderen zusteht.

Es erleichtert Ihnen das Nein und macht die Gegenreaktion milder.

Wer leidet, denkt nicht

Schon mit der Entwicklung des virtuosen Neins haben Sie die Grundlage für Ihren Umgang mit negativen Reaktionen geschaffen. Sie haben Lösungen für den anderen entwickelt. Sie haben ihm Ideen gegeben, wie er aus dem Nein für sich Positives herausholen kann. Das entlastet Sie innerlich von dem Vorwurf, nur an sich gedacht zu haben.

Aus dieser inneren Gewissheit heraus können Sie dann auch guten Gewissens auf Distanz zu seiner Reaktion gehen: Wenn er wütend ist, ist es seine Wut und nicht Ihre. Wenn er leidet, ist es sein Leid und nicht Ihres. Es hilft dem anderen auch keinen Deut, wenn Sie sein Leid teilen. Wer leidet, kann nämlich nicht mehr nüchtern denken. Und gerade diese Hilfestellung brauchen Menschen, die in ihrem Leid zu versinken drohen: Jemanden, der einen kühlen Kopf behält und in der Lage ist, klare Gedanken zu fassen.

Je mehr Ihnen der ans Herz gewachsen ist, dem Sie Nein sagen, desto schwieriger und gleichzeitig wichtiger ist das. Denn Ihr Nein kann für den anderen ja tatsächlich erst einmal ein Problem bedeuten, wenn es um lebensentscheidende Dinge geht wie eine Ehe, Kinder, Kündigung, die Betreuung eines pflegebedürftigen Angehörigen zuhause und so weiter. Sie wollen ja umso mehr die bestmögliche Lösung finden, je schwieriger das Problem für denjenigen ist – und das geht nur, wenn Ihr Hirn funktioniert.

Es ist mir in der Zeit, in der ich viele Sanierungsfälle betreut habe, auch schwergefallen, mich innerlich nicht hineinziehen zu lassen. Aber da habe ich gelernt, dass allen viel mehr geholfen ist, wenn ich nüchtern bleibe. Das hat nichts mit Gefühlskälte zu tun, sondern das ist echte Hilfsbereitschaft.

Und noch ein Rat zum Schluss:

Nein sagen ist auch Übungssache.

Wenn Sie noch nicht so gut trainiert sind, fangen Sie mit den leichteren Situationen an, mit den kleineren Neins: Sagen Sie an der Tankstelle der netten Verkäuferin lächelnd, aber bestimmt, dass Sie die Extrapolitur bei der Autowäsche nicht wollen, selbst wenn sie sie Ihnen so ans Herz legt. Lehnen Sie freundlich das angebotene Glas Prosecco zum Anstoßen auf den Chef ab, wenn Sie davon Sodbrennen bekommen, und fragen Sie stattdessen nach einem Glas Orangensaft oder Wasser. Verweisen Sie höflich und klar den Drängler an der Kasse an seinen Platz. Sie werden sehen: Mit jedem Mal wird es Ihnen besser gelingen.

Mein Zeitmillionärs-Tipp

Die vier Schritte zum virtuosen Nein gelten ganz genauso für die Neins, die Sie sich selbst sagen. Wenn Sie zum Beispiel abnehmen wollen und mit der Versuchung einer Sahnetorte kämpfen, spielen Sie die Elemente durch:

- Werden Sie sich bewusst, dass Sie jetzt Nein sagen möchten.
- Stellen Sie sich vor, wie toll Sie mit fünf Kilo weniger aussehen.
- Überlegen Sie sich eine attraktive Lösung für Ihre Heißhungerattacke: Suchen Sie sich einen schönen Film im Kino aus oder verabreden Sie sich mit einer Freundin auf einen Spaziergang.
- Lächeln Sie die Torte an, sagen Sie Nein, schließen Sie die Kühlschranktür und seien Sie stolz auf sich.

13. Warum Fixkosten böse und variable Kosten gar kein Problem sind

Was ist Ihrer Meinung nach besser? Die Jahreskarte fürs Fitnessstudio oder die Zehnerkarte? Natürlich, es hängt davon ab, wie viel Sie trainieren. Sagen wir, Sie trainieren im Schnitt so ein-, zweimal die Woche. In guten Wochen sogar drei- bis viermal. Im Sommer allerdings eher weniger. Und wenn Sie im Urlaub sind, gar nicht.

Ohne über konkrete Preise sprechen zu müssen, ist das Kosten-Nutzen-Verhältnis in praktisch allen Studios ähnlich: Wenn Sie mehr als einmal die Woche trainieren, fängt die Jahreskarte an, sich zu rechnen. Und je häufiger Sie darüber hinaus trainieren, desto günstiger wird der einzelne Besuch. Ist doch klar, dass es sich lohnt, die Jahreskarte zu nehmen. Insbesondere wenn es Ihr erklärtes Ziel ist, mehrmals die Woche Sport zu machen. Oder?

Na ja. Da bin ich mir nicht so sicher.

Der Grund, warum wir das für einen klaren Fall halten und häufig zum Abo, zum Paket, zum Monats- oder Jahrestarif greifen statt zum Einzelkauf, ist die Tatsache, dass im Paket ein Mengenrabatt enthalten ist. Da ist also „mehr drin" im Vergleich zum Kauf gleich vieler Einzelteile. Es gibt ja auch keinen Grund zur Skepsis, ob die Leistung stimmt, denn es gibt eine einfache und plausible Erklärung:

Der Anbieter gewinnt Stabilität durch die Auftragssicherheit. Und diese zahlt er den Kunden wiederum mit einem günstigeren Preis zurück. Alles logisch. Alles verständlich. Ach, wie schön! Nix wie das Angebot nutzen und das Zeitungs-Abo bestellen, den Handyvertrag abschließen, die Zusatzversicherung sichern oder die Jahreskarte fürs Fitnessstudio wählen.

Nach genau diesem Mechanismus entschließt sich der Durchschnittsdeutsche übrigens zum Kauf eines Eigenheims. Man muss das Haus oder die Wohnung zwar jahrzehntelang abbezahlen, aber am Ende gehört die Immobilie einem! Das Eigentum lässt sich dann verkaufen oder vererben – und wieder zu Geld machen. Eine gute Investition im Vergleich zur Mietwohnung, bei der jeden Monat das Geld nur vom Konto verschwindet. Ohne einen bleibenden Gegenwert.

Falls Sie das auch so sehen, könnte es interessant für Sie sein, sich meine Rechnung anzuschauen. Ich bin nämlich genau zum gegenteiligen Schluss gekommen.

Detailtücken

Zu Beginn meiner Selbstständigkeit war eines meiner Standbeine die Existenzgründungsberatung. Sie ist nicht eines der lukrativsten Aufgabenfelder, aber sie gibt große Befriedigung. Der Start ins Unternehmertum bestimmt nämlich zu einem großen Teil über den späteren Erfolg oder Misserfolg einer Firma. An diesem entscheidenden Punkt die Weichen richtig zu stellen gibt eine tiefe Zufriedenheit. Und es gibt viele Weichenstellungen. Viele Entscheidungen, die einen Jungunternehmer den Kopf kosten können, wenn er sie unbedacht trifft. Oder ohne die Konsequenzen zu Ende zu denken.

Stellen Sie sich vor, jemand macht einen kleinen Kurierdienst auf. Dafür braucht er erst mal nicht viel Eigenkapital. Aber was er braucht, ist einen Lkw zum Fahren. Dafür hat er drei Möglichkeiten:

- Den Lkw kaufen – geht nur, wenn genug Kapital da ist
- Den Lkw monatlich mieten – Kostenpunkt ca. 2.000 Euro pro Monat
- Den Lkw langfristig leasen – Kostenpunkt ca. 1.200 Euro pro Monat

Die meisten, die vor so einer Frage stehen, schauen auf die Zahlen und sagen sich: „Langfristig leasen ist besser als monatlich mieten." Viele Berater und Steuerberater, die vom Reißbrett aus bei der Erstellung des Businessplans mitwirken, sehen das ähnlich. Und stellen dieses spontane Urteil gar nicht mehr infrage. Hätte ich das in meiner Zeit als Gründungsberater nicht in deren Businessplan entdeckt und Stopp gerufen, hätten 99 Prozent von ihnen einen Leasing-Vertrag abgeschlossen. Und übersehen, dass sie dabei eine Vertragsbindung von drei Jahren haben. Was ist, wenn sich nach einem Jahr herausstellt, die Geschäftsidee funktioniert nicht? Oder nicht so? Oder nicht mit diesem Fahrzeug? Dann müsste der Selbstständige, dessen Kapital nicht für den Autokauf reichte, drei Jahre lang monatlich 1.200 Euro für das Leasing bezahlen – auch wenn er in der Zwischenzeit seine Geschäfte komplett eingestellt hätte. So ein kleiner Fehler kann für einen Gründer Privatinsolvenz bedeuten!

Eigentlich ist klar, dass bei den vielen Unwägbarkeiten, die eine Firmengründung mit sich bringt, die Flexibilität entscheidend ist für den wirtschaftlichen Erfolg. Auf einmal ist ein Mietfahrzeug für 2.000 Euro im Monat und mit einer Kündigungsfrist von vier Wochen hochattraktiv im Vergleich zur Leasing-Variante. Denn mit dem Gefühl, jederzeit aufhören zu können ohne finanziellen Schaden, funktioniert auch die Akquise besser! Jeder potenzielle Kunde spürt ja, ob der Anbieter entspannt ist und Lust auf den Auftrag hat oder auf Gedeih und Verderb auf den Auftrag angewiesen ist.

Das scheinbar günstigere Angebot ist also nicht immer die günstigste Wahl. Wenn Sie den Vergleich ausweiten bedeutet das: Weg vom reinen Preisvergleich hin zum Vergleich der Leistung mit allen dazugehörigen „Nebenwirkungen". Das gilt bei der Geschäftsgründung wie im Privaten: Preislich günstige Angebote binden Sie über lange Zeiträume an fixe Bedingungen.

Das sind nach meiner Definition Fixkosten: Kosten für Gegenstände oder Leistungen, die in regelmäßigen Abständen wiederkommen und die Sie für eine längere Zeit an einen bestimmten Lifestyle binden. Ihre Tücke:

Fixkosten machen Sie furchtbar unflexibel.

Denken Sie nur an das Jahresabo fürs Fitnessstudio: Was tun Sie, wenn Sie im vierten Monat der Mitgliedschaft Ihre Leidenschaft für Hockey entdecken? Oder merken: Sie joggen lieber an der frischen Luft – und zwar jeden Abend? Oder Sie wollen nur noch einmal die Woche ins Studio gehen, den Rest der Woche zum Tanzen? Oder Sie lassen es ganz mit dem Sport, weil sich Ihre Prioritäten komplett verschoben haben. Aus dem Vertrag kommen Sie nicht raus! Also müssen Sie entweder in den einen sauren Apfel beißen und weitere acht Monate trainieren, statt Ihrem neuen Hobby nachzugehen. Oder Sie beißen in den anderen sauren Apfel, lassen die Jahreskarte sausen und melden sich – für neues Geld – im Hockeyverein an.

Wenn Sie sich mit einem Kauf auf Raten oder einem Abo an einen bestimmten Lebensstil binden, machen Sie sich unfrei. Und ja, das gilt auch für die Raten fürs Haus.

Guter Deal?

Das erste Gespräch mit der Bank ist total beflügelnd. Sie brauchen nur 20 Prozent Eigenkapital, um ein Haus zu kaufen. Ein Schnäppchen! Und der Bankberater errechnet für Sie eine monatliche Rate, die nur knapp über Ihrer jetzigen Miete liegt. Jeder angehende Familienvater freut sich wie ein Schnitzel, dass er für sein Geld nicht nur „wohnt", sondern mit dem Hauskauf auch eine „Wertanlage" hat.

Nur leider stimmt das so nicht!

Um Geld anzulegen, müssen Sie es erst besitzen. Woher kommt das Geld, mit dem Sie Monat für Monat, Jahr für Jahr das Haus abbezahlen? Von Ihrem Sparkonto? Aus Omas Sparstrumpf? Meistens ja nicht! Es kommt aus Ihrem Netto-Einkommen. Sollten Sie es in zehn Jahren langsamer angehen und Ihre Arbeitszeit und Ihr Einkommen nach unten ändern wollen, ändern sich auch die Bedingungen für die Zahlung der monatlichen Rate. Die entwickeln sich nämlich nicht nach unten, sondern bleiben, wo sie sind, und werden deshalb schmerzhafter. Da Sie aber in dem Haus wohnen und nicht umziehen wollen, sind Sie an Ihren Job und Ihr jetziges Lebensniveau für 15 bis 20 Jahre gebunden. Die einzige Überraschung, die Sie erleben dürfen, ist, dass der Hausbau womöglich teurer wird, als in der Planung vorgesehen. Also gilt es, den Gürtel noch enger zu schnallen.

Und wenn Sie dann das Haus nach 20 Jahren tatsächlich abbezahlt haben, stellen Sie fest, dass es doch noch nicht ganz bezahlt ist. Das Dach muss renoviert werden, der Boden erneuert, kurz: Es kommen immer neue Reparaturkosten hinzu. Und zwar solange, wie Sie das Haus

Ihr Eigentum nennen. Wenn es blöd läuft, müssen Sie als Rentner Ihre Kinder anpumpen, damit es Ihnen nicht ins Schlafzimmer regnet. Oder Sie verkaufen das Haus. Aber wer sagt, dass die Marktlage dann immer noch so ist, dass Sie es zu einem guten Preis loskriegen? Wer sagt, dass Sie es überhaupt verkauft bekommen?

Deshalb ist für mich sonnenklar: Ein Eigenheim ist keine Wertanlage, sondern eine Verpflichtung. Es ist ein Luxus. Eine Konsumschuld. Sie tauschen Geld gegen Eigentum. Im Vergleich zur Mietwohnung sind Sie nicht nur „Bewohner", Sie sind auch „Eigentümer".

„Eigentümer" hört sich erst mal gut an. Es klingt nach Sicherheit, nach Wohlstand, nach Perspektive für die Kinder, nach einem guten Erbe und vielleicht auch nach Familienglück! Wie viele Menschen um die 30 haben nicht diese Idealvorstellung vom Leben: ein Haus, zwei Kinder, ein großer Garten, ein, zwei Autos in der Garage, dreimal im Jahr Urlaub?

Und wie sieht das Leben der meisten „Hausbesitzer" aus? Sie haben eben kein Geld im Überfluss. Ausgedehnte Urlaube wie früher können sie sich nicht mehr leisten. Die ganze Freizeit und die ganzen Ersparnisse gehen für die Instandhaltung des Hauses drauf!

So baut man sich nicht das Familienglück, sondern sein eigenes Familiengefängnis. Und wenn es ganz hart kommt und Sie die Fixkosten aus irgendeinem Grund nicht mehr bedienen können, geht das Haus in die Zwangsversteigerung. Ihr Wohnraum ist weg, Ihr Verzicht der letzten Jahre umsonst. Übrig ist nur noch die Restschuld. Die bleibt bei Ihnen und beschäftigt Sie noch Jahre später. Also:

Lieber mieten als kaufen!

Dieses Phänomen gibt es aber nicht nur beim Eigenheim, das können Sie auch mit einer Mietwohnung haben. Ich hatte früher ein sehr vorzeigbares Penthouse mitten in der Stadt. Vier große Zimmer, Riesenbalkon und ganz viel Arbeit, um es zu finanzieren. Irgendwann habe ich bemerkt, dass ich diese große Immobilie kaum nutze. Allein um diesen Luxus bezahlen zu können, verbrachte ich mehr Zeit bei der Arbeit und unterwegs. Meine Katalogwohnung nutzte ich nur zum Schlafen. Das, was die schöne Wohnung mir bringen sollte – nämlich das Gefühl von Luxus und Freiheit –, spürte ich überhaupt nicht. Ich fühlte mich eher wie ein unfreies Arbeitstier.

Als ich das realisierte, kündigte ich das Penthouse und zog in eine Zweizimmerwohnung in die Vorstadt. Jetzt habe ich ein absolutes Luxusgefühl! Ich habe viele Hundert Euro mehr jeden Monat zur freien Verfügung, mit denen ich tun und lassen kann, was ich will. Diese kleine Wohnung könnte ich jederzeit bezahlen – egal was passiert, selbst wenn ich Sozialhilfeempfänger wäre. Sprich: Wenn ich will, kann ich meinen Lebensstil bis zum Ende meiner Tage so beibehalten. Es kann kaum etwas passieren, das mich zwingt, mich einzuschränken. Und ganz ehrlich: Bei den häufigen Reisen, die ich unternehme, und den vielen freien Tagen unter der Woche, die ich jetzt habe, fühle ich mich alles andere als eingeschränkt. Ich fühle mich richtig reich beschenkt!

Aus diesen beispielhaften Erfahrungen heraus habe ich zwei Regeln für Sie herausdestilliert. Wenn Sie diese beachten, dann werden Sie Ihre Verpflichtungen reduzieren können. Sie tauschen sie und die Fesseln, die Sie sich anlegen, gegen das Gefühl von Freiheit ein. Sie verlieren nichts außer den ständigen Druck, immer noch mehr haben zu müssen. Dafür gewinnen Sie die Freiheit eines Zeitmillionärs – und zwar dauerhaft. Denn mit diesen beiden Regeln gelingt es Ihnen auch, keine unnötigen neuen Verpflichtungen anzunehmen. Denn Sie können die Verpflichtungen, die es Ihnen wert sind, von denen unterscheiden, die unnötig sind.

Regel 1: Vermeiden Sie Raten

Mit Ratenvereinbarungen haben Sie zwar die Möglichkeit, mehr Anschaffungen zeitgleich zu finanzieren, als wenn Sie sie hintereinander tätigen. Die Sache ist nur: Nach einigen Wochen oder Monaten ist der Kick, der Selbstbelohnungseffekt, den Sie beim Kauf spüren, schon wieder weg. Egal, ob es um die Balkonmöbel oder um die Stereoanalage geht: Die Freude darüber verblasst, aber die Rate nicht. Und das gilt selbst für sehr teure Dinge wie einen SUV, der über 80.000 Euro kostet. Eine Studie hat herausgefunden, dass die Käufer schon nach einem halben Jahr keinen rechten Spaß mehr daran haben.

Und so ist es mit allen „Fixkosten" im Sinne des Zeitmillionärs – also mit den Kosten, die regelmäßig wiederkehren und für deren Bezahlung Sie sich über einen längeren Zeitraum (unflexibel) binden: Sie sparen vielleicht ein bisschen Geld. Dafür bezahlen Sie die Ersparnis mit Ihrer Freiheit. Die Fixkosten treiben Sie, sie verpflichten Sie, Dinge zu tun, auf die Sie keine Lust (mehr) haben, und schlagen dadurch aufs Gemüt. Denn es sind nun mal Verpflichtungen. Und Verpflichtungen machen unfrei.

Mein ernst gemeinter Tipp ist darum: Wann immer Sie die Verführung spüren, eine finanzielle Verpflichtung einzugehen, schauen Sie nicht auf die Rate und auf die angebliche Ersparnis. Sondern schauen Sie auf die Freiheit. Überlegen Sie sich vor jeder Vertragsbindung, ob Sie die Leistung nicht als variable Leistung mit variablen Kosten haben können. Und kalkulieren Sie beide Optionen durch. Einmal für den Fall, dass Sie über die gesamte Dauer des Vertrags am Ball bleiben, und einmal für den Fall, dass Sie aus dem Vertrag vorzeitig aussteigen wollen. Wie hoch sind dann die Kosten? Wägen Sie sehr gut ab, ob Sie nicht mit der variablen Variante zumindest starten.

Der Grund, warum wir dies so selten tun, ist, dass es gegen die Gewohnheit und den ersten Impuls geht. Weil unser innerer Schnäppchenjäger auf Fixangebote, Sonderpreise und Rabatte anspringt wie auf Kokain kommt unser Gehirn oft gar nicht mehr dazu zu hinterfragen, ob das wirklich ein gutes Angebot ist.

Seien Sie schlau! Und stürzen Sie sich nicht unnötig in Verpflichtungen, die Ihnen das Leben versauern.

Regel 2: Reduzieren Sie Ihre Fixkosten

Das bedeutet natürlich nicht, dass Sie aus Ihrer Mietwohnung ausziehen und ab jetzt bei der Schwiegermutter oder unter der Brücke wohnen sollen. Sie dürfen sehr wohl noch Fixkosten haben, zu denen Sie sich bewusst entschließen. Sie dürfen von mir aus natürlich auch ein Haus kaufen. Es spricht nichts dagegen, solange Sie sich im Klaren sind, dass ein eigenes Haus ein Luxus ist und keine Investition. Wenn Sie es entsprechend genießen: nur zu.

Mein Anliegen ist eher dieses hier: Machen Sie sich bewusst, welche Fixkosten Sie überhaupt haben. Drucken Sie sich die Kontoauszüge der letzten drei, sechs oder zwölf Monate aus, highlighten Sie mit einem farbigen Marker alle monatlich wiederkehrenden Posten und erstellen Sie eine Liste. Von diesen Kosten gibt es am meisten, zum Beispiel:

- Miete
- Versicherungen (alle einzeln aufzählen)

- Fitnessstudio
- Handyvertrag
- Zeitungs-Abo
- iTunes-, Netflix- oder Sky-Abo
- Monatskarte für den öffentlichen Personenverkehr
- Leasing-Raten
- Finanzierungsraten

Es gibt auch Fixkosten, die nur einmal im Quartal oder sogar nur einmal im Jahr von Ihrem Konto abgehen, zum Beispiel:

- Kontoführungsgebühren
- Auslandsversicherungen
- Amazon-Prime-Mitgliedschaft
- Bahncard
- Vereinsmitgliedschaften
- GEZ-Gebühren

Markieren Sie diese mit einer anderen Farbe und führen Sie auch diese Posten auf einem Extrablatt auf. Betrachten Sie diese Listen im Anschluss kritisch. Ihre Fragen werden dabei stets sein:

- Brauche ich das überhaupt noch – oder kann ich es kündigen?

- Wenn Sie es noch brauchen: Ist der Fixkosten-Deal ein guter Deal oder lohnt es sich eher, diese Leistung variabel einzukaufen?

- Wenn Sie es noch brauchen und der Fixkosten-Deal ein finanziell schlechter Deal ist: Ist es mir vielleicht trotzdem das Geld wert? Wenn ja, aus welchem Grund?

Auf dieser Basis können Sie bestimmte Posten bei Ihren regelmäßigen Ausgaben einfach streichen – oder die Fixkosten in variable Kosten umwandeln. In dem Moment, wo Sie es tun, werden Sie merken, wie viel Handlungsfreiheit Sie gewinnen.

Auf einmal stellt sich die Frage: Wenn ich kein Abo mehr für die Lokalzeitung habe, was will jetzt gerade am liebsten lesen? Vielleicht gehen Sie aus dem Zeitungskiosk mit drei verschiedenen Zeitschriften heraus, die Sie noch nicht kannten. Die aber super passen zu den Themen, die Sie gerade interessieren. Oder Sie kaufen sich mal wieder einen Roman. Oder Sie lesen interessante Beiträge im Internet. Oder, oder, oder. Auf jeden Fall eröffnen sich Ihnen ganz neue Möglichkeiten – ohne dass Sie zusätzlich Geld ausgeben müssen.

***Streichen Sie nur ein bisschen von der Gewohnheit weg,
und Sie gewinnen LUXUS!***

Der emotionale Gewinn der Streichliste ist riesig. Aber auch finanziell lohnt es sich. Weil erst jetzt die Kosten, die regelmäßig von Ihrem Konto abgezogen werden, hinterfragt werden. Und schwupps entdecken Sie eine Versicherung, die Sie seit Jahren zahlen, aber gar nicht mehr brauchen. Oder Sie stellen fest, Sie fahren gar nicht so häufig Bahn, dass sich Ihre Bahncard überhaupt lohnt. Und dass Sie auch andere Leistungen zwar regelmäßig beziehen, aber nicht regelmäßig nutzen.

Na, haben Sie Lust bekommen, Ihre Ausgaben zu verschlanken? Dann legen Sie jetzt los! Ich wünsche Ihnen eine flotte Streichhand.

Mein Zeitmillionärs-Tipp

Wenn Sie mit dem Gedanken spielen, ein Haus zu kaufen, das Sie, wenn Sie älter werden, wieder verkaufen können, dann denken Sie neu. Warum kaufen Sie nicht eins und verdienen jetzt schon Geld damit? Eigenkapital brauchen Sie so oder so 20 Prozent, um eine Immobilie zu kaufen. Wenn Sie jedoch zur Miete wohnen und die Immobilie, die Sie kaufen, vermieten, zahlt sie sich durch die Mieteinnahmen von alleine ab – und hinterher gehört sie Ihnen wirklich. Also: Überlegen Sie sich gut, ob Sie den Traum vom Eigenheim wirklich weiter träumen wollen.

14. Wie sich Streichlisten und Herzensprojekte vertragen

Ich gehe gerade ein bisschen spazieren. Die Sonne scheint und da habe ich mir spontan eine verlängerte Mittagspause gegönnt. Ein herrliches Gefühl. Plötzlich schreckt ein Klingeln mich auf. Neben mir hält ein Fahrradfahrer und sagt: „Hallo Jochen, lange nicht gesehen."

„Oh, hallo Jürgen", sage ich überrascht. „Stimmt, das muss im letzten Herbst gewesen sein, bei der Feier in deinem Tennisclub. Du machst dich aber auch rar."

Mein alter Kumpel aus Kindertagen nickt und sagt: „Ich habe nicht viel Zeit gehabt in den letzten Monaten."

Da er auch jetzt nicht viel Zeit hat und gleich weitermuss, hebt er sein Fahrrad auf den Gehweg und wir gehen gemeinsam weiter und unterhalten uns ein bisschen.

„Du hast also viel um die Ohren?", frage ich ihn.

Er brummt zustimmend und fügt dann hinzu: „Aber lauter tolle Sachen. Du weißt ja von meiner Anstellung bei der Parkhausbetreuung. Der Job ist cool, weil ich mein eigener Herr bin. Ich muss nur ständig erreichbar sein. Die Firma wächst auch und hat gleich mehrere neue Häuser dazugenommen, das heißt, ich bin inzwischen für sechs statt vorher drei Gebäude zuständig. Und das, obwohl ich selbst nicht mal ein Auto habe. Schon witzig, gell?"

„Ich wundere mich eh, wie du ohne Auto auskommst", sage ich.

„Das ist Gewöhnungssache und funktioniert eigentlich ganz gut", antwortet er. „Nur bei meinem neuesten Ding ist es manchmal unpraktisch. Du weißt ja, dass ich ein Händle für Inneneinrichtung habe. Seit ich dafür ein Nebengewerbe angemeldet habe, rennen mir die Leute die Bude ein. Das macht irre Spaß."

„Und spielst du gar nicht mehr Tennis?", frage ich erstaunt.

„Doch, doch, und wie: Wir sind sogar mit der Mannschaft in die Bezirksoberliga aufgestiegen. Das heißt, wir haben im Sommer jedes

Wochenende Spielbetrieb. Training gibt es natürlich auch. Und die Arbeitsstunden im Vereinsheim kommen noch dazu", zählt er auf.

„Und im Faschingsverein bist du doch Kassier, gell? Da fällt bestimmt auch einiges an Arbeit an. Und der Rainer hat mir erzählt, dass du ein endschickes Rennrad gekauft hast, das du bestimmt nicht in der Ecke verstauben lassen kannst", sage ich. „Wird dir das nicht zu viel?"

Jürgen lässt den Kopf hängen: „Irgendwie ist es schon sehr viel. Ich bin ganz schön gestresst. So ein lockerer Abend einfach mal wieder mit dir und den anderen alten Kumpels wäre schon geil. Aber ich steh ja überall in der Pflicht."

Sie lauern überall

Unter Verpflichtungen verstehe ich alles, was Sie daran hindert, frei über Ihre Zeit zu verfügen. Denn jede Verpflichtung ist ein Muss und kein Kann – sie legt Sie fest. Und wenn Sie sich nicht mehr rühren können vor lauter Muss, dann sind Sie im Hamsterrad-Endstadium. Aber Achtung: Das ist definitiv nicht der Aufenthaltsort für einen Zeitmillionär!

Dabei meine ich mit Verpflichtungen nicht nur die materiellen Belastungen, über die ich schon im letzten Kapitel gesprochen habe. Klar, ein Hauskredit, ein Leasing-Vertrag oder das Zeitungs-Abo sind Verpflichtungen, die Ihnen direkt im Geldbeutel wehtun, weil sie sich nicht einfach anpassen lassen, wenn Sie heute Ihr Leben zu ändern beginnen. Es gibt aber darüber hinaus viele andere Verpflichtungen, die Sie knebeln und fesseln.

Da ist zum Beispiel das neue Fitnessgerät, das Sie sich in den Keller gestellt haben. Es war ganz schön teuer. Daraus folgt:

Sie müssen es auch nutzen.

Weil Sie sonst nämlich ein schlechtes Gewissen haben, so viel Geld ausgegeben zu haben. Oder Sie haben Ihrem Sohn nach langem Betteln endlich das megacoole ferngesteuerte Modellauto gekauft – und jetzt müssen Sie ihm den ganzen Tag hinterhernörgeln, dass er es auch fahren lässt. Sein Interesse daran ist nämlich eigentlich schon am ersten Nachmittag erloschen. Oder Sie haben sich diese superedle Lederjacke geleistet. Und jetzt haben Sie das Gefühl, Sie müssen sie auch tragen – selbst bei 30 Grad. Lieber schwitzen Sie sich halb zu Tode, als dass Sie darauf verzichten, das gute Stück zur Schau zu tragen.

Ich muss immer grinsen, wenn ich die typischen Cabrio-Fahrer sehe: Sobald kein Regen fällt, wird das Dach aufgeklappt. Egal ob es eiskalt oder brüllheiß ist: Nur wer offen fährt, nutzt seine teure Anschaffung so richtig aus.

Und noch ein Beispiel: Wenn Sie ein Haus mit einem großen Garten haben, dann kann das herrlich sein. Aber wenn Sie den Garten nicht zum Urwald werden lassen wollen, dann hängt da automatisch eine Menge Arbeit mit dran. Und die fällt leider nicht nur dann an, wenn Sie gerade Lust dazu haben. Da bestimmen Wetter und Jahreszeit gnadenlos Ihren Arbeitsplan und Sie werden nicht gefragt, ob Sie überhaupt Lust dazu haben.

Und erst die vielen Ferienwohnungen: Die zwingen Sie, jedes Jahr an den gleichen Ort zu fahren, um Ihren Urlaub dort zu verbringen. Obwohl Ihnen Reit im Winkl oder Usedom schon lange zum Hals raushängt.

Tja, im Schwäbischen sagt man: „Lieber den Magen verrenkt, als dem Wirt was g'schenkt" und stopft auch noch die letzten Reste der zu großen Portion in sich hinein. Um hinterher verzweifelt nach dem Verdauungsschnaps zu winken. Sie sehen: Eine Verpflichtung kann auch so etwas wie ein Nutzungszwang sein.

Und es gibt sogar noch eine dritte Ebene der Verpflichtungen: Das ist das Muss in Beziehungen. Wenn Sie denken: „Oh, bei dieser alten Freundin müsste ich mich dringend mal wieder melden." Und Sie spüren, wie sich augenblicklich Ihr Magen zusammenzieht, denn Sie denken auch: „Ich habe nur überhaupt keine Lust, weil die mir dann doch nur eine Stunde lang von ihren Leiden erzählt, ohne sich einmal nach mir zu erkundigen. Und eigentlich verbindet uns auch gar nichts mehr."

Oder Sie besuchen jeden Sonntag Ihre Großtante im Pflegeheim, weil es eben sein muss. Sie können den säuerlichen Geruch dort kaum noch ertragen und den schlechten Kaffee auch nicht. Aber Sie zwingen sich brav weiter alle sieben Tage hin und können vor der Tante Ihre schlechte Laune nur mühsam verbergen.

Verpflichtungen lauern also an jeder Ecke. Das ist wie mit den Kalorien, die in Form von Braten und leckeren Desserts überall auf Sie warten: Im Lauf Ihres Lebens kleben Sie sich immer mehr davon ans Bein beziehungsweise an den Bauch. Das machen Sie so unbewusst, dass Sie gar nicht merken, wie viele das sind. Bis es dann auf einmal zu viele sind. Bis das Hamsterrad so rotiert, dass Sie nicht mehr aussteigen können. Bis der Gürtel auch im letzten Loch nicht mehr zugeht.

Dagegen hilft nur eins: Machen Sie sich ans Streichen.

Die Rettung

Des Zeitmillionärs Rettung ist seine Streichliste. Setzen Sie sich hin und schreiben Sie alle Verpflichtungen auf, die Sie haben. Und ich meine wirklich alle: Unabhängig davon, ob es berufliche oder private, finanzielle oder emotionale, existenzsichernde oder Liebhaber-Verpflichtungen sind. Sie verschaffen sich damit als Allererstes einen Überblick. Denn wie gesagt: Viele Verpflichtungen schleichen sich fast klammheimlich in Ihr Leben. So wird Ihre Liste beim genauen Nachdenken wahrscheinlich viel länger, als Sie erwartet hatten.

Der nächste Schritt ist der zunächst härteste: Jetzt beginnen Sie mit dem Streichen. Da gibt es grundsätzlich zwei Schwierigkeitsstufen: eine leichtere und eine schwerere. Fangen Sie ruhig mit den leichteren Punkten an. Gehen Sie die Liste durch nach den Verpflichtungen, deren Potenzial Sie zum Großteil sowieso nicht nutzen.

Beispiele dafür sind:

- Ihr Vertrag im Fitnessstudio, wenn Sie nur alle zwei oder drei Wochen mal hingehen
- Ihr Zeitungs-Abo, wenn Sie sowieso nur am Wochenende zum Lesen kommen
- Das Aquarium, dessen Anblick Sie schon lange nicht mehr freut, weil Sie die aufwändige Pflege nervt

Die Verträge können Sie kündigen, das Aquarium samt Fischen über Kleinanzeige verkaufen. Das heißt, dieses Streichen ist nicht schwer, geht mit einem Strich und rechnet sich sofort.

Die zweite Stufe ist dagegen schwieriger: Das sind die Verpflichtungen, die Sie wollen oder brauchen, die Sie aber auch gehörig belasten.

Beispiele sind:

- Ihr übervoller Kleiderschrank, der die morgendliche Entscheidung zur Qual macht
- Ihr Riesenbekanntenkreis, der es mit sich bringt, dass Sie selbst dauernd einladen müssen, eingeladen werden und am laufenden Band Verabredungen treffen müssen
- Ihr Auto, das Sie nur am Wochenende ab und zu brauchen
- Ihr Ehrenamt, das Sie jeden Feierabend auf Trab hält
- Ihr Haus, das – seit die Kinder weg sind – viel zu groß ist
- Ihr Job, der Sie stresst oder frustriert

Ja, Sie lesen richtig: Auch Ihr Job kann auf der Streichliste stehen, zumindest in Teilen. Ist es vielleicht ein ganz bestimmter Kunde, den Sie am liebsten streichen würden? Oder ein Kollege? Oder eines Ihrer Aufgabengebiete?

Bei dieser zweiten Stufe brauchen Sie mehr Kreativität, denn oft ist es nicht mit einem simplen Durchstreichen getan: Sei es, weil es finanziell nicht so leicht zu regeln ist, sei es, weil Sie sich emotional nicht so leicht trennen können usw.

Prüfen Sie jeden einzelnen Punkt, ob Sie ihn entweder ganz streichen oder verändern können: Gibt es eine Möglichkeit, aus dem Muss ein Kann zu machen? Oder die Verpflichtung mit einer Komponente anzureichern, die Ihnen etwas Gutes bringt? Oder wenigstens aus einer großen Verpflichtung eine kleinere zu machen?

Die oberste Priorität hat das Streichen, denn das Zeitmillionärs-Motto heißt:

Weniger ist mehr.

Der wahre Luxus ist nämlich, wenn Sie Verpflichtungsreserven zurückbehalten. Wenn die tatsächlichen Verpflichtungen Ihre freie Zeit zu allerhöchstens 80 Prozent belegen. Und die restlichen 20 Prozent stehen Ihnen einfach so zur Verfügung. Das fühlt sich so gut an!

Wie sieht jetzt so was konkret aus? Ich will Ihnen ein paar Beispiele aufzählen, um Ihnen Ideen für Ihre kreative Streichliste zu geben:

- Den Kleiderschrank entschlacken, indem Sie alle Teile, die Sie seit mehr als einem Jahr nicht mehr anhatten, verkaufen oder in die Altkleidersammlung geben
- Auto verkaufen und ein Car-Sharing-Angebot nutzen
- Zu großes Haus gegen eine komfortable Wohnung tauschen
- Im Job auf eine Viertagewoche reduzieren und am Donnerstagabend schon in die Berge fahren
- Die Großtante nur noch alle zwei Wochen besuchen, sie dafür aber zu einem Ausflug abholen

Streichen oder reduzieren Sie, was immer möglich ist. Und wenn Sie beim einen oder anderen Punkt unsicher sind, dann ermitteln Sie einfach, ob sich eine Verpflichtung für Sie als Zeitmillionär rechnet. Und dafür verwenden Sie Ihre eigene Währung ...

Die Zeitmillionärswährung

Diese eigene Währung hat einen vergleichsweise hohen Wechselkurs zu den üblichen Währungen. So hat eine Zeitmillionärs-Währungseinheit einen Gegenwert in der anderen Währung, zum Beispiel:

- 100 Geldeinheiten
- 100 Emotionseinheiten, die als Spaß-, Herzens-, Sinn- oder Glücksmünzen geprägt werden
- 100 Zukunftseinheiten

Geldeinheiten sind die Einnahmen, die Sie für Ihr Leben in Freiheit benötigen – nicht mehr und nicht weniger. In Emotionseinheiten rechnen Sie alles, was diese Tätigkeit Ihnen an positiven Gefühlen bringt: Zufriedenheit, Freude, innere Ruhe oder was auch immer. Und die Zukunftseinheiten sind Ihre Investitionen: Vom Unterschied zwischen Kosten und Investitionen habe ich schon ein paarmal gesprochen. Die Zukunftseinheiten zahlen Sie auf Ihr persönliches Konto ein.

Sie machen nun nichts anderes, als diese verschiedenen Währungen bzw. Währungseinheiten in Ihrer persönlichen Währungsbilanz untereinander zu tauschen. Die Einheiten und Ihre Werte legen Sie selbst fest. Die können sich über die Zeit auch verändern, schließlich verändert sich Ihr Leben auch.

Die Rechnung, die Sie damit aufmachen, ist beispielsweise folgende:

- Bringt Ihnen eine Verpflichtung im Tausch für eine Zeitmillionärseinheit weniger als die 100 Geldeinheiten ein, die Sie sich selbst wert sind, dann sollten Sie sie nicht eingehen. Sie würden sich unter Wert verkaufen, denn Ihre Zeit ist ja kostbar.

- Oder gibt Ihnen die Verpflichtung für eine Zeitmillionärseinheit im Tausch einen Gegenwert von 150 Spaßeinheiten? Dann tun Sie das, denn das ist ein gutes Geschäft.

- Erwerben Sie für eine Zeitmillionärseinheit 200 Zukunftseinheiten? Eine absolut lohnende Investition, weil sie sich mit großer Wahrscheinlichkeit später mehr als auszahlt.

Sie tauschen zukünftig also nur noch die Währungen zu ihrem jeweiligen Wechselkurs untereinander und schauen sich danach Ihre Zeitmillionärsbilanz an. Übrigens hat ein Zeitmillionär im Endstadium einen sehr hohen Wechselkurs! Ihr Ziel sollte also sein, dass über die Zeit Ihr Wechselkurs steigt und damit Ihre Freiheit.

- Und wenn eine Verpflichtung weder ausreichend Geld-, Spaß- oder Zukunftseinheiten bringt, dann sollten Sie dringend prüfen, ob Sie sie sein lassen oder jemand anderes damit beauftragen können.

Lassen Sie sich nicht auf ein Minusgeschäft ein: Es geht voll zu Ihren Lasten. Und das haben Sie nicht nötig.

Voll gestrichen

Der Streichliste müssen und sollen auch Herzensprojekte zum Opfer fallen. Meine Begegnung mit meinem Kumpel Jürgen, von der ich zu Beginn des Kapitels erzählt habe, hat mir das mal wieder gezeigt: Eigentlich macht er alles, was er tut, gern und mit Herz. Aber dadurch hat er sich selbst ins Hamsterrad bugsiert, weil jede seiner Tätigkeiten mit Verpflichtungen verbunden ist. Er kommt also nur raus aus dem Rad, wenn er auch seine Herzensprojekte auf die Streichliste setzt.

Aber ganz ehrlich: Die Streichliste ist eine wunderbare Sache, doch wenn Sie sie zu 100 Prozent umsetzen, dann bleibt Ihnen nur ein Klosterleben. Wenn nur die existentiell notwendigen Verpflichtungen übrig bleiben, dann macht das Leben weniger Spaß – und das ist nicht im Sinne eines Zeitmillionärs.

Gönnen Sie sich also ein bisschen Herzensprojekt – wohl wissend, dass Sie damit Verpflichtungen eingehen. Diese Projekte sind wie die Cheating-Tage bei der Diät: Sie brauchen sie, um mit Spaß und Freude bei der Sache zu bleiben.

Ganz profanes Beispiel: Sie haben nach der Umrechnungstabelle oben das Putzen Ihrer Wohnung als eine Verpflichtung identifiziert, mit der Sie einen Reinigungsdienst beauftragen sollten, weil sie so viel Zeit kostet und eine Putzfirma das günstiger erledigt. Jetzt putzen Sie aber leidenschaftlich gerne: Es ist Ihre perfekte Art zu meditieren, dabei kommen Ihnen die besten Gedanken. Dann ist das Putzen Ihrer Wohnung ein Cheating-Punkt auf Ihrer Liste.

Aber mein ganz dringender Rat ist: Nehmen Sie nicht mehr als zwei oder drei Herzensprojekte von den Streichungen aus. Sie betrügen sich selbst, wenn Sie mehr als das zulassen.

Deshalb schauen Sie sich Ihre Herzensprojekte ganz genau an: Auf welches davon haben Sie am meisten Bock? Ihre Entscheidung darf auch unvernünftig aussehen: Dafür sind es ja Cheating-Objekte. Die dürfen auch einfach nur Megaspaß machen.

Und vielleicht lässt sich das ein oder andere Projekt, das jetzt nicht zum Zuge kommt, ja auch vertagen. Wenn Sie nächstes Jahr das eine Projekt abgeschlossen haben und Ihr Herz für das verschobene immer noch brennt:

Dann machen Sie es!

Bei mir war eines dieser Herzensprojekte, die ich von der Streichliste genommen habe, dieses Buch. Und ich weiß jetzt schon, dass das eine gute Entscheidung war, wenn ich darauf sehe, welche Freude mir die Arbeit daran bereitet und wie viele Emotionseinheiten ich für meine gesetzten Zeitmillionärseinheiten zurückbekomme. Und wer weiß, vielleicht bekomme ich ja auch ein paar Zukunftseinheiten dafür.

Mein Zeitmillionärs-Tipp

Wissen Sie, was die Verpflichtungen sind, die wirklich am leichtesten zu streichen sind? Das sind die, die Sie gar nicht erst eingehen. Und das können Sie jetzt besser als vorher, denn nun sind Sie ja gewarnt, dass jede Anschaffung auch mit einer Verpflichtung einhergehen kann.
Deshalb wägen Sie ab jetzt gut ab, was Sie sich damit einkaufen, wenn Sie zum Beispiel die wunderschöne exotische Topfpflanze erstehen, die nur schön bleibt, wenn Sie sie jeden zweiten Tag besprühen und alle drei Wochen einer Spezialbehandlung unterziehen. Oder ob Sie wirklich den Online-Sprachkurs für ein Jahr buchen, wenn Sie sich nicht sicher sind, ob Sie wirklich jede Woche Zeit für zwei Stunden Hausaufgaben aufbringen.

Teil 3

Innere Zwänge: Ich kann einfach nicht, obwohl ich nicht muss!

Wie Sie als Zeitmillionär Ihre äußeren Zwänge in den Griff kriegen, das haben Sie im zweiten Teil erfahren. Doch das sind nicht die einzigen Hindernisse. Fast noch eine Stufe anspruchsvoller ist es, Ihre inneren Zwänge zu erkennen und abzuschaffen. Aber das kriegen Sie hin …

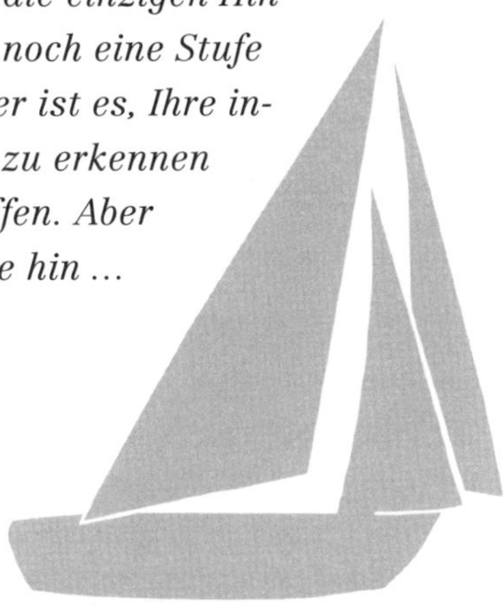

15. Verschreiben Sie sich keinen Zielen – aber wenn es Sie motiviert, tun Sie es doch

„Gehen Sie niemals ohne ein Ziel in ein Gespräch."

„Nur wenn Sie ein Ziel haben, werden Sie den Weg finden."

„Ein Tag ohne Ziel ist ein verlorener Tag."

Kein Vertriebsseminar, kein VHS-Psychologiekurs, kein Lebensratgeber, kein Management-Coaching kommt heute ohne den Begriff „Ziele" aus. Wenn Sie all den selbst ernannten Erfolgsgurus glauben, dann kann Ihnen nur ein glückliches und erfolgreiches Leben gelingen, wenn Sie sich in Ihrem Leben Ziele setzen. Und? Glauben Sie das?

Ich tu's nicht! Meine Erfahrung ist nämlich: Sobald ich glaube, dass ich nicht erfolgreich sein kann ohne etwas, dann hat sich da ein innerer Zwang aufgebaut. Und da gehen bei mir inzwischen die Alarmglocken los. Denn selbst wenn mir keiner von außen Ziele verordnet, bin ich noch längst nicht immer frei zu entscheiden. Denn wenn ein inneres Muss mich einkeilt, dann bin ich darin genauso gefangen.

Vom Ziel stranguliert

Sagen wir, Sie haben sich brav Ziele gesteckt, so richtig vorbildhaft nach der SMART-Regel: spezifisch, messbar, ansprechend, realistisch und terminiert. Sie haben die Ziele aufgeschrieben und Sie kontrollieren in regelmäßigem Abstand, wie Sie sich damit fühlen und wie weit Ihr Ziel noch entfernt ist. Ich kenne Leute, die haben da Spaß dran und fühlen sich auf diese Art angespornt. Aber ich weiß von anderen, denen diese buchhalterische Art des Zielesteckens und -kontrollierens so auf die Nerven geht, dass ihnen alle Lust auf das Ziel vergeht. Sie fühlen sich von ihrem eigenen Ziel erdrückt.

Sie merken schon: Ich sage nicht, dass Ziele von vornherein schlecht sind. Sie können großartig funktionieren – oder auch nicht. Es kommt ganz darauf an, wie Sie damit umgehen. Warum das von Mensch zu Mensch und auch von Situation zu Situation unterschiedlich ist, hat aus meiner Sicht zwei Hintergründe.

1. Schweinehundtypologien

Ob es Ihnen hilft, wenn Sie sich Ziele stecken, oder nicht, kommt erstens darauf an, wie Ihr innerer Schweinehund gestrickt ist. Ähnelt Ihrer vielleicht dem Schweinehund, der sich kürzlich diesem Interview gestellt hat?

Interviewer: „Guten Tag, Herr Schweinehund. Wie geht es Ihnen heute?“

Schweinehund: „Ich fühle mich ein bisschen träge.“

Interviewer: „Oh. Kommt das öfter vor?“

Schweinehund (gähnend): „Ja. Leider.“

Interviewer: „Hmm. Gibt es etwas, was Sie munter macht? Ziele vielleicht?“

Schweinehund (aufjaulend): „Oh nein. Ziele machen mich echt fertig, da geht gar nichts mehr. Da komm ich überhaupt nicht hoch. Aber ich weiß schon: Manche meiner Artgenossen sind richtig geil darauf. Die rühren sich überhaupt nicht, solange ihnen nicht ein Ziel wie eine fette Wurst vor die Nase gehängt wird.“

Interviewer: „Ach. Das heißt, Sie kommen nie aus dem Quark?“

Schweinehund (beleidigt): „Na, hören Sie mal. Natürlich bin ich motivierbar. Wenn da so was richtig Geiles auftaucht, was Spaß verspricht – nicht nur irgendwann später mal, sondern jetzt –, dann bin ich sofort dabei. Und dann kann ich so was von rennen: Da kommt keiner von den Wurst-Hampelmännern hinterher.“

Interviewer: „Sehr interessant. Vielen Dank für das Gespräch, Herr Schweinehund. Ich hoffe, es hat Ihnen Spaß gemacht.“

2. Zieltypologien

Nicht jede Situation ist gleich geeignet für Ziele. Ich merke das an mir selbst. In meinem beruflichen Kontext arbeite ich supergerne mit Zielen: Ich setze mir Verkaufsziele, ich setze mir strategische Ziele. Es motiviert mich, wenn ich beim Überprüfen die Ziellinie jedes Mal ein Stückchen näher kommen sehe.

Selbst bei Herzensprojekten wie diesem Buch habe ich für mich Ziele festgehalten: Das Buch ist für mich kein Muss, aber ich will es machen. Und wenn ich etwas machen will, dann will ich es auch gut machen.

Aber für meinen freien Tag in der Woche setze ich mir kein einziges Ziel. Ich lasse da ganz bewusst Leere: kein festgelegtes Programm, kein zweckgebundenes Vorhaben. Wenn ich mir für diesen Tag Ziele stecken würde, würde ich ihn mir versauen. Von vornherein. Deshalb lasse ich es lieber. Ich bin so frei!

Aber noch was kann ein Ziel zu etwas machen, was Sie entweder voranbringt oder ausbremst. Um das zu erkennen, müssen Sie hinter das Ziel schauen. Denn hinter jedem offensichtlichen Ziel liegt ein tieferes Ziel – das, was Sie eigentlich erreichen wollen. Ob Sie es wissen oder nicht.

Das Ziel hinter dem Ziel

Das eigene Häuschen für die Familie ist immer noch das Ziel in Deutschland. Nur gilt auch mehr denn je, dass die Verschuldung, die bei den meisten damit einhergeht, sie nicht nur für Jahre, sondern für Jahrzehnte bindet. Für dieses Ziel müssen sich viele regelrecht versklaven. Sie sind weder räumlich noch finanziell frei.

Doch warum tun sie das?

Das eigentliche Ziel ist ja nicht der Besitz von einem Haufen Ziegelsteinen und grünen Fensterläden. Das, was sich die meisten wünschen, wenn sie ein Haus kaufen, ist, dass sie damit einen sicheren Mittelpunkt für ein harmonisches Familienleben schaffen. Das Problem ist nur: Es ist fraglich, ob sie dieses Ziel mit dem Hauskauf erreichen.

Ich beobachte oft das Gegenteil: Die Zwänge, die der Kredit mit seiner festen und hohen Rückzahlungsrate und die das Haus mit seinem Instandhaltungsbedarf der Familie auferlegen, sind wie Gift.

Dass das eigentliche Ziel nicht erreicht wird, kommt also meist nicht überraschend – für den, der sich dieses Ziel bewusst gemacht hat. Die meisten aber sehen nur das vordergründige Ziel „eigenes Haus“. Und knebeln und fesseln sich wegen etwas, das sie gar nicht zu ihrem eigentlichen Ziel bringt.

Oder ein anderes Beispiel: Wenn Sie finanziell frei werden wollen, wollen Sie das wahrscheinlich wegen etwas erreichen, was dahintersteht: Unabhängigkeit, Freiheit, Sicherheit ... Wenn Ihnen das „Dahinter“ aber aus den Augen gerät und der finanzielle Erfolg für Sie über allem steht, dann arbeiten Sie Tag und Nacht wie blöde. Aber selbst wenn Sie dann den finanziellen Erfolg erreichen, haben Sie Ihr eigentliches Ziel verfehlt. Und wundern sich, warum Ihnen Ihr Erfolg nicht die Befriedigung bringt, die Sie erwartet haben.

Packen Sie das Fernglas aus

Solange Sie Ihr Ziel hinter Ihrem Ziel nicht kennen, laufen Sie immer Gefahr, dass ein Vorhaben Sie nicht näher an das bringt, was Sie eigentlich wollen. Wenn Sie sich also Ziele ausdenken, dann klopfen Sie sie darauf ab: Was will ich damit erreichen? Und: Bringt mich das, was ich mir jetzt vornehme, auf dem besten Weg dahin?

Stellen Sie sich einen Angestellten vor: Der hat sich zum Ziel gesetzt, Abteilungsleiter oder Geschäftsführer zu werden. Wenn er die nächsten Jahre fleißig buckelt, dann kann er das auch schaffen. Aber der Weg dahin ist nicht lustig.

Wenn der sich jetzt hinsetzt und sich fragt: Warum will ich Geschäftsführer werden? Worum geht es mir da? Und er kommt zu dem Schluss: Ich will endlich gestalten können, statt immer nur abzuarbeiten. Dann tun sich auf einmal ganz andere Optionen auf, denn Gestaltungsmöglichkeiten gibt es nicht nur im Beruf. Wenn der gute Mann sich ehrenamtlich in der Jugendarbeit engagiert oder politisch in einem ihm nahestehenden Ortsverein, dann ist die Chance viel größer, dass er sein inneres Ziel in kürzerer Zeit mit viel mehr Freude erreicht.

Ein 50-jähriger Coaching-Kunde von mir hatte sich ein toughes Ziel gesetzt: Haus und neues Fabrikgebäude bauen und in 15 Jahren wieder schuldenfrei sein. Es war klar, dass das für ihn hieß: schaffen bis zum Umfallen. Erst im Gespräch haben wir herausgeschält, warum er sich selbst derart unter Druck gesetzt hatte: Er wollte mit 65 Jahren in Rente und zu dem Zeitpunkt Sicherheit haben.

„Eieiei", habe ich zu ihm gesagt, „und wenn Sie sich innerhalb der nächsten zehn Jahren kaputtgeschafft haben, was dann? Dann haben Sie weder Gesundheit noch Sicherheit noch Ihr Ziel erreicht. Alles, was Sie dann haben, sind Schulden. Das ehrgeizige Ziel gefährdet Sie und Ihr eigentliches Ziel." Das hat er verstanden und auch die Konsequenzen gezogen. Er hat die Finanzierung längerfristiger und nachhaltiger angelegt. Das verschaffte ihm nicht nur deutlich mehr Luft zum Atmen, sondern bringt ihn viel schneller an sein eigentliches Ziel der Sicherheit: Weil er die Rate so gering angelegt hat, weiß er, dass er sie immer bezahlen kann – egal was passiert. So fühlt er sich pudelwohl und abgesichert. Sein Leben funktioniert für ihn viel besser. Also:

Schauen Sie auf Ihr Ziel hinter Ihrem Ziel.

Das ist auch deshalb gut, weil Sie in Gefahr geraten, in ein Loch zu fallen, wenn Sie Ihr sichtbares Ziel erst mal erreicht haben. Ich unterstützte ja in meiner Zeit als Berater auch Unternehmer, die in den Ruhestand gehen wollten, beim Verkauf ihrer Firma. Denen legte ich ganz dringend an Herz, dass sie sich über ihr Ziel hinter dem alten Ziel – beispielsweise „Unternehmen erfolgreich führen" – klar werden. Und sich ein entsprechendes neues Ziel suchen, was sie dem näher bringt. Einer von denen zum Beispiel organisiert für seinen Ort jetzt noch die Gewerbeschau und will die coolste Veranstaltung der letzten zehn Jahre daraus machen. Der ist so gut drauf dadurch – so habe ich ihn vorher nie erlebt.

Andere gründen eine Stiftung und geben dort Vollgas, um ihr Fernziel „Sinnvolles tun" zu erreichen. Dies kann auch ein extrem motivierendes Ziel sein, das Sie voranbringt. Wenn Sie allerdings mit Ihrer eigenen Firma so an der Kante sind, dass Sie kaum überleben können, dann würde Sie das Ziel „mit voller Kraft die tollste Stiftung aufbauen" wegbringen von Ihrem Ziel. Dann kommen weder Ihre Stiftung noch Ihre Firma in die Lage, sinnvoll wirksam zu werden.

Richtig und gut ist ein Ziel für Sie also dann, wenn es Sie dem Ziel hinter dem Ziel näher bringt. Wenn Ihr Ziel Sie in Zwänge treibt, die Sie davon weg bringen:

Dann schmeißen Sie es weg.

Sie können nämlich auch ohne Ziel vorankommen. Das ist selbst dann möglich, wenn Sie ein großes Projekt vorhaben. Wichtig ist, dass Sie für sich einen roten Faden haben, an dem Sie sich entlanghangeln können. In diesem Sinne habe ich meinen Start-up-Kunden auch immer gesagt, wenn sie jammerten, weil sie einen Businessplan erstellen sollten: „Hey, ihr macht das nicht nur den Investoren, sondern auch euch selbst zuliebe: Der Businessplan gibt euch genau den roten Faden in die Hand, den ihr braucht!"

Und selbst wenn Sie am Anfang nicht einmal einen roten Faden haben, muss das nicht heißen, dass Sie kein Zeitmillionärs-Leben kriegen können.

Ziellos zum Ziel

Ich kenne Volker noch von früher: Da war er eher von der pummelig-trägen Sorte. Pommes und Burger waren sein Ding und zum Nachtisch nahm er gerne einen Milchshake und einen Schokoriegel.

Doch vor zwei oder drei Jahren hat er eine komplette Kehrtwendung gemacht und ist Veganer geworden. In der aggressiven Phase am Anfang hat er sogar was Messias-mäßiges an sich gehabt und wollte alle Welt bekehren. Das ist besser geworden, aber er liebt es nach wie vor, das Veganertum zu promoten. Der macht nichts anderes mehr, als vegan zu kochen und sich Informationen darüber zu beschaffen. Er liest alles, was es zu dem Thema gibt, besucht vegane Firmen und Veranstaltungen und tauscht sich mit Gleichgesinnten aus. Und er postet dazu auf Facebook und Instagram.

Der hatte ganz sicher nicht das Ziel, der coolste oder bekannteste Veganer in der Region zu werden. Er hat es einfach laufen lassen und das war genau das Richtige. Es hätte bei ihm auch nicht funktioniert, wenn er sich vorgenommen hätte, damit Geld zu verdienen. So ist es einfach von alleine gekommen: Irgendwann war einfach überall bekannt, dass der Volker der Ultra-Veganer ist.

Heute ist klar: Wer was zu dem Thema wissen will, der muss zu ihm gehen. Ob jetzt einer einen veganen Laden eröffnen und wissen will, welche Produkte er ins Regal stellen soll, oder ob jemand auf der Suche nach den neuesten Erkenntnissen rund um vegane Ernährung ist: Volker weiß alles. Er erfindet immer neue Rezepte, listet und bewertet vegane Restaurants und hat inzwischen sogar einen Online-Shop dazu gegründet. Und es geht ihm spitzenmäßig dabei.

Ja, es gibt solche Freigeister. Die springen auf die üblichen Ziele nicht an. Mit der Zeit nörgelt es ihnen aus allen Ecken ihres Umfelds entgegen: „Du brauchst jetzt endlich mal ein Ziel, auf das du dich dann auch voll einlässt. Sonst wird ja nie was aus dir!" Die so gedrängt werden, können es schon nicht mehr hören, weil sie genau wissen, dass das bei ihnen nicht funktioniert. Sie wissen aber, dass sie – wenn sie bei einem Projekt oder einer Idee Feuer gefangen haben – zehn, zwölf oder mehr Stunden am Stück dranbleiben können. Da verpassen sie sogar die Feier zur Goldenen Hochzeit der Eltern oder die Geburtstagsparty des besten Freundes. Diesen Menschen wünsche ich keine Ziele, sondern nur Durchhaltevermögen, denn irgendwann wird sich ihr Erfolg von ganz alleine ergeben – ganz ohne Ziel.

Mein Zeitmillionärs-Tipp

Nehmen Sie das Thema Ziele locker und denken Sie daran: Sie müssen keine haben, aber Sie können. Ob Ziel oder nicht Ziel, wann und wo es für Sie auch immer Sinn macht: Kriegen Sie es raus. Nehmen Sie sich eine Auszeit nur dafür und überlegen Sie:

- Wann helfen mir Ziele erfahrungsgemäß und wann bremsen sie mich?
- Für die Bereiche, in denen sie mir helfen:
- Welche Ziele habe ich da?
- Und welche Ziele stehen da dahinter?
- Passen die zusammen?

16. Diäten funktionieren nur mit Cheating-Tagen

Kritisch mustere ich mein Gegenüber und verziehe das Gesicht.

„Du bist immer noch ganz schön wampert“, sage ich zu meinem Spiegelbild und verlasse das Bad …

Verdammt! Seit gut einem Monat ziehe ich diese Diät radikal durch. Und der Fortschritt? Minimal. Heute lasse ich sogar die Geburtstagsfeier meines Nachbarn sausen, um zwischen Bratwurst und kühlem Bier nicht in Versuchung zu geraten. Allein der Gedanke daran lässt meinen Magen aufknurren.

„Reiß dich zusammen!“, sage ich zu mir selbst. „Ausnahmen werfen dich nur zurück!“

Laut Diätplan hätte ich mir zum Mittagessen neben magerer Putenbrust und 300 Gramm Blumenkohl sogar noch eine Kartoffel gönnen dürfen. Aber in dem Buch heißt es auch: Ehrgeizige können schon mittags auf Kohlenhydrate verzichten. Und ich bin sauehrgeizig.

Ich beiße die Zähne zusammen und befehle mir halblaut: „Nicht dran denken, nicht dran denken!“

Aber es ist wie mit der Aufforderung, nicht an einen rosa Elefanten zu denken. Was sehen Sie? Natürlich einen rosa Elefanten. Und so ziehen jetzt vor meinem inneren Auge Bilder von brutzelndem Grillfleisch vorbei, von Kartoffelsalat mit Mayonnaise, von einer saftigen Pizza mit ganz viel Käse, von einer Crème Brulée, von Schwarzwälder Kirschtorte, von Pasta, Weißbrot und frischer Butter.

Plötzlich stehe ich in der Küche. Und ehe ich mich versehe, ist mein Arm im Vorratsregal verschwunden. Als er wieder zum Vorschein kommt, halte ich eine Tüte Chips in der Hand. Ich zögere kurz.

Dann denke ich: „Na ja, riechen kann ich ja mal dran!“

Und schon steckt meine Nase in der Tüte.

„Wow! Was für ein Duft“, denke ich. „Einen Chip kann ich mir ja wohl gönnen. Nur für den Geschmack.“

30 Minuten später liege ich auf dem Sofa. Neben mir die leere Chipstüte. Mir ist übel, ich habe ein schlechtes Gewissen und fühle mich wie ein Loser.

„So wird das nie was!", sage ich streng zu mir. „Ich bin einfach nicht diszipliniert genug."

Sei nicht päpstlicher als der Papst

Das war Gott sei Dank vor vielen Jahren. Heute weiß ich: Der Grund, warum ich es damals nicht geschafft habe abzunehmen, ist: Ich war nicht undiszipliniert, sondern zu diszipliniert.

Wissen Sie, was der Grund ist für den Jo-Jo-Effekt? Die Tatsache, dass die Diät zu streng ist, als dass Sie sie ein Leben lang fortführen könnten. Ja, heißt das, dass der Jo-Jo-Effekt also nach jeder Diät greift? Funktionieren Diäten also grundsätzlich nicht?

Nein, so ist es auch nicht. Sonst würde ich heute immer noch ein paar Kilo zu viel wiegen. Aber ich bin jetzt mit meinem Gewicht mehr als zufrieden. Nach einigen Versuchen bin ich dann doch hinter das Geheimnis guter Diäten gekommen.

Ziel einer Diät ist ja eine dauerhafte Veränderung des Körpergewichts und/oder des Verhältnisses zwischen Muskeln und Fett. Diese körperliche Veränderung können Sie mit einigen Tagen Hungern vielleicht schon erreichen. Sie wird aber nur dann dauerhaft, wenn Sie auch eine dauerhafte Ernährungsumstellung vornehmen. Die Diät darf schon strenger sein als die künftige, veränderte Ernährungsgewohnheit. Sie soll aber nicht so streng sein, dass der Körper seine Bedürfnisse über Wochen nur noch unterdrückt. Denn unterdrückte Bedürfnisse kommen früher oder später mit ungleicher Wucht wieder an die Oberfläche – und übernehmen das Ruder. Dann haben Sie gar nichts mehr in der Hand.

Der Effekt ist bekannt: Er nennt sich Heißhunger. Eine unglaubliche Lust auf Süßes, Fettes, Kohlenhydratreiches überfällt Sie schlagartig und unkontrolliert. Und Sie sind so geschwächt, dass Sie dem Impuls nicht mehr widerstehen können. Die schlechte Nachricht ist: Es bleibt dann nicht bei einem Ausrutscher. Einmal Heißhunger, immer wieder Heißhunger. Und danach ist es sowieso schon egal. Man denkt sich: „Jetzt kommt es auch nicht mehr drauf an!" Und danach erfolgt die Frustessensphase.

Nach einer solchen Diät folgt der Jo-Jo Effekt garantiert. Und die paar Kilos, die Sie sich mit Ach und Krach runtergehungert haben, tragen Sie im Nu wieder vor sich her. Plus noch einige mehr.

So erging es mir auch. Und Sie können sich denken, wie stinksauer ich damals war. Aber die Erfahrung war wohl nötig. So habe ich verstanden:

Diäten funktionieren nur mit Cheating-Tagen.

Sie können noch so diszipliniert sein, Sie können sogar der internationale Disziplin-Weltmeister sein: Es wird immer körperliche Bedürfnisse geben, die sich während einer Diät äußern. Das ist Fakt. Realität. Das einzig Sinnvolle, was Sie darum tun können, ist, sich ab und an ein Leckerli zu erlauben. Etwas, worauf Sie richtig Lust haben. Denn Sie brauchen ein geregeltes Ventil für Ihre Bedürfnisse. Bewusste Augenblicke, in denen Sie Ihrem inneren Schweinehund eine Verschnaufpause gönnen, in denen Sie dem Genuss „frönen" und sich bewusst die Portion Pommes oder das Stück Sahnetorte genehmigen.

In solchen Augenblicken betrügen Sie sich selbst ein wenig. Aber eben augenzwinkernd und bei vollem Bewusstsein. Ich habe diese Cheating-Tage damals bei einem neuen Diätversuch nach dem Jo-Jo-Desaster auch eingeführt: Das bedeutete sechs Tage Ehrgeiz, ein Tag oder drei Mahlzeiten die Woche cheaten. Sogar meine Ernährungsberaterin bestärkte mich darin, denn diese Cheating-Tage befriedigen nicht nur die Seele, sondern sie trainieren auch den Stoffwechsel darin, die kleinen und großen Sünden weiterhin abzubauen.

Und auf einmal funktionierte das mit der Diät. Nachhaltig. Selbst die langfristige Ernährungsumstellung gelang danach völlig easy!

Was für ein verrückter Effekt: Ich lockere meine Disziplin und komme sogar weiter als vorher mit dem eisernen Durchziehen! Das war eine völlig neue Erkenntnis für mich. Und die brachte mich ins Grübeln. Ich fragte mich: Was wäre, wenn das mit den Cheating-Tagen nicht nur für Diäten gelten würde, sondern auch für die vielen anderen Lebensbereiche, in denen wir uns am Riemen reißen?

Immer dieselbe Falle

Bei dieser Frage fiel mir sofort der Dirk ein. Ein ehemaliger Kommilitone. Wie festgewachsen klebte er zu Studienzeiten am Schreibtisch und hatte nie Zeit, mit uns Jungs um die Häuser zu ziehen. Im Lauf des zweiten Semesters kam schließlich der Abend, an dem er sich dann doch zu einem Discobesuch überreden ließ. Und siehe da. Der Dirk zeigte ganz neue Seiten!

Er bestellte sich ein Bier, entspannte sich ein bisschen, bestellte sich ein zweites Bier, tanzte ein bisschen, bestellte sich ein drittes Bier, fing an, die Mädels auf der Tanzfläche anzubaggern, und als er dann auch noch ein Glas Bacardi-Cola ausgeleert hatte, brachen alle Dämme.

Er hatte sich so lange zurückgehalten, dass er es an diesem Abend doppelt und dreifach krachen ließ. Die Konsequenz war, dass wir ihn später nach Hause schleppen mussten. Alles, was er auf dem Weg noch rausbrachte, war: „Oh Männooo, iiiichhh musssss doch für Statiiiiistik pauken!"

Sich sehr viel vornehmen, eiserne Disziplin an den Tag legen – es nicht ganz schaffen, das durchzuziehen – und dann ins andere Extrem verfallen: Das passiert nicht nur bei Diäten, sondern immer, wenn Menschen übermäßig hohe Erwartungen an sich stellen. Wer dazu neigt, sich zu überfordern oder unter Druck zu setzen, erlebt das in allen Lebensbereichen. Es gibt sogar einen Namen für diese Neigung: Perfektionismus.

Der Perfektionismus treibt uns an, uns selbst unter Druck zu setzen. Noch ehrgeiziger, noch disziplinierter, noch besser zu sein, als wir sind. Und er versperrt den Blick auf all das Gute, das bereits da ist. Auf unsere Leistung, auf unsere Kompetenz, auf unsere Fähigkeiten. Der Perfektionismus lenkt den Blick auf die leeren 20 Prozent des Glases und tut so, als würden die anderen 80 Prozent nicht existieren. Das Ergebnis ist eine grobe Realitätsverzerrung.

Wenn ich mal auswärts im Café arbeiten möchte, gehe ich gern zu Starbucks. Da gibt es eine Verkäuferin, die ist unglaublich freundlich und unglaublich talentiert. Und jedes Mal, wenn sie mich bedient, denke ich: Sie macht es super!

Neulich stand ich dort in der Schlange, um mir einen Coffee to go zu bestellen, als eine Kollegin zu dieser Verkäuferin sagt: „Sie, Frau Meyer, was sind Sie für eine Tulpe? Der Deckel ist auf diesem Becher gar nicht richtig drauf!" Sie hebt den Deckel hoch und zeigt ihr eine mit Kaffee verschmierte Hand. In dem Moment wird meine Verkäuferin hochrot. Leise und eingeschüchtert sagt sie. „Scheiße! Immer mache ich das falsch mit den Deckeln!" Sie nimmt einen neuen Deckel und entschuldigt sich lauthals bei ihrer Kollegin.

Ich war schier sprachlos, als ich diese Szene beobachtete. Es stimmt nämlich einfach nicht, dass sie das mit den Deckeln immer falsch macht. Alleine ich habe unzählige Kaffeebecher mit sauberen Deckeln bei ihr gekauft. Und außerdem ist der Deckel eine Kleinigkeit! Es kann jedem passieren, dass der Deckel mal nicht sitzt. Was hier aber völlig unter den Tisch fällt, ist: Diese Verkäuferin ist die mit Abstand beste in diesem Laden! Wenn ihr das bewusst wäre, würde sie sich überhaupt nicht mehr für den falsch aufgesetzten Deckel schämen. Ich konnte mich kaum zurückhalten, ihrer Kollegin zuzurufen: „Mal sehen, wie schnell und gut Sie das mit den Deckeln machen." Ein Perfektionist, der schafft es nämlich nicht. Für ihn ist es das Ende der Welt, wenn eine Kleinigkeit nicht gelingt.

Das zeigt auch das Beispiel meines Kumpels Manfred. Der Manfred ist supergut. Er verkauft Handys an Firmen. Bei 100 Kundenbesuchen hat er im Schnitt 60 Abschlüsse. Jetzt hat er mal einen Auftrag verloren, der ihm wichtig war, und für ihn war klar: Er ist ein Loser. Er ging allen Ernstes zu seinem Chef und sagte: „Ich will aufhören. Ich beherrsche diesen Job nicht."

Daraufhin antwortete sein Vorgesetzter: „Was ist los, Velten? Sie sind der beste Verkäufer im ganzen Gebiet!"

Was Perfektionisten nicht wissen: Beim Ergebnis ist niemand perfekt. Da ist der Perfektionist noch am perfektesten von allen, auch wenn er sich häufig für einen Verlierer hält. Oder seine Misserfolge viel klarer sieht als seine Erfolge. Darum ist meine Empfehlung an alle Perfektionisten dieser Welt: Passt eure Erwartungshaltung an euch selbst an! Ihr seid schon supergut. Ihr müsst nicht noch besser werden. Das einzige, was ihr wirklich müsst, ist ein Stückchen schlechter werden! Denn ein so hoher Anspruch wie der der Perfektion ist auf Dauer nicht haltbar. Und viel wichtiger als Perfektion ist Nachhaltigkeit.

Gute Laune, schlechte Laune

Wissen Sie, wer noch über ein ungesundes Übermaß an Disziplin verfügt? Diese ständig strahlenden, scheinbar supergut gelaunten Menschen, die jeden Tag eine große Show abziehen und auf Nachfrage versichern: „Mir geht es blendend, danke! Alles im grünen Bereich!"

Wissen Sie was? Diese Menschen gibt es gar nicht. Das heißt, die Menschen existieren, aber ihr breites Grinsen ist meistens unecht. Denn keinem Menschen auf dieser Welt geht es immer und ständig und rundum spitzenmäßig.

Hinter der diszipliniert lächelnden Maske haben auch die glücklichsten Menschen mal einen schlechten Tag. Aber warum erhalten sie dann diese Fassade trotzdem immer aufrecht?

- „Mit schlechter Laune verkauft es sich nicht gut", sagt der Vertriebler.
- „Wenn ich nicht ständig gut drauf bin, will mich mein Partner vielleicht nicht mehr", sagt die Frau, die in einer Beziehung lebt.
- „Einen Gefühlsausbruch kann ich mir bei meiner Arbeit nicht leisten", sagt der Chefarzt.

Kurz: Sie glauben, dass Ihnen das Schlechtdraufsein schadet. Und Sie haben recht! Das Problem ist nur: Diese Taktik des Weglächelns aller schlechten Stimmungen macht es nur noch schlimmer.

Wenn Sie versuchen, Ihren Frust runterzuschlucken und vor anderen zu verbergen, dann ist das für jedes Gespräch eine Belastung. Wenn Sie Ihren Ärger unterdrücken, sind und wirken Sie auch anders als sonst. In diesem Zustand bringt Sie womöglich jede Kleinigkeit auf die Palme. Ihre Andersartigkeit im Vergleich zu sonst oder Ihre Überreaktion verunsichert dann Ihren Gesprächspartner, weil er sie nicht einordnen kann. Außerdem steigt der innere Druck in Ihnen immer weiter an, solange Sie ihm kein Ventil geben. Gespielte gute Laune hilft also nicht gegen schlechte Laune, sondern erzeugt nur Druck und dadurch noch mehr schlechte Laune.

Viel besser als mit gespielter guter Laune kann Ihr Gesprächspartner mit der Wahrheit umgehen. Warum sagen Sie nicht einfach, was los ist? Zum Beispiel so: „Sorry, wenn ich heute etwas komisch bin, aber ich hatte beim letzten Anruf schlechte Nachrichten und ziemlichen Ärger." Das nimmt Ihnen niemand übel. In meinem Unternehmen war ich bekannt dafür, dass ich in der Regel gut drauf bin. Aber eben nicht immer. Und wenn es mir mal schlecht ging, dann gönnte ich mir einfach einen Cheating-Tag und machte niemandem vor, superhappy zu sein.

Wozu auch?

Ständig ein Happiness-Programm abzuspielen ist extrem anstrengend. Warum also nicht gleich von Anfang an kommunizieren: „Du, heute ist einfach nicht mein bester Tag. Wenn ich etwas anders bin als sonst, hat das nichts mit dir zu tun!"

Meine Erfahrung ist: Sobald das ausgesprochen ist, verfliegt die schlechte Laune in der Regel innerhalb von 30 Minuten. Sich von dem Gute-Laune-Zwang zu befreien ist eine wunderbare Erleichterung!

80 Prozent sind auch okay

Cheating-Tage lassen sich ganz hervorragend in den Berufsalltag integrieren. Zwingen Sie sich nicht dazu, jeden Tag den Helden zu mimen. Sie sind weder Übermensch noch der Messias und das müssen Sie weder Ihren Kollegen noch Ihren Vorgesetzten vorspielen.

Wenn Sie jeden Tag den Karriereturbo fahren, alles perfekt machen wollen und immer 120 Prozent geben, dann halten Sie das langfristig nicht durch. Klar, Sie können schon eine Weile Vollgas geben, aber irgendwann wird der Motor streiken – und Sie bleiben auf der Überholspur liegen. Legen Sie ein gutes Tempo vor, aber übertreiben Sie es nicht! Seien Sie diszipliniert und geben Sie immer mindestens 80 Prozent. Aber seien Sie nicht perfektionistisch: Das heißt, geben Sie nicht ständig 120 Prozent. Probieren Sie es aus, langfristig haben Sie so nachhaltigere und bessere Resultate.

Ein konkretes Beispiel: Wenn Sie in einem Monat zehn Präsentationen halten müssen, dann werden Sie langfristig mehr Erfolg und einen nachhaltigeren und insgesamt höheren Qualitätsstandard damit haben, wenn Sie sich sagen: „Nicht jede Präsentation muss perfekt sein", als wenn Sie den Anspruch haben, jede muss hundertprozentig sitzen. Denn: Sie sind ja auch nicht perfekt. Wenn Sie Ihren Anspruch nur ein Stückchen runterschrauben, macht Ihnen die Arbeit mehr Spaß und die Ergebnisse werden besser.

Sehen Sie es einfach mal so: Selbst wenn Sie in einem 15-seitigen Angebot einen Rechtschreibfehler gemacht haben – und das gleich auf der ersten Seite – dann wird das für den Kunden kein Anlass dafür sein, nicht zu unterschreiben.

Das Gesamtergebnis zählt!

Seitdem ich es so sehe, gehen mir viele Dinge schneller und viel leichter von der Hand.

Aber Vorsicht!

Das Cheaten ist kein Freifahrtschein für Selbstbetrug! So wichtig es ist, vom überhohen Anspruch an sich selbst herunterzukommen, so wichtig ist es auch, eine Grunddisziplin zu halten. Nehmen Sie das Cheaten nicht als Entschuldigung für Faulheit. Sonst würden Sie sich wirklich selbst betrügen.

Der Trick am Cheaten ist, das „Verbotene", das „Unerlaubte" vom Podest zu nehmen, sodass es an Attraktivität verliert. Dadurch wird es viel leichter, Disziplin zu halten und langfristig ein Verhalten umzustellen. Ohne Cheaten ist das Päckchen Gummibärchen ein halbes Königreich wert. Mit Cheaten ist es nur etwas, worauf Sie maximal sechs Tage warten müssen. Aber dann können Sie es haben! Garantiert!

Richtig cheaten

Definieren Sie von Anfang an Cheating-Regeln für sich. Wie oft, wie lange und wann erlauben Sie sich zu cheaten? Notieren Sie sich diese Regeln. Solange Sie sich an Ihre definierten Regeln halten, wird das Cheaten garantiert nicht die Oberhand gewinnen und Ihre Ziele konterkarieren! Dann ist das Cheaten eine kontrollierte Art, Ihre Bedürfnisse zu befriedigen.

Mein Zeitmillionärs-Tipp

Sagen Sie nie: „Ich komme nie zu spät!" Sie wissen ja nie, was Ihnen dazwischenkommen kann. Warum sollten Sie sich unter Druck setzen? Bevor Sie zu einem Termin rennen, weil Sie verschlafen haben, rufen Sie kurz an und sagen: „Hey, ich komme heute etwas später. Mir ist was dazwischengekommen." Das ist besser, als wenn Sie zwar pünktlich, aber völlig abgehetzt und zerstreut zum Meeting erscheinen.

Und wenn Sie morgens schon merken, dass Sie so richtig auf 180 sind, aber nachmittags ein wichtiger Kundentermin angesetzt ist, verschieben Sie ihn besser. An einem anderen Tag sind Sie bestimmt erfolgreicher.

17. Warum guter Rat teuer und der beste Rat ein Schnäppchen ist

Schon meine Oma wusste, dass guter Rat teuer ist. Und meine Oma hatte – wie so oft – recht. Aber es scheint heute kaum einer mehr an diese Weisheit zu glauben. „Geiz ist geil" tönt es aus den Lautsprechern, der Einzelhandel überbietet sich mit Tief- und Tiefstpreisen, als blöd gilt der, der nicht beim niedrigsten Gebot zuschlägt. Und das gilt nicht nur für den Liter Milch, den Zehnerpack Socken und die Waschmaschine. Es gilt auch für den Rat, den wir uns einkaufen.

Und einen guten Rat braucht jeder von uns in der ein oder anderen Lebenslage. Nicht immer reicht der gut gemeinte Rat von den Eltern oder dem Partner, von einem Freund oder Bekannten aus. Manchmal muss es professioneller Rat sein, der dann auch entsprechend etwas kostet. Die Bereiche, in denen das Sinn machen kann, sind breit gefächert. Sei es der Rat vom Steuerberater oder vom Arzt, vom Karrierecoach oder vom Trainer, vom Architekten oder vom Style-Berater, vom Handwerker oder vom Psychologen, vom Versicherungsexperten oder vom Physiotherapeuten, vom Werbefachmann oder vom Rechtsanwalt, vom Wedding-Planer oder vom Wirtschaftsprüfer und, und, und.

Guter Rat kann viel wert sein – aber die wenigsten sind bereit, ihn adäquat zu bezahlen.

Was hinter dem Sparwahn steckt

Woher kommt dieser Zwang, immer das günstigste Angebot zu nehmen und lieber auf den Preis als auf die Leistung zu schauen? Ich glaube, der hat verschiedene Gründe. Da ist zum Beispiel die Nachkriegsgeneration, der das Sparen in Fleisch und Blut übergegangen ist. Es ist für sie zum Reflex geworden, nach dem günstigsten Angebot zu greifen, ganz einfach weil es für viele Jahre der puren Notwendigkeit entsprach.

Zahlenmäßig überlegen sind aber die jüngeren Entscheider. Und die bewegen aus meiner Sicht sechs unterschiedliche Motive dazu, am liebsten zu Dumping-Angeboten zu greifen.

1. Unterfinanzierung: Manch einer kann sich den Rat, den er dringend bräuchte, finanziell eigentlich gar nicht leisten. Wer aber nicht ohne auskommt, greift auf dem untersten Preisniveau dann doch zu. Das beobachte ich oft bei jungen Familien im Zusammenhang mit dem Häuschen im Grünen, für das sie bereits die letzten Cents zusammengekratzt haben.

2. Unsicherheit: Wer sich gar nicht so sicher ist, ob er den Rat, den er sich da einkauft, überhaupt umsetzen kann oder will, denkt sich: „Wenn ich jetzt viel Geld bezahle und den Rat womöglich gar nicht nutzen kann, dann schmeiße ich ja das Geld zum Fenster hinaus. Da zahle ich lieber weniger und muss dann auch weniger bereuen." So jemand verringert für sich den Druck und das Risiko, dass er die Ausgabe bereut, indem er die Summe verringert, die er ausgibt.

3. Falsche Prioritätensetzung: Wenn jemand zwar Geld hat, es aber vorrangig auf andere Projekte verteilt, dann spart er halt eben an einem Ende – und in diesem Fall am Rat.

4. Fehlende Prioritäten: Wer gar nicht so recht weiß, was ihm wichtig ist, der vermeidet aus Prinzip, viel Geld auszugeben.

5. Negative Vorerfahrung: In Beraterkreisen sagt man, dass der Kunde versaut ist, wenn schon zwei Vorberater eingekauft und wieder an die frische Luft gesetzt wurden. Die Bereitschaft, noch ein drittes Mal viel Geld auszugeben für einen Rat, der bereits zweimal nicht gefruchtet hat, ist gering.

6. Das Suchtpotenzial von Schnäppchen: Neurowissenschaftliche Studien besagen, dass Rabatte auf unser Gehirn wie Kokain wirken. Die Freude, ein besonders günstiges Angebot ergattert zu haben, macht süchtig. Das Verlangen, immer mehr davon haben zu wollen, überlagert leicht alle anderen inneren Entscheidungsträger wie Bauch und Kopf.

In allen Fällen steckt hinter der Entscheidung für den günstigsten Anbieter keine freie Entscheidung, sondern ein innerer Zwang, der mit der Bewertung der Leistung, die eingekauft wird, nur sehr wenig zu tun hat.

Das Ende in Sicht

Innerer Zwang führt Sie nie zur besten Entscheidung. Und bei Rat, den Sie sich von außen einholen, gilt das ganz besonders. Denn der Zwang verhindert, dass Sie auf das sehen, auf was es wirklich ankommt: das Ergebnis.

Oder besser noch auf die Folgen des Ergebnisses. Und die können bei einem falschen Rat schnell verheerend sein. Zum Beispiel für die junge Familie, die ein Häuschen bauen will. Weil der Baugrund so teuer ist, reicht das Geld nur für den windigsten Bauträger. Wenn der dann pfuscht, hat die Familie keine Rücklagen mehr und kommt in eine existenzielle Schieflage.

Neulich hat mich ein Freund angerufen und erzählt: „Ich muss was renovieren lassen. Das ist kompliziert, da müssen vier Gewerke ran."

Ich runzle die Stirn und sage: „Da brauchst du aber auch einen Bauleiter, der die koordiniert, wenn du die ganze Woche über nicht da bist."

Entrüstet entgegnet er mir: „Ja, spinnst du? Das kostet mich ja noch mal 2.000 Euro mehr. Ist eh schon ein teurer Spaß. Mein Nachbar hat versprochen, ab und zu auf der Baustelle vorbeizuschauen."

Und ich sage nur: „Ja, okay. Dann kann ich dir schon sagen, wie das läuft. Wenn auch nur einer von den Handwerkern Mist macht, liegst du allein vom Material her weit über dem, was dich eine Bauleitung kostet. Von deinen Nerven ganz zu schweigen."

Oder wenn jemand ein Unternehmen kaufen möchte, dann ist das oft ein früherer Angestellter. Der bringt zwar Eigenkapital mit, aber nicht wirklich viel, sodass es für ihn ein Kraftakt ist, sich dort einzukaufen. Wenn ich dann sage, dass wir einen Anwalt brauchen, der den Vertrag prüft, kommt ganz oft der Einwand: „Geht das nicht auch ohne?" Ich sage daraufhin: „Sie, wenn da nur ein einziger nachteiliger Satz drinsteht, dann kostet Sie das ein Vielfaches von dem, was der Anwalt kostet."

Das gilt auf so vielen Gebieten: Stellen Sie sich vor, Sie nehmen sich einen Coach, weil Sie merken, dass Sie in Richtung Burn-out unterwegs sind. Doch der Coach ist schlecht, Sie versinken weiter und Ihr Körper zieht die Reißleine. Dann rechnen Sie mal den Verdienstausfall gegen die Kosten für einen guten Coach auf …

Es ist also extrem schlau, wenn Sie sich überlegen, vor was Sie der gute Rat bewahren kann beziehungsweise was ein schlechter Rat Sie eigentlich kostet. Da zahlen Sie nämlich nicht nur den Ratgeber, sondern auch die Folgeschäden.

„Ich habe einen ganz einfachen Geschmack …"

… hat Oscar Wilde einmal gesagt und hinzugefügt: „Ich bin immer mit dem Besten zufrieden." Und genau so mache ich das bei der Auswahl meiner Ratgeber auch: Ich achte nicht auf die Kosten, sondern mein Hauptaugenmerk liegt auf dem Wertzuwachs.

Fragen Sie also: „Was bringt mir diese Beratung?" Und dann erst halten Sie den Preis für die Leistung daneben. Dann können Sie nämlich ausrechnen, wie das Preis-Leistungs-Verhältnis wirklich ist. Dann stellt sich heraus, dass der beste Rat – so teuer Sie ihn auch einkaufen – ein Schnäppchen ist.

Verbuchen Sie das Geld, was Sie ausgeben, auch nicht unter Kosten, sondern unter Investition. Denn Sie zahlen damit auf Ihre Zukunft ein. Eine gut investierte Summe kommt vielfach zu Ihnen zurück.

Das heißt, investieren Sie ruhig viel in guten Rat. Denn es ist nun mal so: Die Besten sind teuer. Es sind nicht immer die Teuersten, die die Besten sind, aber im oberen Preisdrittel liegen sie mit Sicherheit. Und das hat einen guten Grund: Gute Berater sind selten.

Bei Unternehmensberatern zum Beispiel sagt man, dass nur 20 Prozent wirklich gut sind. Kein Wunder, dass die dann auch ausgebucht sind. Die können es sich leisten, „schleckig" zu sein und nicht jeden Kunden anzunehmen. Bei manchen müssen Sie froh sein, wenn Sie überhaupt mit ihnen arbeiten dürfen.

Und deshalb habe ich gelernt, dass es sich nicht nur rentiert, einen hohen Preis zu zahlen, sondern dass es schlau ist, noch mehr zu investieren …

Warum sich ein Überraschungs-Plus rechnet

Angefangen hat das mit einem Anruf:

„Herr Mulfinger, ich habe Ihre Rechnung bekommen", sagt mein Kunde, nachdem ich abgehoben habe.

„Ja, Herr Gebaur, das Projekt ist abgeschlossen und wir haben den vereinbarten Stundensatz abgerechnet", sage ich.

Ich bin leicht irritiert über den Anruf, weil ich mir sicher bin, dass die Abrechnung über 40.000 Euro durch und durch korrekt ist. Ich frage also nach: „Stimmt etwas damit nicht?"

„Nein, nein. Alles in Ordnung", sagt er. „Aber wissen Sie: Das Projekt ist so gut gelaufen: Schicken Sie mir noch eine Extrarechnung über 10.000 Euro."

Ich sitze perplex in meinem Stuhl und denke, ich habe mich verhört. Es klingt wahrscheinlich ein bisschen dümmlich, als ich nachfrage: „Ja, wie?"

„Ich meine das so, wie ich es sage: Mit Ihrer Hilfe habe ich mit dem Deal auf die nächsten zehn Jahre eine Million gespart. Nehmen Sie es als Trinkgeld."

Sie können sich vorstellen, wie motivierend das für uns in der weiteren Zusammenarbeit mit diesem Kunden war: Ungefragt einen Bonus zu kriegen, verleiht der Leistung von morgen das Sahnehäubchen.

Deshalb habe ich mir angewöhnt, mir nicht nur die besten Berater zu suchen und sie gut zu bezahlen. Ich lege sogar noch was obendrauf, weil ich dann weiß, dass ich einen A-Status bei ihnen habe. Sie arbeiten gerne für mich und strengen sich wirklich an. Und deshalb lohnt sich meine Extrainvestition.

Denn stellen Sie sich vor, Sie sind ein viel beschäftigter Berater. Sie sind die nächsten Wochen komplett ausgebucht. Nun ruft Sie ein Kunde an, der ein akutes Problem hat. Für wen legen Sie eher eine Extraschicht ein: Für den, der eh immer nur meckert und verspätet zahlt, oder für den, der Sie bisher anständig behandelt hat?

Dabei geht es gar nicht immer um Geld. Das Finanzielle ist wichtig, es ist ein Hygienefaktor: Es muss in ausreichendem Maß vorhanden sein. Aber Geld alleine sorgt meist nicht für eine lang anhaltende Zufriedenheit. Stellen Sie sich vor, dass Sie in Ihrem Autohaus einen Verkäufer haben, der in dieser Woche einen Riesenumsatz gemacht hat. Sie zahlen ihn eh schon gut, aber Sie könnten ihm jetzt noch mal zehn Prozent Gehaltserhöhung genehmigen. An dieses Plus hat er sich aber in vier Monaten gewöhnt, da juckt es ihn gar nicht mehr.

Wenn Sie ihm aber am Freitagmorgen unvermittelt vor der ganzen Mannschaft 500 Euro in bar sowie einen fetten Restaurantgutschein in die Hand drücken und ihm den Rest des Tages freigeben, damit er mit seiner Frau zum Essen gehen kann, dann schlägt das ein wie eine Bombe. Der ist dadurch motiviert wie's Zäpfle.

Denn es geht auch sehr viel um Wertschätzung und Respekt. Sobald der Hygienefaktor Geld befriedigt ist, sind das die Faktoren, die den Ausschlag geben. Gerade Berater machen ihren Job deshalb so gerne, weil sie große Anerkennung erfahren können, wenn sie guten Rat geben. Das sorgt für eine extreme Zufriedenheit und Motivation.

Aber egal ob in barer oder in anderer Münze, bei dem Prinzip geht es schlichtweg darum:

Geben Sie mehr, als erwartet wird.

Das ist ein Prinzip, das bei Weitem nicht nur für Berater gilt. Ich erlebe es bei jeglicher Art von Dienstleistern. Wir haben zum Beispiel im Gebäude eine Putzfrau, die alle Büros saubermacht. Ich finde, sie macht das gut, und deshalb kriegt sie bei uns immer einen Kaffee. Ich weiß inzwischen, dass sie gerne Süßes mag, also lege ich oft auch noch einen Riegel dazu. Und eines ist sicher: Wenn wir sie mal außer der Reihe brauchen, dann ist sie da.

Wie Sie den besten Rat kriegen

Der Preis ist bei einem Berater ein Indikator für seine Qualität, aber noch nicht der Beweis. Wie gesagt bewegen sich die Guten immer im oberen Drittel der Preisspanne, es müssen aber nicht zwangsläufig die Teuersten sein. Manche erzielen ihre Höchstpreise auch nur deshalb, weil sie so gut in ihrer eigenen Vermarktung sind.

Wie also finden Sie den Besten? Meine Erfahrung ist, dass der sicherste Weg über die Empfehlung geht. Das ist wie beim Arzt: Wenn Ihnen Freunde und Bekannte einen Arzt ans Herz legen, dann ist die Wahrscheinlichkeit hoch, dass Sie eine gute Wahl treffen. Und wenn Sie zum Beispiel mit Ihrem Steuerberater sehr zufrieden sind: Bitten Sie ihn um eine Empfehlung, wenn Sie mal einen Anwalt brauchen. Gute und schlechte Erfahrungen sprechen sich in diesen Kreisen schnell herum. Und wenn Ihr Steuerberater Sie als Kunde nicht enttäuschen will, wird er Ihnen nach bestem Wissen und Gewissen weiterhelfen.

Die größte Hürde ist aber oft nicht, den besten Ratgeber zu finden, sondern die eigenen inneren Zwänge zu überwinden. Wenn Sie merken, wie Sie sich innerlich schwertun, die geforderte Summe und vielleicht noch das kleine Plus zu akzeptieren, dann machen Sie die Rechnung auf: Wie viel werden Sie sparen, wenn Sie einen wirklich guten Rat erhalten? Und wie viel wird Sie der Rat kosten, wenn er sich als falsch herausstellt?

Halten Sie die Rechnung am besten auch schriftlich fest. Notieren Sie die Zahlen und vergessen Sie bei der Auflistung die emotionalen Kosten nicht, die mit daherkommen, wenn etwas schiefgeht. Es kann nämlich gut sein, dass Sie kurz nach Unterschrift noch mal in Zweifel geraten. Das ist die so genannte Nachkaufreue, wenn Sie im Nachhinein Angst bekommen, ob Sie nicht doch zu viel Geld ausgegeben haben. Vielleicht sagt Ihnen ein Freund, dem Sie davon erzählen, auch: „250 Euro für ein Coaching? Bist du verrückt?" Es ist leichter, sich von solchen Bemerkungen nicht verunsichern zu lassen, wenn Sie Ihren Entscheidungsweg schwarz auf weiß noch mal nachlesen können.

Und ein letzter Tipp: Setzen Sie sich selbst nicht unter Druck. Wenn Sie einen teuren Ratgeber eingekauft haben, heißt das noch lange nicht, dass Sie alles, was er sagt, eins zu eins umsetzen müssen. Ich hatte mal einen sehr aggressiven Mentor, der sagte: „Du musst das genau so machen und nicht anders." Seine Ratschläge waren zu 30 Prozent extrem geil und jeden Preis wert. Aber die restlichen 70 Prozent waren zum Vergessen. Machen Sie sich also nicht selbst den Zwang, dass Sie einem bezahlten Rat auch wirklich folgen müssen. Wir Schwaben sagen ja traditionell: „Lieber den Magen verrenkt, als dem Wirt was g'schenkt" und essen unsere Portion im Lokal immer auf. Das erlegt Ihnen einen Zwang auf, den ich Ihnen weder im Restaurant noch beim Ratgeber empfehlen kann.

Mein Zeitmillionärs-Tipp

Egal wie teuer und gut der Rat ist, den Sie einholen: Folgen Sie ihm nie blind. Jeder Berater kann sich irren. Und kein Berater kann alles wissen. Setzen Sie sich deshalb Ihr eigenes Meinungsbild aus den verschiedenen Mosaiksteinen der Ratschläge zusammen. Holen Sie Zweitmeinungen ein und treffen Sie Ihre Entscheidungen selbst. Denn Sie als Zeitmillionär entscheiden frei und selbstverantwortlich.

18. Probesterben und weiterleben

Ich habe mit einem Freund bei herrlichem Frühsommerwetter eine Fahrradtour gemacht. Nun sitzen wir gemütlich im Biergarten. Wir sind angenehm erschöpft und hängen mit Blick auf das angrenzende Flüsschen schweigend unseren Gedanken nach.

„Es gibt keinen Friedhof im Hamsterrad", sagt er plötzlich trübe.

„Was? Wie meinst du das?", frage ich erstaunt.

„Wir rennen und rennen den ganzen Tag. Und kein Mensch denkt daran, dass das auch der letzte Tag sein könnte", sagt er.

Ich nicke: „Du hast vollkommen recht. Das ging mir früher auch so. Und das, obwohl ich schon lange ausgebildeter Testamentsvollstrecker bin. Ich weiß alles darüber. Aber bei mir selbst habe ich mich lange Zeit nicht damit befasst."

Wie geht es Ihnen, wenn Sie an Ihren eigenen Tod denken? Das ist kein angenehmer Gedanke, ich weiß, also vermeiden ihn die meisten Menschen, so gut es geht. Sie sind ja auch so beschäftigt mit ihrem Leben, dass dafür gar keine Zeit bleibt.

Das ist schade. Denn, so merkwürdig sich das auch anhört, es entgeht Ihnen mehr, als Sie denken! Wenn Sie sich heute mit dem Gedanken auseinandersetzen, was sein wird, wenn Sie morgen nicht mehr da sind, dann profitieren Sie heute davon. Und zwar gleich dreifach:

- Sie sind entspannter.
- Sie sind fokussierter.
- Sie sind erfahrener.

Das klingt ganz nach Zeitmillionär, nicht wahr? Und das ist es auch. Daher gehört für mich die Auseinandersetzung mit dem Gedanken „Was wäre, wenn ich morgen nicht mehr da wäre?" zum Zeitmillionärs-Dasein ohne Wenn und Aber dazu.

Erschrecken Sie nicht: Ich habe dafür zwei Übungen entwickelt, die im ersten Moment makaber klingen. Aber Sie werden sehen, diese Übungen verschaffen Ihnen das perfekte Zeitmillionärs-Rüstzeug: Das Probekoma macht Sie entspannter, und das Probesterben ist Ihr bester Helfer beim Fokussieren. Also folgen Sie mir ruhig ohne Angst, ich verspreche Ihnen, Sie werden keinen Schaden nehmen, sondern großen Nutzen daraus ziehen.

Wie ein Probekoma Sie entspannt

Die Idee mit dem Probekoma stammt eigentlich aus meiner ehemaligen Beratungspraxis. Angefangen hat es mit dem Notfallkoffer – einem Notfallcheck für Unternehmen. Es ist nämlich ein entscheidendes Kriterium für den Wert eines Unternehmens, dass der Laden läuft, selbst wenn wichtige Mitarbeiter oder gar der Chef plötzlich nicht mehr in der Firma erscheinen und auch nicht erreichbar sind. Da geht es um ganz profane Fragen wie:

- Gibt es eine Liste der Personen, die weitere Schlüssel zum Gebäude, zu den Räumen, zu den Schränken haben?
- Sind wichtige Passwörter und Codes gegebenenfalls zugänglich?
- Wer ist für was verhandlungs- und zeichnungsberechtigt?
- Sind die Kontaktdaten der wichtigsten Berater hinterlegt?

Wenn der Unternehmer also heute ausfällt, ist da zum Beispiel jemand, der die Kontovollmacht hat, um den Mitarbeitern pünktlich die Löhne zu überweisen?

Die Erfahrung zeigt, dass vor allem viele kleinere Firmen sehr stark auf die Person des Unternehmers zugeschnitten sind. Dabei ist ein gutes Unternehmen eines, bei dem es im täglichen Betrieb gar nicht auffällt, wenn der Chef drei Monate nicht da ist.

Die klassische Antwort meiner Kunden war erst einmal immer: „Das ist kein Problem, wenn ich einige Zeit ausfalle." Und ich erwiderte dann: „Okay, dann geben Sie mir jetzt sofort Ihr Handy zur Verwahrung und morgen setzen Sie sich in den Flieger nach Hinterindien. Da gibt es kein WLAN und kein Telefon. Da gibt es noch nicht mal Post. Passt das? Können wir gleich anfangen?" Meine Kunden wurden dann kurz bleich und stumm, bevor sie antworteten: „Moooment ..." In dem Augenblick dachten sie zum ersten Mal ernsthaft darüber nach, was dann passieren würde.

So ein Notfallcheck ist eine tolle Sache und ich empfahl ihn meinen Kunden schon lange. Der Schuster hat aber bekanntlich die schlechtesten Schuhe, und so hat es tatsächlich ein paar Jahre gedauert, bis ich auf die Idee kam: „Warum probiere ich das nicht auch mal bei meinem eigenen Unternehmen?" Das Ergebnis war für mich erschreckend: Ich musste leider feststellen, dass ich allerhöchstens eine Woche ausfallen dürfte, ohne heftigste Kollateralschäden zu riskieren. Das hat mir gehörig zu denken gegeben.

Ich habe daraufhin in meinem Unternehmen so einiges anders organisiert. Aber nicht nur das: Ich habe bemerkt, dass die Planung für den Fall der Fälle nicht nur auf geschäftlicher Ebene Sinn macht. Auch im Privatleben würde einiges zusammenbrechen, wenn ich ausfalle. Ich habe den Notfallcheck also erweitert und habe das Probekoma erfunden. Ich habe mich nämlich gefragt: „Was passiert alles, wenn ich mal schlagartig für drei Monate einfach weg bin?"

Das war fast unheimlich zu sehen, wie viel da zusammenkam und was das für Auswirkungen hätte. Das war kein wirklich angenehmes Gefühl im ersten Moment. Aber es hat sich schlagartig gebessert, als ich damit anfing, mir bei jedem Punkt zu überlegen, wie ich ihn ausfallsicherer organisieren könnte.

Seit ich die nötigen Vorkehrungen getroffen habe, lebe ich erheblich entspannter. Denn selbst wenn wir uns nicht bewusst mit dem Thema beschäftigen: Unterschwellig wissen wir sehr wohl, dass es keine hundertprozentige Garantie gibt, dass wir morgen früh wie gewohnt aufwachen und losmarschieren. Und sind ganz tief in uns drinnen beunruhigt. Diese Unruhe habe ich mir durch mein Probekoma vom Hals geschafft.

Und das können Sie auch!

Sie finden die Anleitung für das Probekoma im folgenden Kasten. Das Vorgehen ist nicht schwer, deshalb bezeichne ich diese Übung auch als Basisübung. Die einzige Voraussetzung ist, dass Sie die Vorstellung zulassen – auch wenn es ungewohnt ist. Sie stoßen dabei auf interessante Gedanken: Ich habe mir zum Beispiel überlegt, ob ich meine Wohnung überhaupt halten sollte für die Zeit. Ob sie mir als eine Art Zufluchtsort weiterhin wichtig ist oder nicht.

Basisübung: Probekoma

Nehmen Sie sich eine Auszeit, legen sich einen Zettel und einen Stift bereit und stellen Sie sich folgende Frage: „Was würde in meinem Alltag passieren, wenn ich von heute auf morgen für drei Monate aus dem Verkehr gezogen würde?" Was würde also passieren, wenn Sie:

- Ihre Kinder nicht versorgen
- Ihr Unternehmen nicht führen
- Ihr Projekt nicht vorantreiben
- Unentschuldigt nicht zur Arbeit erscheinen
- Ihre Rechnungen nicht bezahlen
- Ihren Briefkasten nicht leeren
- Ihre Katze nicht füttern
- Ihre Pflanzen nicht gießen
- Ihre Oma nicht besuchen
- Ihr Ehrenamt nicht ausüben
- Ihre Steuererklärung nicht abgeben
- Ihr Auto nicht zum TÜV fahren
- Ihre Kehrwoche nicht machen
- Ihre Bücher aus der Leihbibliothek nicht zurückbringen
- Ihre Tennismannschaft nicht stützen
- Ihre Abo-Gemüsekiste nicht verbrauchen

Das alles sind nur Anregungen für Ihre persönliche Probekoma-Liste. Füllen Sie in die linke Spalte der Tabelle alles ein, was Ihnen einfällt, wenn Sie Ihren Tag, Ihre Woche, Ihren Monat auf laufende Verpflichtungen durchgehen.

Sehen Sie Ihre Kontoauszüge und Ihren Kalender durch, ob Ihnen da noch etwas ins Auge fällt.

Dann tragen Sie in die mittlere Spalte entweder einen Kreis als Symbol für „macht nichts" oder ein Plus als Zeichen für „Hier will ich Vorkehrungen treffen" ein. Und in alle Zeilen mit einem + schreiben Sie in die rechte Spalte, welche Maßnahmen das sind. Die Tabelle sieht dann zum Beispiel so aus:

Was würde passieren, wenn Sie plötzlich für drei Monate ...	**Egal (o) oder Vorkehrung nötig (+)?**	**Welche Vorkehrung wollen Sie treffen?**
... den Hund nicht Gassi führen.	+	Mit dem Hundebesitzer von nebenan besprechen, ob er einspringen kann.
... den hohen Ratenkredit für die Eigentumswohnung nicht zahlen. ...was passiert mit Ihrer Familie, die dort ggf. noch wohnt?	+	Risiko-Lebensversicherung abschließen? Wohnung verkaufen, Mietwohnung nehmen?
...		

Wie ein Probetod Sie fokussiert

Beim Entwickeln des Probekomas habe ich gemerkt: Die Vorstellung, für eine Zeit lang weg zu sein, wirft schon eine Menge Fragen auf. Die haben viel mit Organisation und Planung zu tun. Aber wie ist es eigentlich, wenn ich für immer wegbleibe? Da geht es plötzlich um Angelegenheiten in einer ganz anderen Dimension.

Im Kern sind es genau drei Fragen:

- Gestalten Sie Ihr Leben aktuell so, dass Sie zufrieden darauf zurückblicken könnten?

- Macht das, was Sie tun, Sinn?
- Gibt es etwas, das von Ihnen bleibt, auch wenn Sie nicht mehr da sind?

Diese Fragen sind von großer Wucht. Wundern Sie sich daher nicht, wenn Sie für das Ausfüllen der Probetod-Tabelle wesentlich mehr Zeit brauchen als für die zum Probekoma. Lassen Sie sich Zeit, aber bleiben Sie dran. Nicht umsonst ist das für mich eine Profi-Übung. Sobald Sie die Tabelle mit gutem Bauchgefühl füllen können, sehen Sie klar, was in Ihrem Leben wirklich zählt.

Profi-Übung: Probesterben

Nehmen Sie sich eine Auszeit, legen sich einen Zettel und einen Stift bereit und stellen Sie sich die folgenden Fragen:

- Was würde ich bereuen, in meinem Leben nicht getan zu haben?
- Was soll bleiben von mir, wenn ich einmal nicht mehr da bin?
- Lebe ich mein Leben heute so, dass ich in der Rückschau eine positive Bilanz ziehen könnte?
- Liegt ein tieferer Sinn hinter all den Dingen, die ich heute tue?

Tragen Sie Ihre Antworten in die Tabelle ein. Dann tragen Sie in die nächste Spalte entweder einen Kreis als Symbol für „macht nichts" oder ein Plus als Zeichen für „Hier ist Handlungsbedarf." ein. Und bei allen Zeilen mit einem + schreiben Sie in die rechte Spalte, welche Maßnahmen das sind. Die Tabelle sieht dann zum Beispiel so aus:

Hauptfrage	**Antwort**	**Tragbar (o) oder Vorkehrung/ Veränderung nötig (+)?**	**Was kann ich dafür tun?**
1. Was würde ich bereuen, in meinem Leben nicht getan zu haben?	Im Heißluftballon über die Alpen gefahren zu sein.	+	Nach Angeboten suchen.
	Vorstellungen zu meinem Begräbnis zu kommunizieren.	+	Mit meinem Partner über meine Wünsche sprechen.
	…		
2. Was soll bleiben von mir?	Die Erinnerung meiner Familie an gemeinsam gelebtes Glück.	+	Gemeinsamen Urlaub planen? Festes Familien-wochenende etablieren?
	Meine Musik.	+	Endlich professionelle Aufnahmen planen?
	…		
3. Lebe ich mein Leben heute so, dass ich in der Rückschau eine positive Bilanz ziehen könnte?	Die Bilanz würde sehr gemischt ausfallen.	+	Herauskriegen: Was sind die Faktoren, die die Bilanz negativ belasten? Was kann ich an denen ändern?
	…		
4. Macht das, was ich heute tue, wirklich Sinn?	Mein berufliches Engagement stiftet keinen Sinn.	+	Herauskriegen: Welche Tätigkeit würde für mich sinnhaftig sein? Was kann ich dafür tun, um so einen Job zu kriegen?
	Wie ich mich um die Kinder kümmere, macht Sinn.	o	So weitermachen.
	…		

Und wenn Sie dann klarer sehen, hilft Ihnen der Probetod auf diese Weise, sich besser zu fokussieren. Er macht Ihnen klarer, was wichtig ist in Ihrem Leben und was eben nicht.

Und wenn als Ergebnis herauskommt, dass es Ihnen egal ist, ob in der Nachwelt etwas von Ihnen Bestand hat oder nicht? Wenn Sie also der totale Hedonist sind und nur der Moment für Sie zählt? Alles gut, auch das ist eine wichtige Erkenntnis, nach der Sie Ihr Leben ab da besser ausrichten können.

Das Leben danach

Wenn Sie einmal ernsthaft Ihr Probesterben durchlaufen haben, werden Sie die Welt ganz sicher mit anderen Augen sehen, das garantiere ich Ihnen. Es nimmt ganz viel Druck von Ihnen: Sobald Sie merken, dass das, für das Sie sich aktuell abarbeiten, weder Freude bringt noch Bestand hat, können Sie sich entscheiden, wie viel Sie davon wirklich brauchen. Und – noch viel wichtiger – wie viel eben nicht. Es ist, als würden Sie ein oder zwei Ebenen höher gehen.

Sie können sich auf die zwei wirklich wichtigen Bereiche in Ihrem Leben fokussieren:

- Auf das, was Sie in diesem Leben nicht versäumen möchten: Vielleicht einmal vor 1.000 Menschen sprechen oder den Kilimandscharo besteigen oder ein Kammerkonzert geben.

- Auf das, was Sie nach Ihrem Tod zurücklassen möchten: Vielleicht sind es Ihre Kinder und deren gute Ausbildung, vielleicht ist es die Erinnerung der Menschen, denen Sie helfen konnten, vielleicht ist es eine Komposition oder ein anderes Kunstwerk, vielleicht ist es eine Stiftung zum Wohl von benachteiligten Kindern, von Verfolgten oder von ökologischen Zielen.

Es hilft, wenn Sie sich die Situation so real wie möglich vorstellen: Sie sind jetzt tot und Sie können nichts mehr ändern an Ihrem Leben. Sie haben es gelebt …! Registrieren Sie alles, was Ihnen auffällt, wenn Sie in diesem Bild angekommen sind.

Die Erfahrung, die Sie aus dieser Vorstellung gewinnen, ist unbezahlbar, denn sie macht klar, was Ihnen wichtig ist im Leben: Was Sie gern machen, was Sie motiviert und was Ihnen am Herzen liegt. Sie beantwortet Ihnen auch die Frage nach den Herzensprojekten aus Kapitel 14, die Sie unbedingt von der Streichliste nehmen sollten.

Und noch etwas: Wiederholen Sie diese Übung alle paar Jahre. Im Alltag geht Ihnen die Fokussierung leicht verloren – die Übung hilft Ihnen, sich immer wieder an die eigentlich wichtigen Dinge zu erinnern.

Ein Problem kann dabei allerdings auftauchen: Wenn Sie bisher dafür gearbeitet haben, reich zu werden, und beim Probesterben feststellen: „Reichtum ist nicht das, was von mir bleiben soll", dann werden Sie eine Leere verspüren. Eine Illusion hat sich aufgelöst, ohne dass Sie bereits ein anderes Ziel vor Augen haben. Das ist nicht angenehm, aber ich glaube, es ist viel besser, Sie haben diese Erkenntnis heute als irgendwann oder nie. Denn sobald Sie sie haben, können Sie sofort anfangen, sich Gedanken zu machen, was für Sie wirklich zählt. Denn jetzt haben Sie noch die Gelegenheit, Dinge zu ändern. Je älter Sie werden, je näher auch statistisch gesehen Ihr Tod rückt, desto weniger Chancen haben Sie, Ihr Leben noch zurechtzurücken.

Eines können Sie überall beobachten: Geld zu haben ist keine Garantie für ein glückliches Leben. Sehen Sie nur, wie viele von den Showgrößen und Superreichen abdriften: nicht, weil es unglücklich macht, viel Geld zu haben. Aber weil es garantiert unglücklich macht, keinen Sinn im Leben zu finden – mit oder ohne Geld.

Deshalb riet ich meinen Kunden, die ihr Unternehmen verkaufen wollten, ganz dringend zum Probetod. Die fallen nämlich häufig in ein tiefes schwarzes Loch, wenn sie ihren bisherigen Lebenssinn „mein Unternehmen erfolgreich machen" eintauschen gegen ein großes Fragezeichen und viel Zeit, darüber nachzudenken. Ich stieß sie mit der Nase auf die Frage:

„Was ist noch da, wenn du stirbst?"

Das gilt für Nicht-Unternehmer übrigens genauso: Wer in Rente geht ohne eine Vorstellung, was er dann tun möchte, stirbt statistisch gesehen deutlich früher als jemand, der Träume hat.

Nur hat das mit den Träumen auch so seine Tücke: Ich kenne einen Unternehmer, der hatte die Schnauze so richtig voll. Deshalb verkaufte er sein Unternehmen und erfüllte sich seinen lang gehegten Traum: Er erwarb nämlich auf der thailändischen Insel Ko Samui einen eigenen Strand und wollte dort für den Rest seiner Tage die Aussicht und das warme Wetter genießen.

Aber kaum ein halbes Jahr später war er wieder da. Er erzählte: „Das erste Vierteljahr war toll. Aber dann fing die Leere an: Jeder Tag war gleich. Die Zeitung hatte ich um 10.00 Uhr schon ausgelesen und dann war nichts mehr zu tun. Vor lauter Langeweile habe ich ständig Streit mit meiner Frau angefangen. Ich hatte es mir so schön vorgestellt, nicht mehr im Dauerstress zu sein – aber das war es einfach nicht."

Zuhause angekommen hat es ihn so in den Fingern gejuckt, dass er wieder ein Unternehmen gegründet hat – aber rein aus Spaß. Und das hat ihn happy gemacht. Er hat nicht den ganzen Tag gearbeitet, sondern nur so viel, wie er Lust hatte, und das war die perfekte Sache für ihn. Auf einmal konnte er zum Beispiel auch den Kontakt mit seinen Enkeln wieder genießen. Die Leere war einfach weg.

Das Probesterben kann Ihnen auch dabei helfen, die Träume, die Ihnen auf lange Sicht keine Befriedigung bringen, von denen zu unterscheiden, mit denen Sie etwas von Bestand für sich erreichen können. Träume, die mehr durch ein „Weg von (dem Stress, dem Druck etc.)" geprägt sind als von einem „Hin zu", die stellen sich oft als Illusion heraus. Das Probesterben kann solche Träume entlarven.

Wenn Sie aber die Träume identifiziert haben, die Ihnen Bestand versprechen, sollten Sie mit ihrer Realisierung auch nicht warten, bis Sie Ihr Unternehmen verkauft haben oder in Rente gegangen sind. Oft lassen sie sich ein Stück weit bereits jetzt realisieren. Wer weiß, wann es dafür vielleicht zu spät ist.

Denn es ist nicht nur Ihr eigener Tod, der einen Strich durch viele unerfüllte Träume machen kann. Auch der Tod von Menschen, die Ihnen nahe stehen, wie der Ihres Partners, Ihrer Kinder oder auch Ihrer Eltern, kann Ihre Pläne durchkreuzen. Gibt es vieles, was Sie dann gerne vorher noch gemacht hätten? Deshalb rate ich tatsächlich zum „erweiterten Probesterben". Haben Sie gemeinsame Pläne oder Wünsche, die Sie schon lange aufschieben? Und wie traurig wären Sie, wenn diese nicht mehr in Erfüllung gehen könnten, weil Ihr Gegenüber gestorben ist? Wenn Sie bei diesem Gedanken große Trauer spüren, dann suchen Sie heute nach einer Möglichkeit, den Traum zu erfüllen.

Eine Kunde von mir hatte es auf den letzten Drücker angepackt: nämlich als bei seiner Frau Krebs diagnostiziert wurde. Daraufhin organisierte er seine Firma so um, dass er mit ihr für acht Wochen mit dem Wohnmobil durch die USA fahren konnte – ein Traum seit langer Zeit. Und sagte zu mir hinterher: „Mensch, Herr Mulfinger, das hätten wir schon viel früher machen sollen. Das wäre auch gegangen."

Deshalb rate ich Ihnen: Lassen Sie es nicht zu spät werden!

Mein Zeitmillionärs-Tipp

Immer wenn Sie merken, dass Ihnen etwas so richtig die Laune vermiest, dann stellen Sie sich die Frage: „Wenn ich wüsste, dass ich morgen nicht mehr da wäre: Würde ich mich dann trotzdem so aufregen? Oder wäre das, was mich gerade ärgert, dann nicht mehr so wichtig?" Bei mir selbst funktioniert diese Ärgerverpuffungsfrage wunderbar: Der Nachbar hat schon wieder die Kehrwoche nicht gemacht? Was soll's. Bei mir bleibt auf die Art nicht mehr viel übrig, was mich wirklich auf die Palme bringt.

19. Wie lange können Sie ohne Einkommen überleben?

„Ach ja, das wäre schön", sagt Timo träumerisch. „Einfach hinschmeißen und ganz in Ruhe einen neuen Job suchen. Einen, der es wert ist. Einen, bei dem ich mich nicht jede Minute über irgendeinen doofen Kollegen ärgern muss. Einen, bei dem die Geschäftsleitung nicht jeden Monat eine neue Marschroute vorgibt und ich deshalb immer neue Geschichten erfinden muss, um das meinen Kunden zu erklären. Aber ..."

Das kann ich mir einfach nicht leisten!

So oder so ähnlich höre ich viele Menschen seufzen: Freunde, Kunden, entfernte Bekannte. Und je nachdem, wie hoch der gefühlte Druck ist, der auf ihnen lastet, bleibt es nicht beim Seufzen. Je intensiver die gefühlte Qual ist, desto aggressiver wird der Ton.

Wenn ein Firmengründer seinem Unternehmensberater zitternd gegenübersitzt, weil er in den ersten acht Monaten noch keinen Cent Umsatz gemacht hat und der Verzweiflung nahe ist, dann benimmt er sich wie ein Hund, der in die Ecke getrieben wurde: ängstlich und bissig zugleich. Er glaubt, sich keinen Tag mehr ohne Umsatz leisten zu können. Er ist überzeugt, dass – wenn der Big Deal heute nicht kommt – alles aus ist. Er kann sich kaum auf das Gespräch konzentrieren. Er hat einen richtigen Tunnelblick.

Und genauso benimmt er sich dann beim Kunden: Das Gefühl, dass dies die allerletzte Chance ist, lässt ihn herumlaufen wie Falschgeld. Er zieht den Kunden unter dem Tisch fast am Hosenbein, damit der endlich unterschreibt. Der spürt die Not natürlich und blockt ab. Denn nichts ist für einen Interessenten unterbewusst abschreckender als ein Verkäufer, der auf Teufel komm raus auf den Auftrag angewiesen ist. Also sinkt die Wahrscheinlichkeit, dass der Deal zustande kommt, mit jedem vergeblichen Verkaufsgespräch weiter. Es ist ein Teufelskreis.

Ein Teufelskreis, den der Gründer sich selbst eingebrockt hat. Nicht, weil er sich blauäugig in die Selbstständigkeit gestürzt hat, sondern weil er nie gerechnet hat, wie viel umsatzlose Zeit er sich leisten könnte, wenn es darauf ankäme. Und so geht es den allermeisten Menschen. Sie haben nie ihre Überlebenslinie definiert.

Die Überlebenslinie

Diese Linie zeigt an, ob Sie in der Lage sind, finanziell über die Runden zu kommen oder nicht. Es handelt sich um eine horizontale Linie: Sind Sie darüber, können Sie Ihre Existenz bestreiten. Sind Sie darunter, nicht. Die Formel dafür ist scheinbar einfach:

Monatliches Einkommen – monatliche Ausgaben = x

Und weil das so einfach scheint, denkt kaum einer intensiver darüber nach: Er sieht auf seinem Girokonto-Auszug das, was reinkommt, und das, was rausgeht. Fertig ist die Rechnung.

So errechnet sich die Überlebenslinie aber nicht: Auf diese Art kommt ein unrealistisches Ergebnis heraus. Meiner Erfahrung nach setzten 95 Prozent der Menschen aufgrund einer solchen verfälschten Rechnung ihre Überlebenslinie deutlich zu hoch an. Das heißt, sie glauben, dass sie viel mehr Geld monatlich brauchen, als es tatsächlich der Fall ist. Und von dieser zu hohen Zahl lassen sie sich derart ins Bockshorn jagen, dass sie das übelste Hamsterrad weiter ertragen. Denn sie sind fest davon überzeugt, dass sie sich einen Ausstieg nicht leisten können, ohne ihre Existenz zu gefährden.

Als Zeitmillionär aber geben Sie sich damit nicht zufrieden. Sie knöpfen sich die beiden Posten, die Ausgaben und die Einnahmen, genauer vor. Wie Sie das machen, das beschreibe ich Ihnen jetzt.

Die monatlichen Ausgaben

Verschaffen Sie sich einen Überblick, wie viel Sie aktuell monatlich für was ausgeben. Und dann klopfen Sie diese Ausgaben daraufhin ab, wie stark Sie sie reduzieren können. Hinterfragen Sie möglichst alle Ihre Ausgaben:

- Nutzen Sie Ihr Netflix-Abo wirklich?
- Muss es weiterhin das neue Auto alle drei Jahre sein oder tut es ein gebrauchtes auch? Oder kommen Sie vielleicht sogar, wenn es sein muss, ganz ohne aus?
- Könnten Sie sich vorstellen, die schicke, teure Innenstadtwohnung zur Not auch eine Zeit lang gegen ein WG-Zimmer zu tauschen?

Lassen Sie an dieser Stelle möglichst alle Denkverbote beiseite: Hier geht es nicht darum, dass Sie alles das, was Ihnen einfällt, auch umsetzen müssen. Sie erfassen nur, was Sie nutzen können.

Da, wo eine Reduktion mit Einschränkungen verbunden ist, prüfen Sie deshalb, wie weh diese Einschränkungen Ihnen tun. So können Sie staffeln, was Ihnen mehr wert ist: Die Senkung der Überlebenslinie, also die längere Zeitspanne, in der Sie in finanzieller Freiheit agieren können, oder der Vorteil, den Ihnen die Ausgabe bietet.

Sie erstellen also eine Art Notfallplan. Benutzen Sie dafür zum Beispiel so eine Tabelle (siehe nächste Seite oben) , um alle Stellschrauben bei den Ausgaben im Blick zu behalten.

Übrigens: Lassen Sie die Investitionen in Ihre eigene Bildung so lange wie möglich unangetastet hoch. Im Gegensatz zu den Ausgaben, die reine Kosten sind, zahlen sich die Ausgaben für Seminare, Coachings etc. immer aus. Rücken Sie sie die auf Ihrer Streichliste möglichst weit nach unten.

Kosten-posten	**Aktuelle Höhe**	**Reduzierbar? Maßnahme?**	**Grad der gefühlten Einschrän-kung***	**Bleibt als Ausgabe:**
Basics Haus-haltsführung	350 €	Nein	– – –	350 €
Restaurant-besuche	100 €	Ja, zu Hause kochen	– –	100 €
Auto	500 €	Ja, verkaufen	–	150 € Busfahrkarte
Wohnung	800 €	Ja, in WG ziehen	+ / –	350 €
Kleidung	150 €	Ja, Bestand im Kleiderschrank reicht	+ + +	0 €
Weiter-bildung	150 €	Ja, vorüber-gehend reduzieren	+ +	75 €
...				
Summe	**2.050 €**			**1.025,00 €**

* (– – – = hoch; + = gering)

Die monatlichen Einnahmen

So, und jetzt nehmen Sie Ihre Einnahmen in den Blick. Die meisten denken ja: „Wenn ich heute kündige, sitze ich ohne Geld da und habe nur noch Ausgaben.“ Aber ist das richtig? Ist da wirklich keine Reserve? Nichts, was sich im Zweifelsfall zu Geld machen lässt?

Das ist nämlich Ihr Vermögen und das wird bei der Rechnung meistens vergessen. Wenn Sie etwas beiseitegelegt haben, dann doch genau für solche Situationen, oder? Was haben Ihre Kinder davon, wenn Sie ihnen vielleicht einmal 20.000 Euro vererben, dafür aber einen Vater haben, der selten und nur gestresst zuhause aufschlägt?

Vermögenswert	**Wiederverkaufswert**	**Wie weh tut die Trennung (+ = wenig; --- = heftig)**
Sparkonto	20.000 €	+
Aktiendepot	5.000 €	+
Auto	7.000 €	–
Omas Diamantring	1.000 €	–––
...		
Summe	**33.000 €**	

Oder besitzen Sie aktuell ein stattliches Auto, haben Sie das neueste Handy oder eine Lebensversicherung, die Sie sich auszahlen lassen können? Verstehen Sie mich nicht falsch: Diese Dinge zu veräußern ist kein gutes Geschäft, aber es ist eine Möglichkeit, wenn es hart auf hart geht. Sie schreiben ja gerade einen Plan für den Fall der Fälle, nämlich dass es um Ihre Existenz geht. Und deshalb gehört diese Überlegung in die Berechnung Ihrer Überlebenslinie hinein.

Machen Sie also eine Aufstellung Ihrer Vermögenswerte wie beispielhaft in der Tabelle aufgeführt. Dabei dürfen Sie ruhig eine emotionale Wertung mit einbringen, damit Sie Optionen, die Ihnen schwerer fallen, erst dann einplanen, wenn es hart auf hart kommt.

Sagen wir nun, Ihr Einkommen ist tatsächlich auf null gesunken, Ihre monatlichen Ausgaben liegen – nach allen machbaren Einschränkungen – bei 1.200 Euro. Ihre Vermögenswerte summieren sich dagegen auf 33.000 Euro. Das heißt: Sie können mehr als zwei Jahre von dem bestreiten, was Sie aktuell haben.

Und das ist bei den allermeisten der Fall: Meiner Erfahrung nach können die meisten mindestens ein Jahr überleben, wenn nicht sogar deutlich länger.

Und wenn alle Stricke reißen: So wie die wirtschaftliche Lage gerade ist, können Sie jederzeit einen 450-Euro-Job kriegen. Der schließt die Lücke, ohne dass Sie keine Zeit mehr für Ihr eigentliches Ziel haben.

Bei uns in Deutschland ist die Frage nach dem Überleben sogar oft theoretisch, denn wenn Sie heute angestellt sind und morgen Ihren Job verlieren, dann kriegen Sie sechs Monate oder länger Arbeitslosengeld und danach Hartz IV, Wohngeld, Kindergeld etc. Ich sage nicht, dass es erstrebenswert ist, sich darauf zu verlassen, aber ich sage, Sie dürfen das bei Ihren Überlegungen mit einbeziehen. Rechnen Sie es zu Ihrem Spielraum dazu. Das ist vollkommen legitim.

Denn es geht dem Zeitmillionär ja nicht darum, alles bis zum Ende auszureizen, sondern sich ein Bild zu machen von seinem tatsächlichen Freiraum. Und der ist viel größer, als wir in der Regel annehmen. Das Wissen um diesen großen Freiraum entlastet Sie.

Das Ziel der Übung mit der Überlebenslinie ist nichts anderes, als dass Sie sich entspannen. Der Unternehmensgründer, von dem ich am Anfang berichtet habe, kann entspannt zu seinem nächsten potenziellen Kunden gehen, wenn er weiß, dass er auch noch weitere acht Monate ohne Umsatz über die Runden kommt. Und mit dieser Entspanntheit wird er den Deal sogar wahrscheinlich machen.

Das können Sie sich leisten

Das Wissen um Ihre Überlebenslinie versetzt Sie vom Müssen ins Können: Sie müssen Ihre Kollegen nicht mehr ertragen. Sie haben die entspannte Wahl: Sie können sie ertragen oder Sie nehmen sich die Freiheit zu gehen. Sie wissen ja nun: Sie können sich das leisten. Manchmal hilft allein das Wissen, dass Sie gehen können, die Eigenheiten anderer besser zu ertragen. Ihr Tunnelblick hat deren Nervfaktor zuvor deutlich erhöht, aber der hat sich ja jetzt aufgelöst. Dieses Wissen gibt Ihnen auch den Mut, unangenehme Dinge anzusprechen, die Sie sich zuvor nicht getraut haben zu sagen.

Dieses „Können statt Müssen" macht Ihnen viele Situationen leichter. Stellen Sie sich eine Bewerbungssituation vor: Einmal gehen Sie in das Gespräch mit der Haltung: „Ich bin sehr gespannt, ob das etwas für mich ist. Wenn ja, dann freue ich mich. Wenn nein, ist es auch gut." Und einmal mit der inneren Überzeugung: „Diesen Job muss ich kriegen." Keine Frage, mit welcher Haltung es Ihnen leichter fallen wird, locker und souverän zu wirken, oder?

Wann immer Sie wissen, dass Sie es sich leisten können, Ja oder Nein zu sagen, sind Sie in einer wesentlich besseren Position. Das gilt auch für geschäftliche Verhandlungen. Zum Beispiel, wenn es mehrere Kaufinteressenten gibt und der Verkäufer Sie unter Druck setzt, ein Gebot abzugeben. Wenn Sie denken: „Das ist die letzte, die geilste Chance, die darf ich mir nicht entgehen lassen", ist die Wahrscheinlichkeit groß, dass Sie viel zu viel bezahlen und somit den Deal vermasseln. Wenn Sie aber sagen: „Interessant, aber ich kann auch ohne dieses Geschäft gut über die Runden kommen. Vielleicht angesichts der Risiken, die da mit dranhängen, sogar besser", dann werden Sie deutlich abgeklärter in dem Bieterwettbewerb bestehen. Sie bieten tatsächlich nur das, was es Ihnen wert ist, und haben danach – so oder so – nichts zu bereuen.

Die emotionale Überlebenslinie

Das Prinzip der Überlebenslinie lässt sich auch auf Beziehungen übertragen. Wenn Sie zum Beispiel in ein Date gehen mit der Überzeugung, dass es die oder keine sein muss, dann ist Ihre Chance auf eine Klatsche ziemlich groß.

So ist es mir einmal gegangen: Ich hatte Stunden vor dem Date schon zittrige Hände, weil ich das Gefühl hatte: Das könnte sie sein, die eine fürs Leben. Dann schrieb sie mir: „Lieber Jochen, ich will nur klarstellen: Ich habe keine tieferen Absichten." Das war wie ein Schlag in die Magengrube und ich hab ernsthaft überlegt, das Treffen ganz abzusagen. Aber dann habe ich mich hingesetzt und mich gefragt: „Geht meine Welt wirklich unter, wenn sie nicht weiter an mir interessiert ist? Ist meine Überlebenslinie in Wahrheit nicht viel tiefer und ich werde es verkraften?" Ich bin zu dem Schluss gekommen: Ich kann es verkraften und meine Welt wird nicht untergehen. Und ich habe keine Lust, den Abend schmollend zuhause zu verbringen.

Mit einem halben Kilo Haargel weniger als geplant bin ich dann entspannt zu dem Date gegangen. Es wurde ein richtig toller Abend. Und der Dame hat es sogar leidgetan, als er zu Ende ging.

Das dürfen Sie sich leisten

Wenn Sie erst einmal Ihre Überlebenslinie kennen, können Sie Entscheidungen treffen, die andere mutig nennen würden. So wie mein Kunde Herr Cunic.

Ein gemeinsamer Freund hat ihn an mich empfohlen mit der Bitte, ihn bei einer schwierigen Entscheidung zu unterstützen.

Herr Cunic erzählt angespannt: „Ich bin CNC-Fräser. Den Job habe ich immer gerne gemacht. Aber vor drei Monaten hatte ich einen Gleitschirmunfall. Es hat mir ziemlich das Gestell gestaucht, meine Wirbelsäule hat ganz schön was abbekommen." Er grinst ein bisschen schief und klopft sich mühsam mit der Hand auf den Rücken.

Dann fährt er fort: „Wenn die Reha vorbei ist, werde ich wohl wieder an der Fräsmaschine stehen können, aber die Ärzte sagen, dass die Schmerzen dabei nie ganz weggehen werden. Andererseits habe ich nichts anderes gelernt."

Ich frage ihn: „Würden Sie denn gerne etwas anderes machen?"

Herr Cunic nickt: „Da gibt es schon etwas. Wissen Sie, wer mich nach meinem Unfall wieder hingekriegt hat? Ein Chiropraktiker in der Reha-Klinik. Das war genial, was der gemacht hat. Das würde ich auch gerne können. Ich habe mich sogar schon nach der Ausbildung erkundigt. Aber die dauert lang, kostet viel Geld und ich glaube, ich kriege in der Zwischenzeit keine staatliche Unterstützung. Und wer weiß, ob ich danach gleich eine Anstellung finde. Ich weiß also nicht, ob ich mir das leisten kann."

Ich strahle und sage: „Das können wir rauskriegen."

Ich hole zwei Blatt Papier und einen Stift aus der Schublade und sage: „Jetzt schreiben Sie auf der einen Seite mal zusammen, was Sie für Rücklagen haben."

Herr Cunic schreibt auf den Zettel:

Sparguthaben	21.000 €
Bausparvertrag (fällig)	7.000 €
3 Jahre alter BMW 3er ca.	13.000 €
Unter dem Strich ergibt sich eine Summe von	41.000 €

„Prima", sage ich. „Und nun schreiben Sie auf den anderen Zettel die Ausgaben für Ihre Lebenshaltung und die Ausbildung."

Herr Cunic notiert:

Chiropraktiker-Ausbildung (24 Monate)	8.000 €
Lebenshaltungskosten für 24 Monate 24 × 1.200 =	28.800 €
	36.800 €

Er legt die beiden Zettel nebeneinander und sagt: „Das heißt, selbst wenn ich gar keine Hilfen bekomme, habe ich nach der Ausbildung noch einen Puffer von drei Monaten für die Jobsuche."

Zufrieden lächelnd legt er den Stift weg und rechnet im Kopf weiter: „Und wenn ich nebenher noch den 450-Euro-Job bei meinem Schwager im Betrieb mache, dann reicht es danach sogar für mehr als ein Jahr."

Er hält mir die Hand hin und sagt: „Alles klar, Herr Mulfinger. Jetzt weiß ich, dass ich mir meine Zukunft leisten kann. Vielen Dank."

Ich schlage lachend ein.

Mein Zeitmillionärs-Tipp

Die Übung mit der Überlebenslinie funktioniert übrigens auch, wenn Sie mit dem Gedanken spielen, Ihren Vollzeitjob gegen eine Teilzeitstelle zu tauschen oder den Traumjob mit dem niedrigeren Gehalt anzunehmen. Und selbst wenn Sie gerade nicht in der Not sind: Rechnen Sie sich Ihre Überlebenslinie trotzdem aus. Dann bildet sie eben „nur" einen Baustein mehr in Ihrem Entspanntheitsmosaik.

20. Warum Autos überbewertet werden

Vor einigen Jahren, als ich noch kein Zeitmillionär war, rauschte ich eines Sonntags mit Sven, meinem langjährigen Mentor und Coach auf dem Beifahrersitz meines Porsches Boxter S, über die Autobahn. Wir hatten das Verdeck geöffnet, die Juniluft fuhr in unsere Haare, der Himmel über uns schien unendlich weit.

Dieses wunderbare Gefährt hatte ich mir vor einiger Zeit als Zweitauto zugelegt. Im Alltag fuhr ich einen älteren Audi A4 Avant, aber an den Wochenenden liebte ich es, mit dem Porsche durch die Gegend zu brausen.

Ich weiß noch, wie ich damals in mich hineinlächelte: So ein schöner Tag, so ein herrliches Gefühl von Freiheit.

Sven jedoch saß neben mir und grübelte. Wir hatten den Tag über zusammengesessen und über meine geschäftliche Situation gesprochen. Ich war unzufrieden damit. Es lief gerade nicht mehr so rund wie noch vor ein, zwei Jahren. Ich hatte meine Aktivitäten zwar ausgebaut, aber die Gewinne waren nicht mitgewachsen. Wir hatten viel diskutiert, wie ich die Sache wieder besser ans Laufen bringen kann, und wir hatten meine Kostensituation gründlich analysiert.

Plötzlich zückte Sven den Taschenrechner, tippte eine Reihe von Zahlen hinein und seufzte. Dann wendete er sich zu mir und sagte: „Ist schon ein tolles Gerät, dein Flitzer. Aber auch ganz schön teuer!"

Ich zuckte mit den Schultern: „Na ja, das geht schon. Dieses Gefühl von Freiheit ist mir schon ein bisschen was wert!"

Er nickt ernst und sagt dann: „Ein Gefühl von Freiheit? Na ja – wenn du dir da mal nichts vormachst, mein Lieber. Weißt du eigentlich, wie lange du allein für dieses Auto im Monat arbeiten musst?"

„Ach", sage ich leichthin, „so wild wird's schon nicht sein!"

„Irrtum, mein Lieber", entgegnet er mit energischer Stimme. „Ich hab's nachgerechnet. Du arbeitest zweieinhalb Wochen im Monat nur für den Porsche. Und in nur anderthalb Wochen verdienst du alles andere."

Und Sie? Wie lange arbeiten Sie für Ihr Auto? Klar, Sie fluchen bestimmt ab und zu beim Bezahlen der Tankrechnung. Oder wenn die Versicherung fällig wird. Oder ein Werkstattbesuch ansteht. Aber wer rechnet das alles schon wirklich zusammen? Probieren Sie es: Was alles in Ihre Rechnung gehört, steht im Kasten. Und dann rechnen Sie das gegen Ihr Einkommen auf.

Was kostet Ihr Auto?

Folgende Posten gehören in Ihre Gesamtkostenrechnung für Ihr Auto.

1. Anschaffungspreis oder Leasingrate
2. Haftpflichtversicherung
3. Kaskoversicherung
4. Kfz-Steuer
5. Allgemeine Kosten, zum Beispiel Parkgebühren, Navi-Update, Mautgebühren, Hauptuntersuchung/Abgasuntersuchung
6. Miete für Garage oder Stellplatz
7. Ölwechsel und Inspektionen
8. Typische Verschleißreparaturen
9. Kosten für Reifenersatz
10. Zusätzliche Reparaturkostenpauschale (ADAC-Liste)
11. Kraftstoffkosten
12. Scheibenwaschmittel und Frostschutz im Winter
13. Auffüllung Motoröl
14. Eine Pauschale für Wagenwäsche/Pflege
15. Restwert (Gebrauchtwagenpreisnotierungen der DAT)
16. Gegebenenfalls Zinsen bei Kreditfinanzierung

Rechnen Sie die Kosten auf Ihre gesamte voraussichtliche Fahrleistung und Haltedauer hoch. Im Zweifelsfall können Sie von einer durchschnittlichen Fahrleistung von 15.000 Kilometer pro Jahr und einer durchschnittlichen Haltedauer von 60 Monaten ausgehen.

Von den errechneten Gesamtkosten ziehen Sie anschließend den Restwert nach 60 Monaten ab und dividieren das Ergebnis durch die Anzahl der Monate der Haltedauer: Dann haben Sie die Kosten Ihres Autos pro Monat.

Sie können auch die ADAC-Autokostentabelle auf deren Homepage nutzen, aber es ist ganz spannend, sich mal die einzelnen Kostenposten vor Augen zu führen.

Und? Arbeiten Sie auch zweieinhalb Wochen pro Monat für Ihr Auto wie ich damals? Mir jedenfalls hat die Rechnung die Augen geöffnet: Bald nach diesem Gespräch schaffte ich den Porsche ab und fuhr nur noch den Audi weiter.

Damit wir uns richtig verstehen: Ich bin ein totaler Autonarr und dies ist kein Plädoyer dafür, dass Sie kein teures Auto kaufen sollen. Ich will Sie nur zu einem Gedankenspiel animieren. Spielen Sie einfach mal mit …

Investition oder Ausgabe?

Der erste Schritt in diesem Gedankenspiel ist, dass Sie sich bewusst werden, in welche Kategorie Einkauf Ihr Auto eigentlich gehört.

„Echt toll, dein neuer Wagen! Da hast du bestimmt ordentlich investiert, oder?“, hörte ich neulich einen meiner Mitarbeiter zu einem Bekannten sagen. Da wurde mir mal wieder der Irrtum bewusst, der in dieser Formulierung steckt: Wir reden bei Autos von einer Investition. Dabei ist ein Auto für die meisten Menschen nur ein Kostenpunkt. Also eine Ausgabe.

Was ist eine „Investition“? Sie ist – vereinfacht gesagt – eine Mittelverwendung für unternehmerische Zwecke. Also eine Ausgabe, mit der Sie zu einem späteren Zeitpunkt Einnahmen bzw. einen Gewinn erzielen wollen. Wenn Sie also eine Rhetorik-Fortbildung machen, dann ist das eine Investition in Ihre Karriere für den Fall, dass Sie künftig als Redner tätig sein wollen oder wenn häufige Bühnenauftritte zu Ihrem Beruf gehören. Die Schuhe dagegen, die Sie kaufen, weil sie Ihnen noch besser stehen als die zehn Paar, die Sie bereits besitzen, sind eine reine Ausgabe.

Ich weiß, es ist sehr verbreitet, von „Investition" zu sprechen, sobald es sich um eine höhere Ausgabe handelt. Dahinter steckt die unbewusste Hoffnung oder Erwartung, dass sich diese Ausgabe „lohnt". Gerade wenn es Sie Überwindung kostet, eine teure Anschaffung zu machen, fühlt sich das Wort „investieren" besser an als „ausgeben". Aber schauen Sie genau hin, was Sie da kaufen: Ist es eine Investition oder eine Ausgabe?

Da zählt als Erstes einmal, ob Sie das Auto für den privaten oder für den beruflichen Gebrauch kaufen. Wenn Sie es für den Fuhrpark Ihrer Firma anschaffen, um damit Umsatz zu generieren, ist es natürlich eine Investition. Und eine Investition ist es auch, wenn Sie sich für den Weg zu Ihrer Arbeit einen gebrauchten Golf kaufen. Oder wenn Sie einen Porsche 911 Turbo von 1970 ergattern. Denn der wird im Wert nicht mehr sinken, sondern eher noch steigen. Ja, das sind alles Investitionen, mit denen Sie kurz- oder langfristig für Erträge sorgen können. Wenn Sie es sich leisten können: Lassen Sie sich nicht von diesen Käufen abhalten!

Aber die Anschaffung eines Neuwagens bedeutet in den allermeisten Fällen eben keine Investition. Wenn Sie das Auto privat verwenden, um zum Beispiel in die Berge zu fahren, Ihre Kinder in die Schule zu bringen oder zu Tante Friedl zu fahren, dann ist dieses Auto eine reine Konsumausgabe. Es ist wie der Kauf von schöner Kleidung, besseren Lebensmitteln, Kosmetika etc. Es ist purer Luxus. Und das ist auch okay.

Der Grund, warum ich zwischen Ausgabe und Investition unterscheide, ist nämlich nicht, dass ich Ihnen keinen Luxus gönne – im Gegenteil. Ich will nur Ihr Bewusstsein für den Luxus schärfen. Und zwar dafür, dass Sie das Geld, das Sie zum Beispiel für einen Neuwagen zahlen, nie im Leben wiederbekommen werden. Versuchen Sie mal, Ihr neu gekauftes Auto nach einem Jahr wieder zu verkaufen. Das ist sehr ernüchternd. Sie müssen im Schnitt 25 Prozent Wertverlust einkalkulieren. Und nach drei Jahren sind es schon 50 Prozent. Fünfstellige Beträge sind nach kurzer Zeit einfach so in den Wind geschrieben. Und wofür?

Wenn Sie die ganzen Gefühle von Freiheit, Luxus, Unabhängigkeit, Spaß etc. abziehen, dann bleibt als Gegenwert nur noch Mobilität.

Na immerhin! Sie sind mobil!

Mobil sein ist gut und wichtig, aber heißt nichts anderes, als bei Bedarf von A nach B zu kommen. Dafür brauchen Sie keinen Neuwagen. Ein Gebrauchtwagen, ein Mietwagen, ein Taxi, eine Zugverbindung, eine Mitfahrgelegenheit oder zuweilen auch ein strammer Fußmarsch leisten das ebenso. Bei Anrechnung aller Kosten kommen Sie sogar wesentlich günstiger weg.

Das heißt, Sie zahlen einen irren Betrag allein für das Gefühl von Freiheit. Mit dem Autokauf tätigen wir Deutschen die im Durchschnitt zweitgrößte Ausgabe unseres Lebens (nach Haus- oder Wohnungskauf), und das nur für dieses Gefühl.

Das Paradoxe ist: Sie bezahlen dieses Freiheitsgefühl damit, dass Sie sich unfrei machen. Sie müssen für Ihr Auto einen Teil Ihrer Arbeitszeit aufwenden. Zeit, die Sie auch anders nutzen könnten. Anders gesagt: Wenn Sie auf Ihr Auto verzichten (oder zumindest auf die Anschaffung eines Neuwagens), dann müssen Sie ein paar Stunden oder gar Tage in der Woche weniger arbeiten. Deswegen bedeutet ein Auto eben nicht nur Freiheit. Sondern gleichzeitig auch Abhängigkeit, Unfreiheit und Verpflichtung.

Daher wägt der Zeitmillionär das sehr nüchtern ab: Und wenn er zu dem Ergebnis kommt, dass der finanzielle und damit zeitliche Freiheitsverlust überwiegt, dann entscheidet er sich gegen das Auto – und für die Freiheit!

Da bleibt allerdings eine Frage offen: Wenn das alles so klar und einfach auszurechnen ist – und wenn der Freiheitssaldo unterm Strich meist negativ ausfällt: Warum geben dann trotzdem so viele Menschen so viel Geld für Autos aus?

Warum wir Autos wirklich kaufen

Ein Freund von mir lebt seit einigen Jahren in einer eher konservativ angehauchten Kleinstadt nicht weit von Stuttgart. Vor den „schmucke Häusle" dort stehen fast ausnahmslos dickere Karossen, meistens „vom Daimler" und frisch poliert. Schwäbische Kleinstadtidylle eben.

Ich kenne meinen Freund eigentlich nur in einem älteren VW Golf, der noch aus seinen Studentenzeiten stammt. Aber bei meinem Besuch heute sehe ich einen nigelnagelneuen Mercedes bei ihm vor der Tür stehen.

„Deiner?", frage ich.

Er nickt.

Ich frage weiter: „Fährt der alte Golf nicht mehr?"

„Nein, nein. Den gibt es schon noch", antwortete er, halb stolz, halb entschuldigend. „Aber der steht meistens in der Garage."

Ich wundere mich: „Und warum hast du dann den Benz gekauft?"

Seufzend meinte er: „Hier im Ort geht so ein Studenten-Golf einfach gar nicht. Da bist du sofort in der Schublade: ‚Der hat es zu nichts gebracht.' Ich war schon Stammtischgespräch deswegen. Und darauf hatte ich wirklich keine Lust mehr."

Ein Auto ist für viele Menschen immer noch ein Image- und prestigeträchtiges Statussymbol. Allerdings ist dies in ländlichen Regionen stärker ausgeprägt als in der Großstadt. Bei jungen Stadtmenschen hat sich die Einstellung am meisten verändert: Viele von ihnen haben gar keinen Führerschein mehr, weil sie nicht das Gefühl haben, ihn zu brauchen.

Aber selbst wenn sich diese Trendwende abzeichnet: Mit einem Auto können Sie immer noch andere Menschen beeindrucken. Die Nachbarn, die Freunde, die Kollegen, die Eltern, die Frau oder den Mann Ihrer Träume. Und wenn Sie das wollen und mit einem tollen Auto auch Ihr Ziel erreichen können: Warum nicht? Wenn Ihnen das Ihr Geld wert ist, geht das in Ordnung. Wichtig ist nur, dass Sie sich dieses Motiv, anderen mit dem Fahrzeug imponieren zu wollen, eingestehen und nicht Mobilität als Grund vorschieben. Durch diese innere Klarheit können Sie nämlich besser zu Ihrer Entscheidung stehen.

Das gilt auch für die anderen ideellen Gewinne, die der Besitzer eines besonderen Autos sich erhofft: der Fahrspaß, der satte Motorsound, die faszinierende Technik, der perfekte Komfort. Alles großartig, wenn die Ausgabe Ihnen dafür gerechtfertigt erscheint.

Aber Vorsicht: Auch bei den ideellen Gewinnen können Sie sich leicht verrechnen! Ich lebe im Großraum Stuttgart – also im Heimatland der Porscheproduktion. In dieser Gegend können Sie mit einem Porsche kaum noch Eindruck schinden. Es gibt hier so viele davon, dass sich niemand mehr danach umdreht. Wenn Sie also in Stuttgart auffallen wollen: Nehmen Sie lieber einen Maserati oder einen Jaguar als einen Porsche.

Und Autos dieser Preisklasse, speziell große und schwere Limousinen, haben auch Nachteile: Wenn Sie einfädeln oder auf der Autobahn auf der Überholspur vorbeiziehen wollen, sind die anderen dort meist alles andere als entspannt. So ein Auto erzeugt nämlich eher (Sozial-)Neid statt Bewunderung und Anerkennung, die sich manch einer vielleicht erhofft.

Kurz: Überprüfen Sie sehr genau, ob Sie mit Ihrem Wunschmodell wirklich den ideellen Ertrag bekommen, den Sie erwarten. Testen Sie die Wirkung lieber vorher. Und wenn Sie überzeugt sind, dass der Kauf richtig ist, gönnen Sie sich den Spaß! Die Nachteile können Sie gelassen in Kauf nehmen, denn Sie haben sie vorab bedacht und abgewogen.

Aber bevor Sie kaufen: Lassen Sie sich noch ein paar andere Optionen durch den Kopf gehen.

Autofahren auf smarte Weise

Als Zeitmillionär haben Sie ja den Blick frei für alle Möglichkeiten. Und beim Auto sehe ich da zwei ganz smarte Alternativen zum Neuwagenkauf.

Smart Shopping

Wenn Ihnen viel an einem tollen Auto liegt, dann empfehle ich, dass Sie sich einen schönen gepflegten Dreijahreswagen mit 70.000 Kilometer direkt vom Händler Ihres Vertrauens holen. Gegen das höhere Reparaturrisiko schließen Sie gleich eine zwei- oder dreijährige Anschlussgarantieversicherung beim Vertragshändler ab. Als alter BWLer und Autoverkäufer kann ich Ihnen sagen: Das rechnet sich. Sie sparen sich den ganzen rasanten Wertverlust der ersten Jahre – und die etwas höheren Wartungskosten sind nichts dagegen. Nicht umsonst fahren viele Promis nur gebrauchte Ferraris.

Und ich behaupte, Sie merken nach einigen Monaten beim Fahren auch keinen Unterschied mehr, ob das Fahrzeug neu oder gebraucht war beim Kauf. Sie wissen ja, der erste Kratzer schmerzt am meisten beim Neuwagen!

Smart Sharing

Wenn Ihnen die persönliche Freiheit über alles geht, dann können Sie sich als Zeitmillionär noch weiter befreien. Zum Beispiel von der Idee, ein Auto besitzen zu müssen, um es zu fahren.

Ich habe es ja schon gesagt: Ich liebe Autos. Das kraftvolle Gefühl von Beschleunigung, wenn ich mit einem hochmotorisierten Sportwagen losbrause. Der vibrierende Sound, wenn ich auch nur einmal aufs Gas tippe. Der Spaß, wenn ich wie auf Schienen durch langgezogene Kurven fahre. Die tiefe Entspannung, wenn ich an einem warmen Frühlingstag mit offenem Verdeck durch die unberührte schwäbische Landschaft cruise. Ja, ich weiß, wie gut sich der richtige Wagen anfühlt.

Umso mehr tun mir Menschen leid, die sich wegen dieser schönen Nebensache in finanzielle Unfreiheit begeben. Und genau deshalb stelle ich als Autoliebhaber mir und Ihnen ganz im Ernst die Frage:

Bringt es der Besitz eines Autos heute überhaupt noch?

Es tun sich immer mehr Möglichkeiten auf, unsere Bedürfnisse zu stillen, ohne viel besitzen zu müssen.

Wie stolz war ich früher, wenn ich die neueste CD von Roxette oder DJ Bobo gekauft hatte und in mein Regal stellen konnte. Und heute? Ich höre wie immer mehr Menschen meine Lieblingsmusik über Streamingdienste und pfeife auf das Besitz- und Nutzungsrecht an einem Tonträger oder einem Download. Genauso geht es mit Filmen. Auch Speicherplatz wird nicht mehr mit einer Festplatte gekauft, sondern gemietet. Und viele Unternehmen verzichten auf das eigene Bürohaus und mieten sich in Coworking-Etagen ein.

Eine wachsende Zahl von Menschen wollen viele Dinge nutzen, aber nicht mehr unbedingt besitzen. Sie wollen sich nicht langfristig an Verträge binden, sie wollen sie nur zeitlich begrenzt, flexibel und ganz nach ihren momentanen Bedürfnissen nutzen.

Vor einiger Zeit hatte ich ein Gespräch mit einem Sozialmilieuforscher: Der erzählte von dem Trend zu Mikro-Appartements in Großstädten. Klar, da sind die Mieten sehr hoch und größere Wohnungen nahezu unerschwinglich. Aber das ist gar nicht der Hauptgrund dafür, dass viele Menschen sich ein kleines, komplett möbliertes Appartement mit nur 25 Quadratmetern nehmen. Der eigentliche Grund ist: Sie brauchen nicht mehr. Denn ihr Wohnzimmer ist die Sky-Bar oder die Starbucks-Filiale um die Ecke, ihre Küche wird durch den Thai gegenüber oder die Lieferdienste ersetzt und duschen tun sie sowieso im Fitnessstudio, in das sie vor oder nach der Arbeit gehen. Eigentlich brauchen sie nur ein Bett. Und das haben sie – auch wenn sie es nur abends ausklappen.

Beim Auto sind es Miet- oder Sharing-Modelle, die diesen Trend widerspiegeln. Die Entwicklung in der Industrie unterstützt diese Tendenz:

Autos werden elektrisch, autonomes Fahren wird zum Standard werden. Wir werden Apps haben, über die wir ein Auto bestellen, das dann per Autopilot vor unsere Haustür fährt und uns zusteigen lässt. Der Besitz des Autos, das Selbstfahren – das wird alles an Nimbus und Bedeutung verlieren.

Das sind Entwicklungen, die gut zum Lebensgefühl des Zeitmillionärs passen. Für sein Privatier-Feeling ist es wichtig, immer ein bisschen mehr zu haben, als er braucht. Immer einen leichten Überfluss an Zeit und an Geld. Und wenn er für diesen Überfluss an anderer Stelle sparen kann, indem er weniger in Besitz und Eigentum investiert und stattdessen einfach auf smarte Art Alternativen nutzen kann, kommt ihm das gerade recht.

Und das gilt für alle Ausgaben. Denken Sie nur mal an die drittgrößte Investition, die der Durchschnittsdeutsche tätigt nach Haus und Auto. Das ist seine Einbauküche. Dafür können Sie das gleiche Prinzip anwenden: Muss es unbedingt die neue Küche in Luxusausstattung sein, die Sie auf Raten finanzieren? Wie oft und viel kochen Sie denn? Wie viel mehr Freizeit könnten Sie dafür haben? Eine edle Küche ist ein Luxus wie ein edles Auto. Wenn es Ihnen als Zeitmillionär die ehrlich berechneten Kosten wert ist: Leisten Sie es sich. Aber wissen Sie was? Sie müssen es nicht!

Mein Zeitmillionärs-Tipp

Wenn Sie Ihren Traumpartner mit einem schnellen Auto umwerben wollen: Kann schon sein, dass das Eindruck macht. Aber haben Sie dann auch noch das nötige Kleingeld für gemeinsame Unternehmungen und die kleinen Aufmerksamkeiten, die eine Beziehung erst richtig romantisch machen? Warum mieten Sie das Auto nicht einfach? Sie machen genauso Eindruck und sparen viel Geld.

Und wenn es dann zum Date kommt, was glauben Sie, mit wem die Verabredung mehr Spaß machen wird? Mit dem überarbeiteten Autobesitzer oder mit dem entspannten Automieter? Riskieren Sie es: Beeindrucken Sie Ihren Traummenschen doch einfach mit Ihrem Reichtum an Zeit!

21. Warum sich Angestellte selbstständig machen und Selbstständige eine Stelle suchen sollten

„Mensch, du hast es doch gut!“, sagt Eberhard zu Ulrich.

Die beiden nicht ganz schlanken Gestalten hocken nebeneinander, frisch geduscht, an der Bar des Fitnessstudios.

„Du bist dein eigener Herr. Du kannst in deiner Firma kommen und gehen, wann du willst. Du bestimmst, was gemacht wird“, fährt er fort und dreht das Glas mit dem kalorienarmen isotonischen Durstlöscher zwischen seinen Fingern hin und her. „Und verdienen tust du ja anscheinend auch nicht schlecht.“

Ulrich hat den Kopf auf die rechte Hand gestützt, der linke Unterarm liegt schlapp auf der Theke. Er nickt und sagt seufzend: „Ja, zurzeit läuft es nicht schlecht. Aber das kann von heute auf morgen wieder ganz anders sein. Weißt du noch vor zwei Jahren? Da war die Firma kurz vor der Pleite. Ich musste die Hälfte meiner Leute entlassen. In der Zeit habe ich nachts kaum ein Auge zugemacht.“

Er richtet sich auf und ergänzt: „Und weißt du was: Du kannst jetzt nach dem Drink heimgehen und machen, was du willst. Du hast Feierabend. Ich habe nie Feierabend. Ich muss gleich noch mal in die Firma.“

Er rutscht von seinem Hocker, klopft Eberhard auf die Schulter und sagt zum Abschied: „Du bist der, der es gut hat.“

Keiner von beiden fühlt sich als Zeitmillionär. Keiner von beiden fährt morgens mit einem Lächeln in die Firma. Aber beide könnten es. Und zwar ganz unabhängig davon, ob der eine Unternehmer bleibt oder nicht und der andere Angestellter bleibt oder nicht. Ein Angestellter kann genauso Zeitmillionär sein wie ein Selbstständiger. Die Frage ist nur, welche Option gerade besser in sein persönliches Zeitmillionärs-Konzept passt.

Auf die Perspektive kommt es an

Was ich beobachte, ist Folgendes: Sowohl der, der gerade angestellt ist, als auch der, der gerade selbstständig ist, kann sich nicht vorstellen, dass er seinen Job auch anders machen könnte.

Der Angestellte sagt: „Ich kann mich doch nicht selbstständig machen! So ein hohes Risiko! Ich weiß gar nicht, ob ich als Selbstständiger nachts schlafen könnte. Und wenn alles den Bach runtergeht? Dann ist meine Existenz ruiniert. Nein, das geht nicht, ich muss weiter braver Mitarbeiter sein."

Der Unternehmer sagt: „Wie stellen Sie sich das vor? Ich kann ja nicht von heute auf morgen kündigen wie ein Angestellter. Ich hänge da voll drin: Wenn ich raus bin, ist die Firma kaputt. Ich habe schließlich Verantwortung für meine Leute und für meine Kunden. Ich kann gar nicht aufhören! Ich muss weitermachen."

Ich bin überzeugt: In dem „Muss" steckt keine äußere Notwendigkeit, sondern ein innerer Zwang. Kein Angestellter muss immer weiter und weiter in der gleichen Weise wie bisher arbeiten. Und kein Selbstständiger muss immer weiter und weiter sein Geschäft betreiben. Das weiß ich aus meiner eigenen Geschichte genauso gut wie aus der Geschichte meiner vielen Kunden, die ich in die Selbstständigkeit hinein- und auch wieder hinausbegleitet habe. Aus dieser Erfahrung heraus habe ich für beide Wege – in die Selbstständigkeit und in das Angestelltenverhältnis – Empfehlungen entwickelt, die die Umsetzung erleichtern und einen Erfolg wahrscheinlich machen.

Wie Sie vom Angestellten zum Selbstständigen werden

Viele Gründe sprechen dafür, dass Angestellte sich selbstständig machen, zum Beispiel diese:

- Ich will mehr Freiraum.
- Ich will meine Ideen umsetzen können.
- Ich will mehr Selbstbestimmung bei der Zeiteinteilung.
- Ich will mehr können statt müssen.
- Ich will mehr Erfüllung.
- Ich will mehr Sinn.
- Ich will weniger Fremdsteuerung.
- Ich will ortsungebundener arbeiten.
- Ich will mehr Entscheidungen in eigener Verantwortung treffen.
- Ich will mich nicht mehr von einem Chef treiben lassen.

Außer Frage steht, dass Sie als Selbstständiger mehr Chancen auf Freiheit haben denn als Angestellter. Aber dafür sind auch die Risiken größer. Und damit meine ich nicht nur das Risiko, keinen Erfolg zu haben. Ich meine auch das Risiko, dass Sie Erfolg haben und dann doch Ihr Zeitmillionärs-Konzept nicht durchziehen können. Denn gerade wenn Sie Ihr Ding besonders gut machen, laufen Sie nach kurzer Zeit Gefahr, im nächsten Hamsterrad zu landen. Wenn Sie nämlich nicht gelernt haben, auch mal Nein zu sagen, rennen Ihnen die Kunden die Bude ein und Sie haben keine Minute mehr übrig zur freien Einteilung.

Gute Gründe für den Schritt in die Selbstständigkeit sehen viele Angestellte. Aber wagen tun ihn nur wenige. Was die meisten Angestellten davon abhält, sich selbstständig zu machen, ist die Vorstellung vom Komplettsprung. Das heißt, von einem Tag auf den anderen ganz raus aus dem Anstellungsverhältnis und rein ins eigene Unternehmen.

Reinschleichen als Taktik

Die Vorstellung, von jetzt auf nachher kein festes Einkommen mehr zu haben, schreckt ab. Gerade bei Menschen, die eine Familie ernähren, gehen bei diesem Gedanken sofort die Schotten runter.

Sie bedenken nicht, dass es auch andere Möglichkeiten in die Selbstständigkeit oder ins Unternehmertum gibt. Ich bin ein Fan des „Reinschleichens“ geworden. Nicht nur, weil es die Hemmschwelle für den Übergang tiefer setzt, sondern auch, weil ich glaube, dass die komplette Selbstständigkeit gar nicht für jeden die beste Lösung ist. Die meisten der Motive, die in der Liste aufgeführt sind, lassen sich bereits mit einer Mischlösung befriedigen. Vielleicht ist die Mischlösung für einzelne sogar stimmiger als die volle Selbstständigkeit.

Die ungefährlichste Art, sich in die Selbstständigkeit reinzuschleichen, ist, wenn Sie die erst einmal nebenher aufbauen. Entweder indem Sie in Ihrem Job ganz normal weiterarbeiten oder die Arbeitszeit und damit Ihre Verantwortung und Verpflichtung dort ein bisschen reduzieren. Nicht jeder Arbeitgeber ist auf Anhieb davon begeistert, wenn Sie nur noch vier statt fünf Tage da sein wollen, aber immer mehr Unternehmen werden in diesem Punkt flexibel. Um den finanziellen Verlust auszugleichen, ist eine Möglichkeit, dass Ihre Partnerin, die wegen der Kinder zuhause geblieben ist, jetzt einen Nebenjob annimmt und so für einen Puffer sorgt.

Sie könnten aber auch selbst einen Minijob annehmen. Natürlich nicht irgendeinen, sondern in der Branche, auf die Sie mit Ihrer Selbstständigkeit zielen. Dann bessert diese Anstellung nicht nur die Familienkasse auf, sondern es gibt Branchenerfahrung gleich noch mit obendrauf.

Das gilt übrigens unabhängig von Ihren Finanzen. Sammeln Sie, wenn möglich, Erfahrung in Ihrer neuen Branche. Sie wollen ein Hip-Café aufmachen? Schmeißen Sie ein Jahr lang die Samstagsschicht bei Starbucks – Sie werden viel über die typischen Gäste lernen. Sie wollen in den Online-Handel einsteigen? Es gibt jede Menge Start-ups, bei denen Sie auf 450-Euro-Basis Erfahrung sammeln können.

Egal in welcher Branche und in welchem Ausmaß Sie in die Selbstständigkeit gehen: Ein finanzieller Puffer ist auf jeden Fall empfehlenswert. Wenn Sie rein gar nichts auf der hohen Kante haben, dann sollten Sie Ihren Hauptjob tatsächlich erst dann reduzieren, wenn Ihr neues Geschäft richtig brummt. Oder Sie drehen an einigen der „Stellschrauben“ aus Kapitel 19 und sammeln vorher noch etwas „Fett“ an.

Ganz wichtig ist auch, dass Sie Ihre Überlebenslinie kennen: Wie weit lassen sich Ihre monatlichen Ausgaben reduzieren? Machen Sie die Rechnung aus Kapitel 19. Es lässt sich viel entspannter über Zukunftspläne nachdenken, wenn Sie Ihren Spielraum kennen.

Mixen Sie aus diesen und noch mehr Zutaten Ihren persönlichen Cocktail. Der große Vorteil ist – neben dem geringen Risiko –, dass Sie Erfahrungen mit Ihrer neuen Tätigkeit sammeln. Denn vielleicht stellt sich ja heraus, dass Sie zwar großen Spaß daran haben, drei Abende in der Woche Yoga-Kurse zu geben. Dass aber die Vorstellung, nichts anderes mehr zu machen, Sie gar nicht freut und Sie von Ihrem Ziel, Zeitmillionär zu werden, entfernt, statt Sie näher zu bringen.

Es heißt immer, Sie müssten ein bestimmter Typ sein, um als Unternehmer zu bestehen. Nur: Wer weiß schon so genau, ob er der Typ dafür ist, wenn er es noch nicht probiert hat? Auf der Website ***www.existenzgruender.de*** gibt es zwar einen guten Online-Test, der Ihre persönlichen Voraussetzungen prüft. Machen Sie den ruhig mal. Aber schauen Sie nicht so sehr auf das Testergebnis, sondern achten Sie auf die Fragen. Die geben Ihnen einen guten Einblick, was Sie erwarten kann. Sie finden dort Fragen wie:

- Macht Ihr Partner mit?
- Können Sie auch mal mehr als 40 Stunden arbeiten?
- Können Sie damit leben, dass Sie kein regelmäßiges Einkommen haben?

Ob mit oder ohne Test: Es ist schwer, auf dem Papier zu entscheiden, ob Sie der Typ für eine komplette Selbstständigkeit sind oder nicht. Deshalb rate ich Ihnen grundsätzlich zum Reinschleichen in die Selbstständigkeit.

Was ich jedoch grundsätzlich auch empfehle, ist die Gründung nach dem Prinzip des blauen Auges.

Das Prinzip des blauen Auges

Dieses Prinzip funktioniert bei allen nebenberuflichen Existenzgründern hervorragend und selbst bei 70 bis 80 Prozent der hauptberuflichen Vorhaben lässt es sich anwenden. Es gründet auf der Maßgabe, dass Sie als Gründer, auch wenn es schiefgeht, aus einem Scheitern mit nur geringem Schaden hervorgehen, also mit einem blauen Auge. Sie minimieren damit das Risiko, das Sie eingehen, deutlich.

Grundregel ist, dass Sie möglichst wenig Kapital fest einbinden – weder eigenes noch geliehenes. Wenn Sie nebenberuflich gründen, haben Sie den Vorteil, dass Sie dafür selten einen hohen Kapitalbedarf haben. Solche Gründungen, die sich etwa aus den Hobbys des Gründers ergeben, sind oft aus dem Dienstleistungssektor und haben etwas mit Know-how zu tun.

Aber selbst bei hauptberuflichen Gründungen mit hohem Kapitalbedarf lässt sich das steuern. Stellen Sie sich vor, Sie sind ein Feinmechaniker, der eine Spezialteilefertigung auf die Beine stellen möchte. Sie können sofort eine kleine Fertigungsstraße dazu aufbauen. Bei der ersten Variante haben Sie hohe Kosten an der Backe und wenn Ihr Angebot nicht funktioniert, sind Sie im Eimer. Sie können aber die Vor- und Nacharbeiten erst einmal bei jemand anderen in Auftrag geben, sobald Sie einen Auftrag kriegen. Wenn Sie besser ausgelastet sind, können Sie die Maschinen für die Vorarbeiten selbst mieten. Und wenn Sie nach zwei, drei Jahren dick im Geschäft sind, dann denken Sie über die komplette Fertigungsstraße nach. Solange haben Sie zwar etwas höhere Kosten, aber Sie kommen jederzeit relativ easy raus.

Lassen Sie zum Beispiel auch Büromietverträge über zwei Jahre sein: Es gibt inzwischen fast überall Tagesmietbüros oder Coworking-Spaces, wo Sie von heute auf morgen rein- und auch wieder rauskommen oder zumindest nur vier Wochen als Kündigungsfrist haben.

Wenn Sie diese Maxime berücksichtigen, kann Ihnen kaum etwas passieren. Gründer, die das Gegenteil machen, organisieren sich so, dass sie im Fall eines Scheiterns eine sichere Privatinsolvenz riskieren. Sie setzen also alles auf eine Karte.

Statistisch gesehen funktionieren bei hauptberuflichen Existenzgründungen über drei oder fünf Jahre nur 50 Prozent. Die Ausfallquote ist also hoch. Wenn Sie auf die herkömmliche Art und nicht nach dem Prinzip des blauen Auges gründen, setzen Sie sich also stark unter Druck, weil Sie viel zu verlieren haben.

Ich behaupte, dass Sie allein durch die größere Entspanntheit, die Ihnen das Prinzip des blauen Auges gibt, Ihre Chance erhöhen, mit Ihrem Business erfolgreich zu sein. Das gilt sowohl für Ihre mentale Entspanntheit als auch für Ihr finanzielles Durchhaltevermögen. Wenn Sie Ihre variablen Kosten mit Ihrem Umsatz hoch- oder runterfahren können, dann halten Sie die Zeit, bis der Umsatz kommt, besser aus.

In der Regel brauchen Sie etwa ein bis drei Jahre, bis Sie den Breakeven erreicht haben. Wenn Sie sich auf einen Schlag komplett selbstständig machen und sich gleich verschulden, dann haben Sie meist nur etwa ein Jahr Zeit, um aus den roten Zahlen zu kommen. Sonst sind Sie platt! Das

Prinzip des blauen Auges gibt Ihnen einfach mehr Zeit, Ihre Ausfallwahrscheinlichkeit sinkt.

Wenn Sie Ihre Gründung also nach diesem Prinzip angehen, ist es völlig egal, ob Sie vorher schon wissen, ob Sie ein „Unternehmer-Typ" sind oder nicht: Sie können es weitgehend gefahrlos einfach ausprobieren.

Warum einer allein mindestens einer zu wenig ist

Gründer, die sich professionelle Hilfe dazuholen, sind – statistisch gesehen – nach drei oder fünf Jahren tatsächlich nicht nur zu 50, sondern zu 70 bis 80 Prozent noch am Markt aktiv. Wenn Sie es also machen, machen Sie es am besten nicht alleine. Ich persönlich führe kein Gründungscoaching mehr durch, aber es gibt in diesem Feld jede Menge Berater – gute wie weniger gute. Darum gilt: Augen auf bei der Beraterwahl!

Welche Berater brauchen Sie überhaupt? Am besten nehmen Sie zwei oder drei. Also nicht nur einen Gründungscoach, sondern auch einen Steuerberater und noch jemanden von der IHK oder Handwerkskammer bzw. Berufskammer, einen Branchenberater und/oder einen Anwalt. Die Beratung muss nicht von allen Seiten gleich intensiv sein. Wichtig ist, dass Sie mehrere Meinungen einholen können. Ihre Aufgabe als Gründer ist es, das Mosaik zusammenzusetzen. Und ein Mosaik aus nur einem Stein wird kein gutes Bild ergeben. Übertragen bedeutet das: Wenn Sie nur einen Berater haben, merken Sie vielleicht gar nicht, dass er nichts taugt.

Wie Sie den guten Berater unter den vielen schlechten finden? Googeln allein reicht definitiv nicht. Verlassen Sie sich lieber auf Empfehlungen, zum Beispiel von anderen Gründern, von der IHK, Ihrer Bank oder anderen Institutionen, die im Gründungs-Business in Ihrer Region aktiv sind. Oder lassen Sie sich zumindest Referenzen geben und sprechen Sie möglichst mit zwei oder dreien der Kunden. Und dann sprechen Sie direkt mit dem Berater: Ihr Bauchgefühl muss stimmen, denn es läuft bei der Beratung ganz viel über Vertrauen.

Und noch ein Tipp: Wenn Ihnen der Berater sagt, dass Sie gar keine weiteren Berater brauchen, dass er Sie in allen Punkten kompetent versorgen kann, werden Sie misstrauisch. Denn gute Berater sind tiefenentspannt und empfehlen Ihnen eher, sich ruhig noch weitere ins Team zu holen.

Um ein häufiges Missverständnis auszuräumen: Das Beraterteam ist nicht dafür da, die Gründung für Sie zu übernehmen. Es ist da, um Sie zu spiegeln, um Sie zu unterstützen, Ihr Sparringspartner zu sein und mit Ihnen den Businessplan zu schreiben. Alle Entscheidungen sind und bleiben Ihre Sache. Aber das sind Sie als Zeitmillionär ja sowieso gewöhnt ...

Die goldenen Gründungsregeln

Über all die Jahre der Gründungsbegleitung haben sich für mich fünf goldene Regeln herausgeschält. Diese sind:

- Unterschätzen Sie immer den Umsatz.
- Überschätzen Sie immer die Kosten.
- Es dauert erstens länger und zweitens als Sie denken, bis es funktioniert.
- Gehen Sie keine langfristigen Verträge ein, die Sie unter Druck setzen und aus denen Sie nicht mehr rauskommen.
- Geben Sie sich drei Jahre, bis Ihr Unternehmen stabile Geschäftszahlen abwerfen soll.

Je enger Sie sich an die Regeln halten, umso entspannter werden Sie gründen. Und umso erfolgreicher werden Sie sein.

Egal ob Sie an eine neben- oder hauptberufliche Gründung denken: Nach dem Prinzip des blauen Auges und mit den goldenen Gründungsregeln kann wirklich jeder einen Fuß in die Selbstständigkeitstür stellen.

Wenn Sie aber die Zeitmillionärs-Tür zu der anderen Seite aufmachen wollen, weil Sie gute Gründe haben, aus der Selbstständigkeit auszusteigen, kann ich Ihnen auch dafür wertvolle Hinweise aus meiner praktischen Erfahrung geben. Ich habe es selbst genauso gemacht.

Wie Sie vom Selbstständigen zum Angestellten werden

Selbstständige tun sich oft schwerer als Angestellte, ihren Status zu verändern. Aber unmöglich ist es nicht. Wie Sie es am besten anpacken, hängt davon ab, was Sie bewegt. Da gibt es zwei Kategorien:

- Ihre Firma ist erfolgreich, aber Ihre Arbeit lässt Ihnen nicht die zeitliche und mentale Freiheit eines Zeitmillionärs.
- Ihre Firma ist nicht erfolgreich und gibt Ihnen deshalb nicht die finanzielle Freiheit eines Zeitmillionärs.

Schauen wir uns beide Kategorien genauer an.

Wie Sie aus einer erfolgreichen Firma aussteigen

Sich von einer gut laufenden Firma zu trennen – das klingt nach einem Luxusproblem. Gefühlt ist es aber eine harte Nuss. Ein Unternehmer, der seine Firma groß gemacht hat, ist meist überzeugt, dass nur sein Engagement die Firma auch weiterhin groß hält. So sehr er also unter dem Dauerstress und seiner fehlenden Freiheit leidet, ist es dennoch für ihn ein psychischer Abnabelungsprozess, sich die Firma ohne ihn vorzustellen. Da braucht es eine hohe Motivation, um diesen Prozess anzustoßen.

Gegen alle drei Optionen, die er hat, fühlt er inneren Widerstand:

- Die Firma verkaufen? „Was mache ich dann eigentlich, wenn ich von heute auf morgen nicht mehr selbst hier arbeite?"
- Einen Partner mit reinnehmen und selbst kürzertreten? „Der Partner hat ein Recht auf die Verwirklichung seiner eigenen Ideen. Wie werde ich damit zurechtkommen?"
- Eine Vertretungsstruktur in der Firma aufbauen und immer mal wieder Auszeiten nehmen? „Ich kann doch nicht die Verantwor tung für meine Firma an einen meiner Angestellten abgeben."

Solchen Unternehmern lege ich die Übungen vom Probekoma und Probesterben ans Herz: Wie in Kapitel 18 beschrieben, stellen Sie sich dabei vor, was passiert, wenn Sie von heute auf morgen entweder für drei Monate oder aber für immer weg sind. Das hilft enorm beim Abnabeln.

Gerade das Probesterben hilft Ihnen auch bei der Überlegung, was Sie nach dem Verkauf oder dem Kürzertreten in Ihrer Firma tun wollen. So hatte ich einen Kunden, der ein erfolgreiches Handelsunternehmen betrieb, der Sache aber einfach müde geworden war. In der Übung kam heraus, dass sein Herz für Motorradreisen in den französischen Alpen schlug und er Lust hatte, genau dafür eine kleine Reiseagentur zu gründen. Einfach so zum Spaß.

Wie Sie aus einer erfolglosen Firma aussteigen

Komplizierter – zumindest in finanzieller Hinsicht – ist es auszusteigen, wenn Ihre Firma nicht läuft. Gerade wenn Sie sich als Einzelkämpfer durchbeißen, ist es schwer, den richtigen Augenblick dafür nicht zu verpassen. Egal ob Ihr Unternehmen erst 18 Monate oder 18 Jahre alt ist – klassischerweise hoffen Unternehmer zu lange noch auf einen „Turnaround". Und machen die Lage mit jedem Zögern schlimmer.

Solange Ihre Firma zwar einigermaßen läuft und sich trägt, aber das, was sie an Überschuss erbringt, zum Leben für Sie zu wenig ist, haben Sie noch die Option des Rausschleichens: Sie suchen sich einen Teilzeitjob, der Ihnen zumindest wieder eine Grundsicherung verschafft. Ich weiß von etlichen Selbstständigen, die nicht mal mehr das Geld für die Krankenversicherung aufbringen können. Das ist keine gute Situation. Wenn Sie aber wieder Grund unter den Füßen spüren, können Sie wesentlich entspannter überlegen, ob Sie den Betrieb nach und nach ganz herunterfahren oder aber zum Beispiel auf kleiner Flamme mit verminderten Kosten weiterlaufen lassen wollen. Ganz nach dem Zeitmillionärs-Motto „Können aber nicht Müssen" würden Sie aus dem belastenden Business ein sogenanntes „Können-aber-Nicht-Müssen-Business" machen. Und dieses stellt möglicherweise wieder eine Basis für späteren Erfolg.

Aber selbst wenn Ihre Firma so richtig schlecht läuft, haben Sie zwei Auswege. Entweder Sie packen eine grundlegende Sanierung an – dafür holen Sie sich einen Profi von außen. Oder Sie steigen aus. Wir haben in Deutschland inzwischen ein super Rechtssystem, das Ihnen hilft, auch aus einem schlecht laufenden Unternehmen rauszukommen, ohne sich Ihr Leben lang unglücklich zu machen. Sie können das über eine normale Insolvenz oder ein außergerichtliches, geordnetes Sanierungsverfahren abwickeln. Beides hilft Ihnen, sich langfristiger Verträge und Schulden auf saubere Weise zu entledigen.

Selbst wenn es auf eine Privatinsolvenz hinausläuft: Die ist nach spätestens sechs, unter Umständen aber schon nach drei Jahren beendet. Dann sind Sie wieder schuldenfrei.

Ich kann Ihnen nur empfehlen, die Reißleine nicht zu spät zu ziehen. Sie haben es jederzeit und in jeder Lage in der Hand, die Weichen für Ihren Zug auf Zeitmillionär zu stellen – egal wie es Ihrem Unternehmen gerade geht.

Die Sexiness von Ex-Unternehmern

Früher hieß es: „Wer sein eigenes Geschäft in den Sand gesetzt hat, den kannst du in deinem Betrieb nicht gebrauchen." Das hat sich total gewandelt, eine gescheiterte Existenzgründung im Lebenslauf ist nichts Schlimmes mehr. Im Gegenteil: Das sind inzwischen sehr gefragte Bewerber.

Die Unternehmen haben nämlich registriert, dass Ex-Unternehmer sehr treue Mitarbeiter sind, weil sie die Selbstständigkeit für sich ja schon ausprobiert und verworfen haben. Vorteil ist außerdem: Sie denken weiterhin unternehmerisch. Sie haben ein hohes Verantwortungsgefühl, Erfahrung, können sich gut organisieren, sind lösungsorientiert und packen einfach an.

Wenn Sie also selbstständig sind: Glauben Sie nicht, dass für Sie keine Nachfrage auf dem Arbeitsmarkt besteht. Meist sind Ihre Chancen sogar sehr gut.

Mein Zeitmillionärs-Tipp

Den Job einfach wechseln, wenn er nervt, das klingt gut! Ist aber leichter gesagt, als getan. Holen Sie sich deshalb immer wieder eine Außensicht, egal wo Sie gerade stehen. Freunde sind nur bedingt dafür geeignet, Ihnen Ihre Scheuklappen abzunehmen. Sie fühlen sich Ihnen persönlich zu verpflichtet, als dass sie Ihnen offen Ihren Tunnelblick spiegeln könnten. Jemand, der Ihnen neutral gegenübersteht, ist wesentlich unbefangener. Schauen Sie sich also nach einem Sparringspartner um: Entweder im weiteren Bekanntenkreis, einer Erfahrungsaustauschgruppe oder in der Riege der guten Berater. Diese Investition ist es immer wert.

Teil 4

Freiheit: Ich kann. Ich muss aber nicht.

Sie haben Ihre äußeren Zwänge losbekommen, Sie haben sich von Ihren inneren Zwängen befreit: Sie haben das Müssen über Bord geworfen und sind bereit, Zeitmillionär zu sein. Wie Sie sich diese Freiheit bewahren, das erfahren Sie in diesem letzten Teil Ihres Leitfadens für das Zeitmillionärs-Dasein.

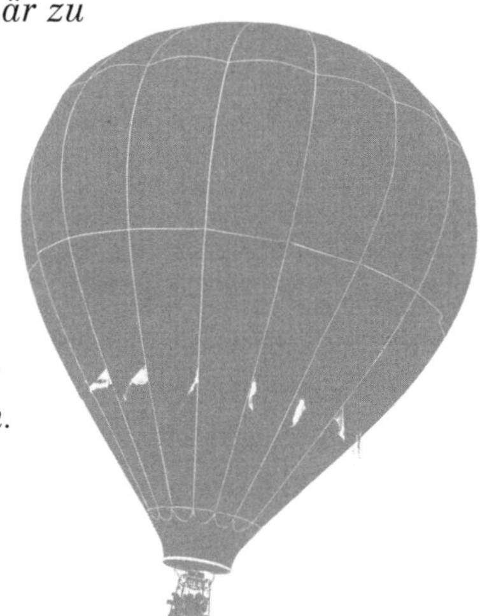

22. Halten Sie sich für etwas Besseres

„Herr Mulfinger, das müssen Sie für mich schreiben", sagt Anton Wellreiter zu mir.

Herr Wellreiter hat einen Doktortitel in BWL, war früher selbst Unternehmensberater bei einer renommierten Kanzlei, führt jetzt einen Riesenbetrieb und ist gleichzeitig im Aufsichtsrat eines Handelsunternehmens mit acht Milliarden Umsatz. Also ein rundum erfolgreicher Mann.

Dieser erfolgreiche Unternehmer hatte meine damalige Firma mit einem Bankkonzept beauftragt. Und darin war auch ein Kapitel zur Persönlichkeit des Unternehmers, seinen Stärken und seinen Erfolgen vorgesehen.

„Ich kann das nicht", bekräftigt er und wird knallrot. „Und das Vortragen bei der Bank übernehmen Sie bei diesem Punkt bitte auch."

Das ist bei uns im Südwesten typisch: Wir tun uns zum Teil unglaublich schwer, zu sagen oder zu zeigen, wie gut wir eigentlich sind. Leistungsträger sind am härtesten zu sich. Sie können vielleicht noch die Erfolge anderer würdigen – doch über die eigenen sprechen? Nein, das tut man nicht.

Selbstlob stinkt. Das haben nicht nur die Schwaben verinnerlicht, das lernen schon Vierjährige im Kindergarten. Der Effekt ist, dass wir als Erwachsene dann unbewusst dazu neigen, uns kleinzumachen. Nicht unbedingt, indem wir Schlechtes über uns erzählen, sondern allein schon dadurch, dass wir das Gute verschweigen. Es ist wie ein innerer Zwang zum Tiefstapeln.

Das Problem dabei: Dauertiefstapler rauben sich selbst die Freiheit, ihren eigenen Wert wahrzunehmen. Doch wer seinen Wert nicht wahrnimmt, kann ihn auch nicht nutzen. Der nicht wahrgenommene Selbstwert ist der Grund, warum Tiefstapler sich immer tiefer ins Hamsterrad eingraben. Sie versuchen um jeden Preis, sich selbst zu beweisen, dass sie wertvolle Zeitgenossen sind. Dass sie doch Leistung bringen können – obwohl sie selbst nicht hundertprozentig davon überzeugt sind. Was für ein unnötiger Stress!

Das andere Extrem gibt es übrigens auch. Das sind Menschen, die sich grundsätzlich für überlegen halten. Komme, was da wolle. Diese Typen haben eine rein selektive Wahrnehmung, die sich nur noch auf ihre Schokoladenseiten richtet. An ihrer Überheblichkeit halten sie starr fest. Es ist wie ein innerer Zwang zum Hochstapeln.

Die arrogante Haltung, die das zur Folge hat, bringt sie aber um den klaren Blick und auch um die Möglichkeit, mit anderen Menschen gut zusammenzuarbeiten. Da sie niemanden wertschätzen, außer sich selbst, sind sie ebenfalls prädestiniert für das Hamsterrad. Keiner kann etwas zu ihrer Zufriedenheit erledigen. Deshalb machen sie entweder alles selbst oder aber sie verzweifeln an der scheinbaren Unfähigkeit der anderen.

Sowohl das Tief- als auch das Hochstapeln führt also ins Hamsterrad. Deshalb sage ich: Die einzige Art, wie Sie da rauskommen, ist, sich für etwas Besseres zu halten.

Warum der Bessere frei ist

Mit „etwas Besseres" meine ich „besser als das, was Sie bisher über sich gedacht haben". Ich könnte auch sagen: „Passender zur Realität". Oder eben: realistischer. Sich in diesem Sinne für etwas Besseres halten, hat nichts mit der üblichen Arroganz der Hochstapelei zu tun. Es heißt nicht, dass Sie die anderen für schlechter halten. Sie wissen nur um Ihren eigenen Wert. Und dieses Wissen macht Sie sicher. Denn genau genommen steckt sowohl hinter der Hoch- als auch hinter der Tiefstapelei schlicht innere Unsicherheit. Und die macht unsouverän. Sie reagieren nicht entspannt und frei, sondern getrieben und reflexhaft. Die einen werden aggressiv, die anderen geben auf und wieder andere brechen ein. Auf jeden Fall machen sie es schlechter, als sie es könnten.

Innere Unsicherheit führt zudem in eine Abwärtsspirale: Wenn Sie zum Beispiel innerlich unsicher in einen Vortrag hineingehen und versprechen sich bei einem der ersten Sätze, denken Sie: „Oh nein, jetzt habe ich mich gleich am Anfang versprochen." Und vor lauter Denken passiert es gleich wieder. Und Sie denken: „Nein, gleich noch einmal." Und zehn Sekunden später: „Uh, jetzt ist mir auch noch der Laserpointer runtergefallen." Und schon sind Sie in der Abwärtsspirale und das Publikum verwandelt sich in eine Ochsenherde, die Sie vor sich hertreibt.

In der gesunden Mitte zwischen Hoch- und Tiefstapeln liegt also die Zone der inneren Freiheit. In der sind Sie mit sich zufrieden. Sie halten sich für etwas Besseres – fast so, als wären Sie arrogant. Aber eben nur fast: Denn Sie sind wertschätzend arrogant. Das heißt, Sie halten sich für etwas Besseres als Sie sich als Tief- oder Hochstapler halten würden, ohne dass die anderen schlechter sein müssen. Sie sagen nicht: „Ich bin gut, du nicht", sondern: „Ich bin gut und du auch". Sie machen sich groß, ohne die anderen kleinzumachen.

Beobachten Sie mal: Die Menschen, die wirklich etwas zu sagen haben, sitzen meistens in der zweiten oder dritten Reihe. Jedenfalls nicht ganz vorne. Sie müssen sich nämlich nicht vordrängen und aller Welt zeigen, wer hier der Macker ist. Sie sagen nicht: „Ich Chef, du nix." Die sagen stattdessen: „Ich Chef, aber ihr zusammen seid mehr Chef, weil ihr zusammen locker mehr wisst als ich."

So geht innere Freiheit.

Warum der Bessere gewinnt

Mit der wertschätzenden Arroganz unterbrechen Sie zum Beispiel die Abwärtsspirale, die ich gerade geschildert habe. Mit dieser Haltung können Sie sagen: „Hey, das mache ich schon ziemlich gut mit den Auftritten. Am Anfang bin ich nervös, das weiß ich. Aber wenn ich erst einmal drin bin, bin ich so ein geiler Redner. Die Leute im Publikum wollen ja was von mir und das kann ich ihnen auch geben."

Ob bei einem Vortrag, bei einer Verhandlung, im Kundengespräch oder im kritischen Gespräch mit dem Lebenspartner: Sie haben es jederzeit selbst in der Hand, ob Sie in die Abwärts- oder die Aufwärtsspirale gehen. Das gilt in allen Situationen, die Sie tendenziell verunsichern.

Ich erinnere mich noch gut an mein erstes Vorstellungsgespräch als Azubi bei der Bank. Mir gegenüber saßen drei Erwachsene und ich fühlte mich wie ein Schulbub, den jemand in einen Anzug gesteckt und ihm nicht einmal die Krawatte geradegezogen hatte. Die drei bombardierten mich mit Fragen. Was mich gerettet hat aus dieser Schlottersituation war, dass ich mir innerlich vorgebetet habe: „Hey, die haben von den über 1.000 Bewerbern nur 50 eingeladen. Und ich bin dabei. Die finden mich also schon mal gar nicht so schlecht. Und die erwarten nicht, dass ich mit 30 Jahren Berufserfahrung wie sie aufwarten kann. Das, was ich kann, kann ich und das ist gut." Und offensichtlich bin ich mit dieser inneren Einstellung gar nicht schlecht angekommen: Sie haben mich genommen.

Oder stellen Sie sich vor, Sie haben ein Date. Wenn Sie ankommen mit dem Gefühl: „Eigentlich bin ich total uninteressant. Hoffentlich merkt er/sie das nicht", dann haben Sie ungleich weniger Chancen auf einen tollen Abend und den Anfang einer wunderbaren Beziehung, als wenn Sie wissen: „Ich habe echt gute und liebenswerte Seiten. Die könnten ihr/ihm gefallen".

Wenn Sie sich als etwas Besseres fühlen, dann können Sie zum Beispiel auf einmal auch Dinge tun, die Ihnen im Hamsterrad schwerfallen: Nein zu sagen zum Beispiel. Sie sagen es aufrecht, aber nicht überheblich.

Und noch etwas bewirkt Ihre wertschätzende Arroganz:

Sie gibt Ihnen ein Porsche-Grinsen.

Das Porsche-Grinsen nenne ich den Gesichtsausdruck, den einer hat, der weiß, dass er kann, aber nicht muss. Das hat der entspannte Porsche-Fahrer, der auf der rechten Spur dahinrollt, die Landschaft genießt und sich auch im Stau nicht aufregt. Warum auch? Durch den Ärger lösen sich die anderen Autos auch nicht in Luft auf.

Selbst wenn sich einer arrogant reindrängelt, meint, die Lichthupe aufleuchten lassen und bis auf zehn Zentimeter an die Stoßstange auffahren zu müssen, kann dieser Fahrer gelassen bleiben. Denn er weiß: Wenn er wollte, könnte er seinen Hintermann Gummi fressen lassen. Er fühlt sich überlegen, denn er hat eindeutig jede Menge PS in Reserve. Aber er muss es nicht raushängen lassen.

Um dieses Porsche-Grinsen zu erleben, brauchen Sie übrigens gar keinen Porsche. Sie brauchen nicht einmal ein Auto. Das Einzige, was Sie brauchen, ist diese innere Haltung: Ich kann, aber ich muss nicht.

Wie Sie wertschätzende Arroganz lernen

Ganz ehrlich: Mir persönlich fällt es immer wieder schwer, mich für etwas Besseres zu halten. Ich habe für mich deshalb fünf Übungen entwickelt, die ich immer mal wieder mache. Ich mache sie ganz bewusst auch vor kritischen Situationen.

Sie können die Übungen am Stück oder jede für sich machen. Probieren Sie aus, welche Ihnen wann am besten hilft.

1. Übung: Die Stolz-Listen

Als Erstes legen Sie zwei Stolz-Listen an:

- Auf der einen notieren Sie, was Sie bereits geschafft haben. Erwähnen Sie dabei bitte nicht nur die Ergebnisse, die Sie zu 100 Prozent erreicht haben. Wie sagte mein Mentor immer zu mir? „80 Prozent bedeuten nicht 20 Prozent Nicht-Erreicht, sondern 80 Prozent mehr als null erreicht." Vielleicht kommen Sie bei Ihrem neuen Hobby Skifahren noch nicht jede Piste runter, aber Sie können schon mal im Parallelschwung fahren. Und selbst wenn Sie noch im alten Job sind: Sie haben immerhin schon die Ausbildung für den neuen Job abgeschlossen!

- Auf der zweiten Liste führen Sie alle Ihre Stärken auf. Denken Sie dabei an Kapitel 5: Die Eigenschaften, die Sie früher für Ihre Schwächen gehalten haben, sind aus der richtigen Perspektive betrachtet Ihre größten Stärken. Und aus dieser Perspektive notieren Sie sie nun. – Sie können keine 20 Seiten Text schreiben? Geschenkt! Dafür können Sie zehn Stunden am Tag mit Menschen plaudern und Sie sind danach kein bisschen erschöpft! Oder Sie haben zwar noch nicht Karriere gemacht, aber Sie haben schon drei Kinder in die Welt gesetzt.

Behalten Sie diese Listen und lesen Sie sie immer mal wieder durch. Ergänzen Sie sie auch immer wieder, denn Sie werden weitere Erfolge haben und Sie werden weitere positive Eigenschaften an sich entdecken.

2. Übung: Über Sie

Als nächstes überlegen Sie, was ein Unternehmensberater über Sie schreiben würde, wenn er Sie als Person in einem Konzept für die Bank positiv darstellen würde. Er darf sich nur auf die Wahrheit stützen, das ist klar – und es wird ihm sicher einiges zu Ihnen, Ihren Stärken und Ihren Erfolgen einfallen.

Haben Sie es aufgeschrieben? Gut, dann lassen Sie als Nächstes im Geiste erst einen guten Freund, dann vielleicht Ihren Sohn/Ihre Tochter oder Ihren Vater, dann Ihren Chef oder Mentor diese Darstellung um weitere Facetten ergänzen. Diese Übung verschafft Ihnen einen Perspektivwechsel: Sie sind gezwungen, sich wohlwollend von außen zu sehen.

Auch das, was Sie hier schreiben, heben Sie auf, lesen es ab und zu durch und ergänzen es. Es dürfen sich auch ruhig noch mehr Personen zu Ihnen äußern.

3. Übung: Die imaginäre Meinungsumfrage

Diese Übung habe ich zum ersten Mal bei dem amerikanischen Autor Napoleon Hill gelesen und gedacht: „Der spinnt doch!" Aber ich habe es trotzdem versucht. Merkt ja erst mal keiner. Erst später, wenn Sie bessere Entscheidungen treffen. Und es funktioniert! Hill sagt nämlich: Wenn Sie vor einem scheinbar unlösbaren Problem stehen, dann denken Sie an die fünf Menschen, die Sie am meisten bewundern. Stellen Sie sich jeden Einzelnen der Reihe nach vor und fragen Sie die Personen, was sie zu Ihrer Situation sagen, Ihnen empfehlen oder an Ihrer Stelle machen würden.

Ich habe dann angefangen, in Gedanken zum Beispiel meinen verstorbenen Opa zu fragen. Er war ein großartiger Geschäftsmann, sehr erfolgreich und sowohl entscheidungswillig als auch -fähig. Ein toller Mensch mit starkem Willen und natürlich für mich ein großes Vorbild. Was hätte er gesagt? Was hätte er mir empfohlen? Was würde er tun an meiner Stelle? Tatsächlich oft etwas ganz anderes als ich selbst. Und das bringt mich weiter. Seine Antwort, als es darum ging, ob ich mich trauen soll, meine Anstellung hinzuschmeißen, war zum Beispiel: „Kerle, jetzt scheiß dir net in d'Hose! Du gehst hier raus und machst es einfach. Du kannst das doch." Und das, obwohl er ein geradliniger und sehr bedachter Entscheider war.

Die Meinungsumfrage hilft besonders, wenn Sie vor einer harten Entscheidung stehen: Wenn Sie Ihre heilige Kuh zur Schlachtbank schicken oder wenn Sie jemandem ein klares Nein geben möchten.

4. Übung: Ab aufs Spielfeld

Machen Sie folgende Gedankengymnastik: Sie stellen sich die nächste kritische Situation, die auf Sie zukommen könnte, als Spiel vor.

Sie wissen, Sie sind ein verdammt guter Spieler und Sie gehen jetzt mit den großen Jungs spielen. Die werden versuchen, Ihnen eins auszuwischen, Sie anzurempeln, an Ihnen vorbeizudribbeln oder über Sie drüber zu spielen. Aber Sie sind auch ein guter Spieler! Es wäre nicht das erste Mal, dass Sie bei einem schweren Match dabei sind. Und Sie haben gelernt, mit den Spielzügen umzugehen. Sie sind all den kniffligen Schachzügen und Spielwendungen gewachsen. Es fällt Ihnen immer wieder etwas ein, wie Sie die Oberhand gewinnen und das Spiel zu Ihren Gunsten entscheiden können. Vielleicht nicht jedes Match, aber sicherlich die Mehrzahl. Immer, wenn es darauf ankommt.

Haben Sie eine konkrete Vorstellung von sich in einem solchen Spiel? Sehr gut! Dann bewahren Sie sich dieses spielerische Gefühl für die kritischen Situationen. Denn es bewahrt Sie vor dem Verkrampfen. Im Spiel darf man ja auch mal verlieren und das ist auch nicht schlimm. Aber man gibt immer sein Bestes. Und das Entscheidende: Wenn man aufs Spielfeld tritt, dann glaubt man immer an die Chance zu gewinnen. Man erwartet dies aber nicht!

5. Übung: Mein Mantra und meine Unterstützer

Vor meinen persönlichen Schlottersituationen wie Vorträge vor vielen Menschen muss ich mich nach wie vor ein bisschen selbst bescheißen. Ich verordne mir für die letzten Minuten davor ein Mantra. Meines lautet: „Ich kann das, es wird gut werden, weil ich Spaß haben werde bei dem, was ich tue." Das Bescheißen muss nur die ersten Minuten überbrücken. Ich weiß ja, wenn ich erst einmal ins Rollen gekommen bin, bin ich auch gut. Das passiert automatisch, wenn ich Spaß habe.

Und noch einen Trick wende ich an: Ich suche vorab zwei oder drei Leute im Publikum, die ich kenne. Und die schaue ich zumindest am

Anfang oft an und sehe zu, wie sie lächeln und nicken. Vielleicht habe ich die sogar vorher darum gebeten, das zu tun – auch das funktioniert.

Der beruhigende Blick auf meine Unterstützer hilft sogar, wenn ich mir diese Menschen nur vorstelle. Das geht nicht nur im Vortrag, sondern zum Beispiel auch in einer schwierigen Verhandlung. Da setze ich in Gedanken jemanden neben den Gesprächspartner, der mir aufmunternd zunickt, mir zulächelt oder mir ab und zu mal ein „Daumen hoch" oder ein „Weiter so!" gibt. Sie werden sehen, wenn Sie das ein paarmal gemacht haben: Sie fangen an, innerlich zurückzulächeln und zu denken: „Ja, ich mache das schon ganz gut heute."

Was diese Übungen bewirken, ist nicht so sehr, dass Sie danach herumlaufen wie Tarzan und sich vor lauter Kraft trommelnd auf die Brust schlagen. Die Übungen geben Ihnen innere Freiheit und Rückgrat: Sie wissen, was Sie können – selbst und gerade, weil Sie nicht müssen. Und diese Freiheit strahlen Sie aus.

Wie Sie auf dem Boden bleiben

Wenn Sie sehr erfolgreich sind mit Ihrem Lob für sich selbst, dann passen Sie auf, dass Sie nicht abheben. Ich kenne das von mir: Wenn mir eine Zeit lang einfach alles gelingt, fange ich an zu übertreiben. Da tut es mir gut, wenn ich ab und zu einen auf den Sack kriege oder ein Freund mir den Kopf wäscht. So finde ich wieder zu einer gesunden Haltung zurück: innerlich frei, stolz, aufrecht, Brust raus. Nicht durchgedreht, aber auch nicht unten rein gekrabbelt. Das ist superwichtig! Wem das eigene Lob zu Kopf steigt, der wird überheblich statt frei.

Deshalb sage ich ja: Seien Sie froh, wenn Sie zur rechten Zeit eine Krise haben. Die holt Sie wieder auf den Boden. Eine überhebliche Haltung tut nie gut. Allein aufgrund der Tatsache, dass es immer einen geben wird, der mehr kann als Sie, mehr PS hat als Sie, mehr Macht oder Kraft hat als Sie. Und wenn Sie dem auf die arrogante Tour kommen, dann macht er Sie zu Recht zur Schnecke. So wie in dem amerikanischen TV-Spot, der für mehr Gelassenheit im Straßenverkehr wirbt.

Ein dunkler SUV schert aus einer Seitenstraße ganz knapp vor einem Pick-up ein. Der Pick-up-Fahrer überholt daraufhin wutentbrannt, zwingt den anderen zum Anhalten und führt sich auf wie ein HB-Männchen. Da öffnet sich ganz langsam die Tür des dunklen SUV, es steigt ein Berg von einem Mann aus und baut sich vor dem schmächtigen Streithahn auf. Und die freundliche Stimme aus dem Off kommentiert: „Avoid road rage. You never know who you might run into.“ („Vermeiden Sie Selbstjustiz auf der Straße. Sie wissen nicht, auf wen sie treffen.“) Übrigens: Falls Sie den Spot sehen wollen, googeln Sie „Evander Holyfield shows angry driver. Why road rage is a bad idea“.

Mein Zeitmillionärs-Tipp

Auch in die andere Richtung brauchen Sie manchmal Hilfe: Wenn Sie gerade an allen Fronten eins auf den Deckel kriegen, an sich zweifeln und Schwierigkeiten haben, Ihr Selbstbewusstsein aufzurichten, dann wird es Zeit für eine Motivationsspritze von außen. Ich bitte heute noch vor wichtigen Vorträgen oder Verhandlungen zwei oder drei meiner Mentoren oder gute Geschäftspartner: „Heute sagst du mir bitte nicht, was ich nicht kann, sondern nur das, was ich kann. Es geht darum, mich zu motivieren. Aber bitte authentisch."

Sammeln Sie ruhig Statements von verschiedenen Menschen ein: Jeder wird etwas anderes zu berichten haben. Schreiben Sie das, was Sie zu hören bekommen, auf eine kleine Karte. Wenn eine kritische Situation bevorsteht, wird Sie der Blick auf die Karte aufrichten.

23. Führen Sie Ihren Befreiungsschlag

„Egal was kommt, ich fliege morgen zurück!“

Zu diesem Zeitpunkt war mein Freund Manfred schon völlig verzweifelt. Aber dieser Beschluss brachte ihm große Erleichterung. Und er zog ihn gnadenlos durch. Als er am nächsten Tag wieder auf deutschem Boden war, wusste er: Das war die richtige Entscheidung.

Als ehrgeiziger Student war er zum MBA-Studium in die USA gegangen. Mit der Absicht, auch dort zu bleiben. Er hatte alles dafür getan: Seinen Plan den Eltern verklickert, sich ein Stipendium organisiert, die Aufnahmeprüfung geschafft. Und jetzt war er da! Mit seinen 24 Jahren und noch ziemlich grün hinter den Ohren studierte er an der coolen Kelley School of Business, eine der weltweiten Top-20-Business Schools – und wurde Tag für Tag unglücklicher.

Die Kommilitonen waren ihm alle einen Schritt voraus – kein Wunder, sie waren zehn bis 15 Jahre älter, Native Speaker, das heißt, Amerikanisch war ihre Muttersprache, und mit Studienabschluss und erster Karriere ausgestattet. Also mit allem, was er nicht hatte.

Das Studium funktionierte ganz anders als in Deutschland. Woran in Gottes Namen sollte er sich hier orientieren? Alles wirkte zu groß, zu schnell, zu fremd für ihn. Nichts war so, wie er es erwartet hatte: kein cooles Studentenleben, keine Freiheit, kein Spaßfaktor – noch nicht mal die legendären amerikanischen Hochschulpartys. Nichts! Sein einziger Halt, die wild zusammengewürfelte deutsche WG, entpuppte sich als reine Zweckgemeinschaft.

Er war allein, hatte Heimweh und war mit der Gesamtsituation überfordert. Aber sich das eingestehen? Es jemandem sagen? Den Aufenthalt abbrechen? Dafür hätte er sich als Loser outen müssen! Und sein Stipendium im Wert von etwa 50.000 Euro zurückzahlen müssen. Und was sollte er in Deutschland tun, so mitten im Semester? Zum nächsten Semester ein neues Studium anfangen? Und in der Zwischenzeit?

Nein, nein. Das ging nicht.

Also wartete er.

Und wartete.

Und wartete.

Er hielt aus, steckte ein und schaute zu, wie der Leistungsdruck immer weiter stieg – wie der Pegel eines Sees bei Dauerregen. Bis eines Tages sein Kopf schon fast komplett unter Wasser war. Da fasste er endlich den Entschluss:

Egal was kommt: „Ich fliege morgen zurück."

Was wirklich teuer ist

„Weißt du, Jochen", sagte Manfred und kratzte mit dem Fingernagel über den Kneipentisch, „finanziell hat mich die Hauruck-Aktion deutlich weniger gekostet, als ich gedacht hatte. Den Flug konnte ich noch vom Girokonto begleichen. Das Stipendium musste ich nur zum Teil zurückzahlen und das konnte ich aus meinen letzten Ersparnissen begleichen.

Was ich aber wirklich teuer bezahlen musste, waren die fünf Monate, die ich mich nicht getraut hatte, die Notbremse zu ziehen. Fünf Monate voller Leid, Frust, Sorgen, Nöten. Fünf Monate voller Zukunftsangst, dass es vielleicht nicht besser wird und ich mein ganzes Leben kämpfen muss. Und fünf Monate, die völlig frei von Erfolgserlebnissen, Zufriedenheit und Glück waren.

Das sind 140 Tage!

3.360 Stunden!

201.600 Minuten!

Jochen, stell dir das mal vor: 201.600 Minuten pure Verzweiflung! Was für eine Verschwendung von Lebenszeit!"

Die emotionalen Kosten, die Sie tragen, wenn Sie sich aus einer misslichen Lage nicht befreien, sind immer höher als die Kosten einer nicht perfekten Lösung! Aber: Die Alternative zu der beschissenen Situation hat die schlechte Angewohnheit, nicht sonderlich attraktiver zu erscheinen. Warum? Weil Sie mit dem Befreiungsschlag zunächst einmal nur wegkommen von der unangenehmen Lage. Aber Sie wissen noch nicht, ob das Neue wirklich besser wird.

Na klar, Sie hätten gerne die Gewissheit, dass der Cut sich lohnt.

Diese Sicherheit gibt es nicht!

Sie können nur erfahren, ob das Neue besser ist als das Alte, wenn Sie es ausprobieren. Aber eine Sicherheit haben Sie immer: Wenn Sie es nicht probieren, geht es Ihnen mit jedem Tag schlechter.

Ja, sorry, Ihnen geht es nun mal immer noch schlecht! Und das wissen Sie. Sie haben wahnsinnig viel gemacht, reflektiert, gelernt, sich von äußeren und inneren Zwängen befreit. Aber irgendetwas hält Sie immer noch davon ab, ganz frei und unabhängig zu sein.

Wollen Sie warten, bis Sie zur Veränderung gezwungen werden? Wollen Sie frustriert, demotiviert und krank werden, um sich den entscheidenden Ruck zu geben? Klar, Sie machen Ihre Erfahrungen auf die harte Tour. Aber schön ist etwas anderes.

Lassen Sie es nicht so weit kommen. Brechen Sie aus Ihrem Gefängnis aus! Je früher, desto besser! Jeder Tag in Freiheit ist extrem viel wert …

Was hält dich ab?

Brechen Sie aus, lösen Sie die letzte Fessel! Das bringt den Befreiungsschlag! Aber wo ist sie, diese Fessel? Wo ist der Hebel, der sie in die Freiheit hievt?

Sie wissen es nicht? Sie suchen schon lange danach? Dann können Sie sofort damit aufhören! Sie kennen die letzte Fessel doch längst!

Nichts kennen Sie besser. Sie sind Tag für Tag damit beschäftigt, sie aufs Neue zu verdrängen. Und wenn Sie immer noch nicht wissen, wovon ich spreche, sind Sie dabei höchst erfolgreich!

Das glauben Sie nicht?

Ach kommen Sie … sagen Sie mir nicht, dass Sie nicht ab und zu mal Sorgen, Nöte, Ängste beschleichen. Oder dass Sie nicht hin und wieder mal denken: „Der macht mich wahnsinnig! Wie viel besser ginge es mir ohne ihn?“ Den Mitarbeiter, Freund, Partner, Chef …

Wenn Sie das wiederholt denken, dann ist das ziemlich sicher Ihre größte Fessel! Die heilige Kuh, die Sie sich nicht zu schlachten trauen. Als würden Sie damit ein ungeschriebenes Gesetz brechen.

Wollen Sie ein paar Beispiele hören?

Ihre Eltern sind streng katholisch und Sie wollen eine Buddhistin heiraten? Oh Schreck, würden Sie es tun, würden Sie aus der Familie ausgestoßen werden! Enterbt! Bevor der totale Familienkrieg ausbricht, haben Sie sich schon wieder arrangiert: „Man kann auch ohne Trauschein glücklich sein", reden Sie sich ein. Na, dann überlegen Sie schon mal, wie Sie Ihrer Traumfrau die wilde Ehe schmackhaft machen können!

Oder Sie haben eine Angestellte, die die Kollegen nur von der Arbeit abhält. Aber sie ist seit 25 Jahren da. Sie ist loyal. Sie ist gewissenhaft. Und zu allem Überfluss auch noch freundlich bis zum Gehtnichtmehr. Sie zu entlassen wäre dringend nötig, um die anderen Arbeitsplätze zu sichern. Zumal ihre Quassellaune im Alter nur noch stärker wird. Aber was wird aus der persönlichen Beziehung? Werden Sie ihr noch in die Augen schauen können? Und, noch schlimmer: Werden Sie weiterhin ohne Scham in den Spiegel schauen können?

Es gibt nur einen Grund, beim Alten zu bleiben: Die Vermutung, eine Veränderung könnte Konsequenzen haben, die Ihnen wehtun. Das Problem ist: Sie vermuten das nur! Denn die Konsequenzen selbst sind zunächst pure Spekulation! Also schauen Sie Ihrer Angst in die Augen, versuchen Sie zu erfahren:

Ist die Angst berechtigt?

Was wird wirklich passieren?

Die Fantasie-Kuh

Anja treffe ich jedes Jahr genau ein Mal: Auf der jährlichen Familienfreundefeier ihrer Eltern. Seit mindestens vier Jahren schwärmt sie von Berlin. Und mit jedem Jahr ist sie auf Wiehl – einen langweiligen Vorort von Köln, ihren Geburts- und Wohnort – immer schlechter zu sprechen. Diesmal sieht sie wirklich mitgenommen aus.

„Warum bist du denn nicht schon längst in Berlin, Anja?", will ich wissen.

„Ach du, ich komm aus der Agentur einfach nicht raus. Hab da meine Ausbildung gemacht, was anderes kann ich gar nicht. Habe ja nur dort gearbeitet. Und in Berlin ist eh alles viel teurer. Aber die Fahrerei zur Agentur, jeden Tag die 35 Kilometer hin und zurück, die machen mich irre. Und mit dem Job reicht es mir auch schon bis hierhin …!“

Ich setze an, ihr zu sagen, dass es in Berlin deutlich mehr Optionen auf interessante Stellen für sie gibt. Dass sie ihre Arbeitszeit auf 70 Prozent reduzieren und in eine WG ziehen könnte. Dass sie damit Zeit UND Geld sparen würde. Dass sie ihren Arbeitsweg drastisch verkürzen und auf das Auto verzichten könnte, wenn sie in die Nähe des neuen Jobs zieht und damit alle Ressourcen der Welt hätte, um ihre Traumstadt zu genießen …

Doch ich komme nicht so weit.

„Ich kann doch nicht weggehen, Jochen!“, fällt mir Anja genervt ins Wort. Dann beugt sie sich zu mir und flüstert mir ins Ohr: „Wegen meiner Mutter! Verstehst du?“

Doch zum Flüstern ist sie zu aufgewühlt. Sie spricht so laut, dass alle um uns herum sie hören können.

Alle! Auch Anjas Mutter.

„Anja, Liebling, wegen mir brauchst du doch nicht zu bleiben …“, sagt die rüstige alte Frau lächelnd. „Ich habe mich schon so oft gefragt, wann du endlich anfängst, dich zu bewerben …“

Ein Drama, das Jahre dauerte, fand in einer Minute ein Ende.

Warum? Weil die heilige Kuh ausgesprochen wurde – und sich als reine Fantasie herausstellte.

Was Sie zurückhält, Ihre größte Fessel, ist manchmal schlicht und einfach:

die Angst vor Widerstand.

Das ist in vielen Fällen reine Einbildung!

Darum: Werden Sie sich bewusst, was Sie am meisten zurückhält. Und überprüfen Sie, ob der Widerstand Einbildung oder Realität ist.

Der Schritt in die Freiheit selbst ist gar nicht so schwer. Schwer ist nur, sich von der Angst nicht regieren zu lassen. Doch keine Sorge: Ich zeige Ihnen jetzt, wie Sie damit umgehen können!

Was ist deine heilige Kuh?

Sie suchen immer noch nach der Fessel? Dann überlegen Sie mal:

- Was würde Ihnen die maximale Befreiung auf dem Weg zum Zeitmillionär bringen?
- Und was hält Sie davon ab, diesen Schritt zu gehen?

Wenn Sie diese Fragen aufrichtig beantworten, haben Sie Ihre Fessel.
Sie wissen es immer noch nicht?
Dann beobachten Sie sich einige Tage lang und schreiben Sie Ihre Erkenntnisse auf:

- Was ist Ihr erster Gedanke, wenn Sie morgens aufwachen? Noch bevor Sie duschen gehen und anfangen, sich den Tag schönzureden? In dieser Zeit funktioniert die Verdrängung meist noch nicht so gut und die Fessel wird sichtbarer.
- Woran denken Sie in den letzten Stunden eines superschönen Wochenendes, wenn sich der Sonntagabend-Blues einschleicht? Etwa: „Hmm, die letzten Tage waren doch echt ein Traum. Eigentlich müsste ich jetzt glücklich und zufrieden sein. Wieso bin ich es nicht?" Fühlen Sie sich dann melancholisch oder leicht deprimiert? Was verstimmt Sie in dieser Phase?

Haben Sie die Fessel? Ja?
Super, dann gehen Sie zum nächsten Schritt über!
Falls nicht: Diese Liste der häufigsten Situationen, in denen innere und äußere Fesseln gerne greifen, könnte Ihnen helfen:

- Sich trennen oder sich scheiden lassen oder um jemandes Hand anhalten
- In eine neue Stadt ziehen, auswandern oder in die Heimat zurück
- Eine Ferienwohnung kaufen oder anmieten

- Die Ferienwohnung verkaufen, die Sie zwingt, immer am gleichen Ort Urlaub zu machen
- Einmal ganz alleine in den Urlaub fahren – ohne Partner, Kinder und Freunde
- Endlich die Fortbildung/das Studium beginnen oder abbrechen
- Den Laden ab sofort jeden Winter zumachen und die kalten Monate auf Mauritius leben
- Den Chef auf ein Sabbatical ansprechen
- Die Eltern pflegen oder die Pflege der Eltern aufgeben
- Ein Au-pair einstellen oder den Job an den Nagel hängen und Hausmann/Hausfrau werden
- Eigene Firmenanteile verkaufen oder einen Partner in die Firma aufnehmen
- Endlich den Job kündigen und einen annehmen, der Ihren Neigungen und Fähigkeiten wirklich entspricht
- Jemanden einstellen oder kündigen
- In einen Verein eintreten oder endlich austreten
- Einen unrentablen Geschäftsbereich schließen oder einen neuen Geschäftsbereich aufbauen
- In der Politik aktiv werden oder daraus aussteigen
- Eine Firma übernehmen oder an die Nachfolger übergeben
- Jeden Tag Sport treiben oder das mal nicht mehr so wichtig nehmen

- Der freien Wirtschaft den Rücken kehren und zurück an die Hochschule gehen oder der Uni den Rücken kehren und in die freie Wirtschaft gehen

- Den Weinkeller, den Kleingarten oder irgendwelche anderen „Familienerbstücke" auflösen, die die Vorfahren aufgebaut haben, die aber heute kein Mensch mehr braucht …

Wenn Sie sich in einem der Punkte wiederfinden, fragen Sie sich: Welche äußeren oder inneren Fessel haben Sie, die Sie durchs Tun beseitigen könnten. Und? Haben Sie Lust auf Freiheit? Dann geht es gleich weiter …

Die Fessel lösen

Okay, Sie wissen, was der Schritt ist, der Sie Ihrer Freiheit ein ordentliches Stück näher bringen würde?

Schön! Jetzt geht es nur noch darum, ihn zu gehen.

Aber die letzte Fessel ist stark. Selbst wenn Sie sich diese bewusst gemacht haben. Wenn es so einfach wäre, sich davon zu befreien, hätten Sie es ja längst getan. Sie müssen sich selbst überlisten!

Und wie tun Sie das? Sie überlegen sich, was Sie tun können, damit Ihnen die Konsequenzen nicht so schmerzvoll erscheinen, denn die halten Sie vom entscheidenden Schritt ab.Nur wenn Sie vermuten, dass die Konsequenzen einer Veränderung weniger schmerzvoll sind, als wenn Sie alles beim Alten belassen, werden Sie sich trauen, die Fessel zu lösen. Um diese Vermutung aufzubauen, gehen Sie fünf Schmerznehmerpunkte durch.

1. Mensch, ärgere dich nicht

Der quälendste Ärger ist der über sich selbst: Warum habe ich schon wieder diesen Fehler gemacht? Warum habe ich mit meinem Trennungsentschluss so lange gewartet? Warum lasse ich mich immer so ausnutzen? Ändern können Sie im Nachhinein eh nichts mehr, Sie können sich nur kleinreden.

Schlauer ist es, wenn Sie sich überlegen, was Sie da für sich Gutes rausziehen können. Was hat es mir für mein Leben gebracht? Welche noch viel schlimmeren Fehler bleiben mir erspart, wenn ich jetzt den Befreiungsschlag setze?

2. Abbruchkosten schlucken

Egal wie viel Geld, Zeit und Hingabe Sie bereits versenkt haben: Das kann Sie nicht von Ihrem Befreiungsschlag abhalten. Denn das Gefühl, schon zu lange gewartet zu haben, wird nicht besser werden. Lassen Sie sich ja nicht dazu verführen, den Fehler nur aus diesem Grund nicht zu beenden oder gar noch einmal nachzuinvestieren. Erinnern Sie sich an den Reset-Knopf aus Kapitel 6? Die Abbruchkosten sind immer niedriger als die Kosten, die auf Sie warten, wenn Sie die Trennung noch weiter hinausschieben.

Wenn Sie mit dem potenziellen Käufer Ihres Autos eh schon ewig verhandelt, ihm schon mehr als geplant nachgelassen haben und der dann noch mal wegen weiterer Nachlässe daherkommt: Lassen Sie es sein und arrangieren Sie sich lieber mit den Abbruchkosten. Meist verursachen diese Kandidaten auch im Anschluss noch viel Ärger.

Meine Oma sagte immer: „Einem toten Pferd gibt man keine Vitaminspritze mehr." Und recht hat sie damit.

3. Trennungen, die begeistern

Im Kapitel 12 habe ich Ihnen das Trennungsmanagement à la Zeitmillionär schon vorgestellt. Seine Grundregel lautet:

Geben Sie immer 20 Prozent mehr, als dem anderen zusteht.

Wenn Sie diese Regel beherzigen, hilft Ihnen das, sich überhaupt zu befreien. Denn damit reduzieren Sie die Streitigkeiten auf ein Minimum. Es sind die emotionalen Kosten, die bei Trennungen am höchsten sind – und genau diese legen Sie ab, wenn Sie materiell nur ein klein wenig mehr dazugeben, als normal wäre.

Am Ende ist das ganze Geben eine ziemlich egoistische Nummer. Sie tun es, weil Sie sich nur so trauen, den großen Schritt zu gehen.

So werden lang gefürchtete Einschnitte kinderleicht. Sie werden nicht nur frei – Sie sind in der Wahrnehmung des Gegenübers auch noch der „good guy".

4. Zuwenden statt abwenden

Eins der Probleme, wenn Sie eine heilige Kuh schlachten wollen, ist die Befürchtung, Ihr Gegenüber könnte in ein Loch fallen. Emotional oder auch real. Mit Ihrer Kündigung in dem kleinen inhabergeführten Unternehmen hinterlassen Sie angesichts des Fachkräftemangels eine schmerzhafte Lücke – was das Aus für den Betrieb bedeuten könnte. Ihr Tennispartner findet keinen neuen Mitspieler, hört mit dem Sport auf und wird zur kompletten Couch-Potatoe. Oder Sie müssen sich von Ihrem Geschäftspartner trennen, obwohl der nichts hat im Leben außer der Firma.

Nur: Was tun, um Ihr Gegenüber nicht dem krassen Loch zu überlassen?

Zusammen mit der schlechten Nachricht gleich die gute mitliefern!

Bringen Sie mit der Trennungsankündigung erste Lösungsansätze mit:

- „Ich helfe Ihnen bei der Nachfolgersuche. Ich habe schon mit einem Studienkollegen von früher gesprochen, der könnte gut auf die Stelle passen."

- „Ich habe mir überlegt, dass ich bei uns in der Firma ans Schwarze Brett einen Zettel hänge, damit wir einen neuen Tennispartner für dich finden, der vom Können her noch viel besser zu dir passt als ich."

- „Sollen wir die Auflösung der Partnerschaft vielleicht schrittweise vollziehen, damit du deinen neuen Weg besser vorbereiten kannst? Oder sollen wir gemeinsam eine andere Sozietät suchen, in die du einsteigen kannst?"

Das gilt für das virtuose Neinsagen wie in Kapitel 12 geschildert allgemein und bei Trennungen ganz besonders.

Die Möglichkeiten sind unbegrenzt. Wenn Sie sich vergewissern, dass Sie dem anderen nicht wehtun wollen, sondern ihm aktiv helfen, werden Sie den Schritt nicht nur wagen. Sie werden auch stolz darauf sein!

Und Ihr Gegenüber empfängt von Ihnen das Gefühl von Zuwendung, was ihn Ihre tatsächliche Abwendung leichter verkraften lässt.

5. Chancen sichtbar machen

Veränderungen schüren Ängste. Dabei bergen Veränderungen unendlich viele Chancen. Nur: Was tun, wenn der andere diese nicht sieht? Natürlich: die Chancen aufzeigen!

In unserer Familie hatten wir ein Boot, das immer weitervererbt wurde. Wunderschönes Teil, aber unterm Strich extrem teuer. Als es bei einem Werftbrand eines Tages zu stark in Mitleidenschaft gezogen wurde und mein Vater sofort ein neues Boot kaufen wollte, musste ich doch kurz einhaken. Der BWLer in mir rechnete ihm vor, welche Kosten er für Kauf, Stellplatz und Pflege des Bootes haben würde – ich kam auf eine Summe, für die er acht Wochen im Jahr Boote auf der ganzen Welt chartern konnte, und legte ihm auch gleich noch ein paar Prospekte dazu vor. In diesem Moment wurde ihm bewusst, welche Freiheit er gewinnen würde, wenn er die Idee von einem Familienboot aufgäbe. Mein Vater kaufte kein neues Boot. Und so wurden wir alle in unserer Urlaubsgestaltung deutlich freier.

Der Zeitmillionärs-Tipp

Sind Sie bereit für die große Befreiung? Na, dann mal los! Aber bitte versprechen Sie mir eins: Nageln Sie weder mich noch sich darauf fest, dass Sie damit garantiert für immer am Ziel sind. Es kann sein, dass Sie damit schon Ihr Traumleben erreichen. Vielleicht aber werden Ihnen jetzt erst neue Sehnsüchte deutlich.

Machen Sie sich daher klar: Sie können in der neu geschaffenen Situation bleiben, müssen aber nicht. Sie sind völlig frei. Und nur Sie entscheiden.

24. Führen Sie die Viertagewoche und die Dreimonatsregel ein

„Prima, Herr Mulfinger, dann ist ja alles klar", tönt es aus dem Telefon. „Können wir uns nächste Woche am Mittwoch zusammensetzen, um den Rest zu besprechen?"

Ich schlage meinen Kalender auf und sage bedauernd: „Mittwoch geht leider nicht. Das ist mein freier Tag."

„Und die Woche darauf?"

Ich blättere weiter und schüttele den Kopf: „Da bin ich in Urlaub."

Halb entrüstet, halb bewundernd klingt es aus dem Hörer: „Ja, saget Sie mal, Herr Mulfinger, Sie sind ja dauernd weg. Schaffet Sie überhaupt noch was oder privatisieren Sie nur noch?"

Das werde ich tatsächlich öfter gefragt. Am Anfang hatte ich fast ein schlechtes Gewissen: Für einen Schwaben grenzt es an Unanständigkeit, wenn einer nicht so viel schafft, wie es geht.

Inzwischen habe ich mich an die Sprüche gewöhnt. Und mein Umfeld hat sich daran gewöhnt, dass ich meine Arbeit anders verteile, als die meisten anderen es tun. Meine Geschäftspartner wundern sich nicht mehr, im Gegenteil: Sie sind sogar ein bisschen neidisch.

Und ich für mich habe bemerkt: Es genügen mir zwei Grundregeln in Bezug auf die Gestaltung meines Arbeitslebens, um mich zum Zeitmillionär zu machen. Sie sind der Ausdruck meines: „Ich kann, muss aber nicht."

Diese beiden Regeln stelle ich Ihnen nun vor.

Die Dreimonatsregel

In den ersten Jahren meiner Selbstständigkeit war es immer das Gleiche. Ich sagte mir: „Jetzt machst du auch mal Urlaub. Ein bisschen wenigstens. So in vier oder fünf Wochen.“ Als dann die vier oder fünf Wochen rum waren und ich in Urlaub gehen sollte, dachte ich mir: „Jetzt ist gerade ganz blöd: Den Termin da kann ich einfach nicht verschieben. Und diesen Kunden da muss ich auch noch dringend bedienen. Ich verschiebe den Urlaub einfach um zwei, drei Wochen.“

Tja, und zwei, drei Wochen später hat sich das Spiel wiederholt. Immer aufs Neue. Geklappt hat es fast nie mit dem Urlaub. Bis ich endlich kapiert hatte, dass es auf diese Weise nicht funktioniert.

Dann habe ich angefangen, die Zeit, die ich mir als Urlaub ausgesucht hatte, frühzeitig und konsequent zu blocken. Ich habe auch gleich gebucht, denn dann konnte ich zum Kunden sagen: „Tut mir leid, der Termin geht nur, wenn Sie bereit sind, meine Stornierungsgebühren zu bezahlen.“ Das war schon einmal ein erster Schritt in die richtige Richtung.

Nachdem das gut geklappt hat, begann ich, immer dann, wenn ich aus einer Urlaubswoche zurück war, die nächste Urlaubswoche gleich fest zu planen. Das war klasse und hat so gut getan, dass ich mich noch mal gesteigert habe: Ich plane inzwischen die Urlaube für das ganze nächste Jahr – so richtig old-school-mäßig.

Am Anfang musste ich mich dazu fast ein bisschen zwingen, denn die Regel erodiert im Alltag leicht wieder. Gerade wenn Sie eher gutmütig und leistungsorientiert sind und lieber Ja als Nein sagen, teilen Sie Ihrem Kunden nicht einfach mit: „Sie, ich nehme spontan nächste Woche frei, Ihr Projekt bleibt so lange liegen.“ Und genau dagegen hilft die langfristige Planung: Wenn Sie nämlich vier Monate vorher schon ankündigen, dass Sie dann und dann eine Woche nicht da sind, richten sich alle darauf ein und es ist kein Problem.

Und dann kam ich auf den eigentlichen Clou: Ich habe für mich beschlossen, spätestens alle drei Monate für mindestens eine Woche in Urlaub zu gehen. Und zwar richtig in Urlaub, das heißt mit Wegfahren. Das ziehe ich seither knallhart durch. Das ist meine Dreimonatsregel.

Warum die Regel gut tut

Warum ich das so mache? Ich habe einfach bemerkt: Es tut mir megagut. Und es rechnet sich sogar. Letzteres hat auch mein doch noch leicht schlechtes Gewissen beruhigt. Als alter Schwabe war mir beim Gedanken, weniger Einkommen zu haben, am Anfang doch mulmig – obwohl ich mich auf der Ausgabenseite schon darauf eingestellt hatte.

Das Guttun und das Sichrechnen hängen übrigens ganz eng zusammen. In diesen regelmäßigen und häufigen Urlaubszeiten komme ich nämlich zur Ruhe. Ich kriege wieder Energie und sehe Dinge klarer. Immer wenn ich aus dem Urlaub zurückkehre, fällt es mir viel leichter, meine heiligen Kühe zu schlachten. Oder Dinge zu lösen, die ich schon lange vor mir herschiebe.

Alle meinen großen Entscheidungen der letzten Jahre, die mich raus aus dem Hamsterrad und rein ins Zeitmillionärs-Leben führten, sind in solchen Urlaubswochen gereift: mein Beratungsunternehmen verkaufen, meine große Wohnung abstoßen, meinen geliebten Zweitwagen weggeben. Ich beobachte es immer wieder: Ich komme aus der Urlaubswoche mit klaren Entscheidungen zurück und habe dann auch die Kraft, sie umzusetzen.

Die frische Energie ist in allem spürbar: in meinen Coachings, in meinen Vorträgen, in meinen Projekten und Vorhaben. Die Aura stimmt auf einmal wieder.

Wenn ich Urlaub mache, bin ich einfach besser, als wenn ich keinen mache.

Ich habe schon häufig überlegt, wo dieser Effekt herkommt. Ich glaube inzwischen, es liegt daran, dass die Häufigkeit, mit der ich auf diese Art den Kopf rausstrecke, einfach befreiend wirkt.

Drei Monate sind keine lange Zeitspanne: Gefühlt stehen Sie mit einem Bein schon im nächsten Urlaub, wenn Sie aus dem letzten zurückkommen. Sie kommen aus dem Grinsgefühl gar nicht mehr heraus. Sie sind entweder gerade in der Nachfreude von dem einen oder in der Vorfreude auf den anderen Urlaub – das hört überhaupt nicht auf und gibt Ihnen das nachhaltige Gefühl von Freiheit.

Das Wegfahren gehört für mich übrigens dazu: Gerade wenn Sie selbstständig sind, verschwimmt die Grenze zwischen Arbeit und Urlaub zuhause zu leicht. Und meine Erfahrung ist:

Je weiter Sie wegfahren, desto näher kommen Sie zu sich.

Ein Tapetenwechsel ist immer auch ein Perspektivwechsel und das ist eines der Hauptziele. Der Perspektivwechsel passiert von ganz alleine. Es gibt nur eine Voraussetzung: Sie lassen sich im Urlaub die Muße dafür. Wenn Sie sich in dieser Zeit mit Aktivitäten zuschütten, dann wechseln Sie nur das Hamsterrad, nicht aber die Perspektive.

Es ist vollkommen in Ordnung, wenn Sie im Urlaub das Angenehme mit dem Nützlichen verbinden und zum Beispiel einen Yoga-Kurs auf Formentera belegen. Solange neben dem Kurs noch genügend Zeit bleibt, um zu sich selbst zu kommen, ist das sogar genial. Aber wenn Sie von morgens bis abends eingebunden sind, stellt sich keine Muße ein.

Das Gleiche gilt für Urlaub in Reisegruppen: Da ist die Gefahr groß, dass Sie keinen Augenblick für sich sind. Verreisen Sie also besser alleine oder in Gruppen, in denen Sie sich immer wieder mal absetzen können, ohne dass Ihre Begleiter sauer auf Sie sind. Die Zeit, die Sie mit sich alleine verbringen, ist die entscheidende.

Falls Sie die Chance haben, antizyklisch in Urlaub zu fahren, umso besser. Denn Sie zahlen geringere Preise und sind in der Arbeit verfügbar, wenn sonst keiner da ist. Das kann ein echter Wettbewerbsvorteil sein. Der Chef einer der größten und erfolgreichsten Gebrauchtwagenketten in Ostdeutschland erlässt jeden August eine Urlaubssperre für seine Mitarbeiter. Auf die Art macht er diesen Monat zu seinem mit Abstand umsatzstärksten im ganzen Jahr – ganz einfach, weil die anderen Autohäuser alle auf Mindestbesetzung fahren, weil angeblich sowieso kein Kunde kommt.

Es gibt auch Menschen, die sich die Freiheit nehmen, ihre Arbeit zeitweise an Orte zu verlegen, wo andere Urlaub machen. Das können viele Selbstständige und inzwischen auch etliche Angestellte ja tun: ihren Arbeitsort frei wählen. Ich habe das für mich auch einmal ausprobiert und bin eine Woche nach Mallorca, um von dort aus zu arbeiten. Meine Vorstellung war, dass ich in der schönen Umgebung entspannt und effizient ein paar Stunden arbeite und dann an den Strand gehe. Aber ich muss ehrlich sagen: Für mich hat das nicht funktioniert. Kaum dort gelandet, bröckelte mein Arbeitswille. Irgendwie wollte ich doch lieber richtig freihaben, wenn ich an einem schönen, fernen Ort bin. Das heißt aber nicht, dass es bei Ihnen auch so laufen muss. Jeder gestaltet sein Zeitmillionärs-Konzept nach seinen Bedürfnissen.

Die wichtigsten sieben Punkte der Dreimonatsregel

- Machen Sie jedes Quartal mindestens eine Woche Urlaub.
- Für Einsteiger: Legen Sie Ihren nächsten Urlaub spätestens bei der Rückkehr aus dem letzten Urlaub fest, und zwar mit Ziel und Buchung. Machen Sie ein Ritual daraus. Für Fortgeschrittene: Klopfen Sie Ihre Urlaube schon ein Jahr im Voraus fest.
- Freuen Sie sich bewusst auf Ihren Urlaub.
- Wenn Sie das schlechte Gewissen plagt: Rechnen Sie aus, wie viel Ihnen der Urlaub bringt – an Energie, an Effizienz, an Entschlusskraft, an Gesundheit etc.
- Fahren Sie weg: je weiter, desto besser.
- Packen Sie Ihren Urlaub nicht mit Aktivitäten voll, lassen Sie Muße zu.
- Wenn es eine Reisegruppe sein muss: Suchen Sie auch Zeit für sich.

Die Viertagewoche

Die zweite Grundregel des Zeitmillionärs habe ich für mich erst deutlich später als die Dreimonatsregel wirklich durchgezogen. Der Grund: Das hat mich erheblich mehr Überwindung gekostet. Erst als ich nach meinem Hörsturz nahtlos wieder ins Hamsterrad einstieg und meine Mutter mich bestürzt fragte, warum ich es noch immer nicht ruhiger angehen lasse, hatte ich eine erschütternde Erkenntnis. Ich verstand schlagartig, dass der echte Zeitmillionär nicht immer mehr schafft, um sich später mehr zu leisten. Sondern dass der den Spieß umdreht. Dass er sich jetzt ein Leben leistet, das ihn vor dem Hamsterrad bewahrt. Das Leben seiner Träume, das realisiert er gleich. Er wartet nicht bis die vielen Bedingungen, die ihm sein Verstand diktiert, erfüllt sind. Diese neu gewonnene Freiheit kommuniziert der Zeitmillionär auch nach außen.

Wenn ich früher mal tatsächlich einen Tag freigemacht hatte, hatte ich meine Assistentin sagen lassen: „Der Herr Mulfinger ist heute den ganzen Tag auf Terminen." Ab dem Zeitpunkt aber habe ich meinen Kunden ganz offen gesagt: „Wundern Sie sich nicht: Ich habe einen Tag in der Woche frei." Und meine Assistentin darf wahrheitsgemäß sagen: „Nein, der Herr Mulfinger ist heute nicht da, der hat seinen freien Tag."

Mein erstes Learning war: Niemand hat mir deswegen den Kopf abgerissen. Das hatte ich allen Ernstes befürchtet. Und das zweite Learning: Mein Umsatz ist nicht zurückgegangen, obwohl ich weniger gearbeitet habe. Ich war voll ausgelastet und musste anfangen, Mandate abzulehnen. Ich konnte mir also meine Kunden danach aussuchen, wo es menschlich besser passte, wo es mir leichter von der Hand ging, wo die Zukunftsperspektiven günstiger waren. Das hat sicher dazu beigetragen, dass ich weiter erfolgreich war. Nachdem der Erfolg aber anhält, bin ich sicher, dass das auch deshalb so ist, weil ich durch die größere Muße klarer in meinen Entscheidungen sein kann. Ich weiß einfach viel besser, was ich will. Und weniger Fehler mache ich deswegen auch.

Warum die Regel gut tut

Durch die Viertagewoche spüren Sie das Privatier-Feeling noch stärker als durch die Dreimonatsregel. Ich weiß noch, wie ich früher diejenigen beneidet habe, die an einem ganz normalen Werktag vormittags um 10.00 oder 11.00 Uhr ins Fitnessstudio zum Trainieren gegangen sind.

Es ist etwas ganz anderes, wenn Sie wissen, dass die halbe Welt gerade am Arbeiten ist, und Sie haben Zeit, auf Ihrem Gartenstuhl in der Sonne zu sitzen. Es ist das Privatier-Feeling pur, ohne Privatier zu sein.

Ich gebe zu: Für mich ist das Privatier-Feeling besser als das Privatier-Dasein, denn ich kann mir nicht vorstellen, gar nichts mehr zu machen.

Und ich wette, so geht es vielen: Sie haben schon Lust zu arbeiten, bloß nicht ständig auf Ansage und im Hamsterrad. Deshalb ist für mich die Viertageregel der perfekte Wegbereiter für dieses Gefühl, nach dem wir uns alle sehnen. Der freie Werktag eröffnet Ihnen so viele stressmindernde Optionen:

- Sie können einfach mal zwei Stunden darauf verwenden, Ihr Fahrrad zu putzen.
- Im Supermarkt können Sie beim Einkaufen in aller Seelenruhe die Liste der Inhaltsstoffe von Lebensmitteln durchgehen.
- Sie können endlich das Angebot beim Physiotherapeuten nutzen, der zwischen 9.00 und 16.00 Uhr Sonderpreise anbietet.
- Sie können spontan zum Friseur gehen, der vormittags nicht nur mehrere Termine frei, sondern sogar Zeit für ein entspanntes Schwätzchen hat.
- Wenn Sie zum Amt gehen, kommen Sie sofort dran, weil die anderen alle die Abendöffnungszeiten nutzen.
- Sie können mit den Kindern auf den freien Bolzplatz zum Kicken gehen – dann, wenn kein anderer Papa Zeit hat. Sie können schwimmen gehen, eine Maniküre oder Pediküre machen lassen oder sich vielleicht ein Sonntagsfrühstück im Lieblingskaffee gönnen, einfach so, unter der Woche.
- Wie wär's damit? Buchen Sie eine Ayurvedamassage oder bringen Sie die Wäsche zum Bügelservice, anstatt selbst zu bügeln. Nehmen Sie sich Zeit nur für sich. Was Sie tun können? Ein Buch lesen, einen Malkurs machen, einen Kuchen backen …

Sie können Ihren freien Tag auch für Ihre Zukunftsgestaltung nutzen: Wenn Sie sich selbstständig machen wollen, ist die Viertagewoche die perfekte Grundlage für das Reinschleichen, das ich in Kapitel 21 beschrieben habe.

Oder Sie kommen durch die Muße, die Sie an dem freien Tag erlangen, überhaupt erst darauf, wo Sie auf lange Sicht Ihren Sinn finden. Vielleicht machen Sie erst einmal ein Jahr lang wirklich nichts an dem freien Tag und es entsteht in dieser Zeit die Idee für ein Hobby oder die Beschäftigung, die Sie trägt. Dann machen Sie eine Fortbildung oder lesen Bücher, die Ihnen am Herzen liegen. Und so kann es gut sein, dass das Einkommen, das Sie vermeintlich verlieren, später doppelt zurückkommt.

Wichtig bleibt dabei: können statt müssen. Es wäre der falsche Weg, wenn Sie von heute auf morgen ohne weitere Veränderung die Viertagewoche einläuten und hoffen, dass irgendwo das nötige Geld dafür herkommt. Sie würden dadurch nicht freier werden, sondern sich erneut in eine Zwangssituation manövrieren.

Versetzen Sie sich stattdessen finanziell in die Lage, die eine Viertagewoche möglich macht.

Am leichtesten geht das, indem Sie Ihre Kosten reduzieren oder Ihr Einkommen umswitchen. Wie Sie Ihre Kosten überdenken und gegebenenfalls reduzieren können, dazu habe ich bereits viel in den Kapiteln 13 und 19 gesagt.

Das Umswitchen ist eine weitere pragmatische Möglichkeit, wie Sie sich Ihren Weg in die Zeitmillionärs-Freiheit ebnen können. Wer sagt denn, dass Ihr Einkommen aus einer einzigen Quelle kommen muss? 450-Euro-Jobs zum Beispiel können eine lukrative Angelegenheit sein, weil die Brutto-gleich-netto-Rechnung Ihren Stundensatz oft deutlich höher macht als in Ihrem Hauptjob. Sie kriegen da nämlich den Bruttostundenlohn netto voll und ohne Abzüge ausbezahlt. Der Arbeitgeber übernimmt alle Steuern und Abgaben.

Und wenn der Nebenjob sich auch noch mit Ihren Neigungen deckt, umso besser. Wenn Ihr Hobby beispielsweise Sport ist, können Sie als Personal Trainer, Yoga- oder Ski-Lehrer in der Saison Ihrem Hobby nachgehen und gleichzeitig Ihren freien Tag finanzieren.

Oder die viel gescholtenen Jobs in der Gastronomie: Da kommt gar nicht wenig zusammen, wenn Sie das Bedienen mit Freude machen und das Trinkgeld mitrechnen. Wer da flexibel im Kopf ist und das freie Wochenende nicht als heilige Kuh sieht, kann sich auf diese Art viel Freiraum unter der Woche verschaffen.

Oder kennen Sie die Möglichkeit, als Hoteltester auch im Urlaub etwas zu verdienen? Das habe ich erst kürzlich entdeckt. Ich bin überzeugt, wenn Sie sich umschauen, finden Sie jede Menge spannende und ungewöhnliche Ideen für alternative Einnahmequellen.

Und es gibt noch mehr Ansätze, wie Sie eine Viertagewoche hinkriegen: Ich kenne Angestellte, die 100 Prozent arbeiten, aber ihre Arbeitszeit nicht auf fünf, sondern auf vier Tage verteilen. Gerade Fernpendler arbeiten lieber zehn Stunden am Tag, weil sie am Abend in der fremden Stadt sowieso höchstens noch ins Fitnessstudio oder zum Essen gehen. Denen ist es egal, ob sie um 17.00 oder 19.00 Uhr Schluss machen. Es ist ihnen viel lieber, dass sie Donnerstagnacht schon nach Hause fahren können.

Oder wenn Sie die Beschäftigungen im Saisongeschäft anschauen: Da gibt es Jobs, die sechs Monate lang eine Sechs- oder Siebentagewoche bedeuten, an die sich dann sechs Monate Freizeit anschließen. Wenn Ihnen dieses Konzept liegt: Auch das kann Ihnen das Zeitmillionärs-Feeling geben, ohne dass Sie finanziell knabbern müssen.

Das größte Hindernis

Ich bin fest davon überzeugt, dass das größte Hindernis auf dem Weg zur Viertagewoche bei den meisten nicht der finanzielle Zwang ist: Mit den vielen Optionen, die eigenen Kosten zu senken und/oder die finanzielle Lücke aus anderen Quellen zu schließen, kann es praktisch jedem gelingen, diese Hürde zu überwinden.

Viel schwerer fällt es, das „Das-geht-nicht"-Gefühl im Kopf zu überwinden. So war es bei mir auch: Am Anfang meiner Karriere hätte ich weder die Dreimonatsregel noch die Viertagewoche auch nur annähernd für möglich gehalten. Also habe ich gar nicht weiter darüber nachgedacht.

Die Liste der Ursachen für das „Das-geht-nicht"-Gefühl ist lang. Ein paar Beispiele sind:

- Das kann ich mir nicht leisten, da brauche ich gar nicht erst nachzurechnen.

- Das macht mein Chef eh nicht mit, da brauche ich gar nicht zu fragen.
- Was denken denn meine Nachbarn, wenn ich am helllichten Werktag im Gartenstuhl abhänge?
- Die hämischen Bemerkungen meiner Kollegen will ich mir sparen.
- Da stehe ich ja als Faulenzer da.
- Ich höre sofort meine Schwiegermutter fragen: „Und du machst an dem Tag einfach nichts? Denkst du nicht an deine Familie?"
- Ich weiß jetzt schon, dass die wichtigsten Anrufe immer genau an meinem freien Tag reinkommen werden.

Ich kann das verstehen, dass diese Hindernisse sich hartnäckig in den Köpfen festkrallen. Wenn ich mich heute an meinem freien Tag irgendwann vormittags im Schlafanzug an den Laptop setze, dann ertappe ich mich immer noch ab und zu bei dem Gedanken: „Das sieht schon arg nach Asozialem aus."

Und wer mit dem Gefühl nicht leben kann, dass auch mal ein wichtiger Anruf unbeantwortet bleibt, der ist sowieso in Nullkommanix der 60-Stunden-Woche wieder näher als der Viertagewoche.

Es sind diese inneren Zwänge, die Sie hindern, Zeitmillionär zu werden. Um sie aufzulösen, brauchen Sie eine klare Vorstellung davon, wie frei Sie auf einmal atmen können, wenn Sie sie über Bord werfen. Das Wichtigste ist also, dass Sie sich klarmachen, was Sie wirklich wollen. Wenn Sie sich bewusst für das Privatier-Feeling entscheiden, dann hilft es Ihnen einerseits, die Zwänge als solche zu erkennen, und andererseits, sich nicht schon im Vorfeld von ernsthaften Rechnungen und Überlegungen abhalten zu lassen. Denn die Viertagewoche bringt Sie auf dem Weg dahin enorm weiter, wenn nicht sogar schon bis zum Ziel. Bis zu dem Gefühl: „Ja, so kann es bleiben – das ist ein geiler Lifestyle."

Mein Zeitmillionärs-Tipp

Schauen Sie sich Ihre Möglichkeiten für eine Viertagewoche genau an. Praktisch jeder kann sich einen Tag rauspressen – und wenn es zunächst nur für ein Jahr und mit einer kleinen Unterdeckung ist. In diesem einen Jahr wird so viel passieren und es wird Ihnen so viel klar werden, dass es sich auf jeden Fall lohnt.

25. Geben Sie mehr, als Sie nehmen, dann bekommen Sie mehr, als Sie verlangen

„Geben ist seliger als nehmen." So steht es schon in der Bibel. Jetzt bin ich sicher kein Heiliger und noch nicht einmal im klassischen Sinne religiös, aber ich kann das nur unterschreiben. Und zwar nicht, weil ich sicher bin, dass Sie dem Himmel im Jenseits damit näher kommen, sondern weil ich sicher bin, dass Sie Ihren diesseitigen Zeitmillionärs-Himmel damit schaffen.

Wie das zusammengeht? Ganz einfach: Vordergründig mehr zu geben, als zu nehmen, macht nicht nur entspannt und glücklich. Das, was sich anhört wie ein Verlustgeschäft, ist tatsächlich ein großartiges Geschäft. Denn Sie bekommen immer mehr zurück, als Sie investieren.

Das läuft erst einmal der Intuition komplett entgegen. Unsere spontanen Gedanken zu Geben und Nehmen klingen ja eher so:

- „Nimm, was du kriegen kannst, bevor es sich ein anderer schnappt."
- „Jeder ist sich selbst der Nächste."
- „Wer zu spät zugreift, den bestraft das Leben."

Und genau nach diesem Motto geht auch ein Schwabe der alten Schule oder ein typischer Geschäftsmann an Geschäfte ran. Wenn der eine Maschine beim Würth oder einem anderen Händler kaufen will, dann verhandelt er den Verkäufer kaputt. Wenn er kann, dann nimmt er ihm das letzte Hemd. Und freut sich darüber, was für ein gutes Geschäft er gemacht hat, schnallt aber nicht, was er da für einen Bumerang geworfen hat. Er hat dafür gesorgt, dass der Verkäufer sein Gesicht verloren hat, weil er ihn an die Wand gedrängt hat. Deshalb ärgert sich der Verkäufer trotz Abschluss schwarz. Und nun wehe, wenn der Kunde noch etwas vergessen hat! Wenn ihm eine Woche vor Auslieferung der Maschine einfällt, dass er noch so etwas wie ein zweites Absaugrohr braucht. Was meinen Sie, was das dann kostet? Da holt sich der Verkäufer alles wieder zurück. Und zwar mit Zinsen.

Es kommt alles zurück

Deshalb gehe ich in solche Gespräche anders hinein. Und zwar mit dem Motto: „Verhandeln ist gut, aber 50 Cent lasse ich mindestens auf dem Tisch liegen." Das entspricht dem Harvard-Konzept des Verhandelns, das ein Win-win-Ergebnis anstrebt, also eine Einigung an einem Punkt, der für beide Seiten in Ordnung ist. Ich quetsche nie das letzte Blut, nie die letzten zwei Prozent raus. Die kosten nämlich ein Vielfaches dessen, was ich vermeintlich spare.

Das Gegenteil ist der Fall: Wenn Sie auch nur ein bisschen mehr geben, als Sie müssten, heben Sie sich schon enorm von allen anderen Käufern ab. Und meiner Erfahrung nach zahlt sich das aus. Nicht eins zu eins und am selben Tag, aber auf lange Sicht immer.

Das gilt auch außerhalb von Verhandlungen. Wenn zum Beispiel eine gute Mitarbeiterin kündigt, reagieren die meisten Chefs so: „Du hast mich enttäuscht, also zeige ich es dir. Das letzte Gehalt zahle ich dir zu spät und das Urlaubsgeld gar nicht." Da geht es oft nur um 500 Euro hin oder her. Ich mache das anders. Ich sage in so einem Fall lieber: „Komm, ich lege noch 1.000 Euro drauf, weil du echt toll warst."

Und was passiert? Die Mitarbeiterin erzählt jedem in ihrem Bekanntenkreis: „Statt dass der sauer ist auf mich, hat der mir zum Schluss das Doppelte gegeben. Geiler Typ, oder?" Und ihre ganzen Freundinnen sagen: „Wow. Da bewerbe ich mich glatt um deine Nachfolge – wenn das für dich okay ist. Du bist ja eh da weg." Es ist ein bisschen wie Marketing für mich. Wenn ich die Mitarbeiterin dagegen am letzten Tag noch abkanzeln würde, dann wüsste ihr Bekanntenkreis es auch sofort. Keine würde sich bei mir bewerben wollen und schon wäre es ein Bumerang.

Das klingt so, als würde das Prinzip nur für Geldangelegenheiten gelten. Dabei funktioniert es gerade auf diesem Gebiet oft nur mittelbar. In den anderen Bereichen des alltäglichen Lebens zeigt sich der Effekt meist viel direkter und deutlicher.

In anderer Münze

Dadurch, dass ich relativ schnell als guter Unternehmensberater in der Region bekannt geworden bin, häuften sich die Anfragen von Kollegen von wegen Kooperation oder ähnlicher Anliegen. Da war ich am Anfang extrem unentspannt und wollte nicht mal mit denen reden. Ich habe sie nur als Konkurrenten gesehen, die mein Know-how und meine Kontakte abziehen wollen. Selbst auf meine Homepage habe ich nur einen Bruchteil dessen geschrieben, was ich wusste – denn es hätte ja einer Inhalte kopieren und meinen Umsatz absaugen können.

Bis mir meine Assistentin sagte: „Herr Mulfinger, jetzt machen Sie mal halblang. Erstens wissen Sie sowieso mehr als die anderen und zweitens werden Sie mit Ihrem Konzept immer schneller Neues lernen als jeder andere. Jemand, der Sie kopiert, kann Ihnen maximal auf den Fersen sein, aber nie auf Augenhöhe kommen. Also entspannen Sie mal."

Und recht hat sie gehabt. Es hat mir viel mehr gebracht, als dass es mir geschadet hat, mich mit meinem Know-how zu öffnen. Wenn jemand nur auf Kopieren hinaus ist, wird er es sowieso nicht weit bringen. Er kann Ihnen also unmöglich gefährlich werden.

Was das Öffnen mir gebracht hat? Ich habe seither eine Vielzahl von Kollegen kennengelernt. Klar, da waren auch einige dabei, die versucht haben, mich auszunutzen. Die habe ich nach den A-B-Spielregeln aussortiert – diese Spielregeln erkläre ich nachher noch. Die große Masse dieser Kontakte jedoch hat mich gepusht. Ich habe sowohl viel von denen gelernt als auch gute Leute empfehlen können. Wenn zum Beispiel ein Kunde ein Marketing- und Vertriebs-Coaching brauchte – etwas, das wir nicht anboten –, dann hatte ich für ihn eine verifiziert gute Adresse parat. Umgekehrt passierte das genauso. Wenn sich auch oft erst über drei Ecken etwas ergab.

Jedenfalls kam alles, was ich in diese Kooperationen hineingab, in mindestens dem gleichen Wert zurück.

Am deutlichsten aber merke ich den positiven Effekt bei meiner ehrenamtlichen Tätigkeit im Rahmen der Wirtschaftsjunioren. Das war mein eigentlicher Clickpoint in Sachen Geben. Hier ist der Groschen am eindeutigsten gefallen. Als Wirtschaftsjunior verdienen Sie keinen Cent, dafür übernehmen Sie Verantwortung und geben Know-how und Zeit. Und wenn Sie es machen, müssen Sie es auch gut machen.

Viele haben mich gefragt: „Warum machst du das eigentlich?" Lange Zeit habe ich gesagt: „Aus Spaß. Weil es mir Freude macht. Mehr nicht." Und es stimmte auch. Obwohl ich viel Schweiß und Energie reingesteckt habe, und das ohne Bezahlung, hat das Engagement bei den Wirtschaftsjunioren die Streichliste überstanden und es sogar zum Herzensprojekt geschafft. Inzwischen bin ich im neunten Jahr dabei und ich kann sagen: Jede investierte Minute hat sich Zehnfach für mich gerechnet.

Je mehr ich da gebe, desto mehr bekomme ich über Umwege zurück. Das habe ich weder erwartet noch verlangt. Ganz im Gegensatz zu den üblichen Businessnetzwerken geht es bei den Wirtschaftsjunioren explizit nicht um neue Aufträge und lukrative Businesskontakte. Das ist sogar verpönt. Aber der persönliche Gewinn kanalisiert sich über viele andere Menschen und auf den unterschiedlichsten Ebenen. Ich will nur einige wenige nennen:

- Ich habe zum Beispiel erst hier gelernt, vor vielen Menschen zu sprechen. Noch vor wenigen Jahren habe ich in solchen Situationen jämmerlich gestottert und mich überhaupt nicht getraut. Heute stehe ich total gechillt vor 100 Leuten und plaudere aus dem Nähkästchen.

- Auch politisches Entscheiden habe ich hier gelernt. Früher bedeutete Entscheiden für mich: geht oder geht nicht. Schwarz oder Weiß. Gerade aber wenn Sie mit öffentlichen Behörden, Gremien und Ehrenamtlichem zu tun haben, liegt die Wahrheit irgendwo dazwischen. Und die beste Lösung im Gemenge der verschiedensten Interessenlagen zu finden ist eine Kunst, die Ihnen viele Türen öffnet.

- Ich habe aber auch allein große Freude an der hohen Wertschätzung, die ich von den Teilnehmern erfahre. Sie können als Referent beobachten, wie der Samen, den Sie in Form von Know-how pflanzen, aufgeht. Das erfüllt mich in ungeheurem Maß mit Sinn.

- Und selbst wenn ich nie direkte Aufträge über die Wirtschaftsjunioren generieren wollte, habe ich durch die Tätigkeit dort mein Netzwerk unglaublich erweitert. Auf einmal kriegen Sie auf die Art auch mal einen Termin im Wirtschaftsministerium oder Kontakte zu einem Entscheiderlevel ganz weit oben.

Alles in allem kann ich sagen: Ohne dieses Ehrenamt wäre ich nicht da, wo ich heute bin. Mein Engagement hat sich mehr als gelohnt. Und das trifft auf viele, viele andere Ehrenämter zu: Sie zahlen sich aus! Nicht sofort in barer Münze, aber in vielen anderen Währungen.

Es geht so einfach

Mehr zu geben, als Sie müssen, zahlt sich bei Weitem nicht nur im beruflichen oder ehrenamtlichen Rahmen aus, sondern tatsächlich in allen Lebenslagen. Es ist auch ein Stück generöse Lebenseinstellung, die sich darin spiegelt:

Sie können es sich leisten zu geben.

Sie müssen nicht darauf geiern, dass der andere sofort und gleich dafür bezahlt. Es ist ein Stück Leichtigkeit, das Ihnen diese Einstellung gibt, im Gegensatz zu dem Gefühl: „Ich zahle immer drauf."

Ich greife jetzt willkürlich eine Latte von Beispielen heraus, wie sich diese beiden unterschiedlichen Lebenseinstellungen zeigen:

- Sie fahren morgens in der überfüllten U-Bahn oder im vollgestopften Zug zur Arbeit. Sie können entweder denken: „Mir schenkt auch keiner was. Auf einem markierten Platz sitze ich auch nicht. Also: Warum soll ich aufstehen?" Und bleiben sitzen. Oder Sie bieten freiwillig Ihren Sitzplatz jemandem an, der es Ihres Erachtens nötiger hat als Sie.

- Sie sind Autohausangestellter und können im Büro entweder Dienst nach Vorschrift machen, weil Sie der Meinung sind, dass Ihr Chef Ihnen ruhig 200 oder 300 Euro mehr zahlen könnte.

Oder Sie denken: „Ist halt gerade so, aber der Kunde mir gegenüber kann nichts dafür. Bei dem gebe ich jetzt Vollgas, einfach weil ich das gerne tue.“ Und helfen dem bei seinem Problem.

- Sie können in der Mittagspause von der Kantinenfrau griesgrämig Ihr Essen entgegennehmen oder Sie können ihr sagen, dass Sie es toll finden, dass sie die Kantine so top in Schuss hält.
- Sie können am Nachmittag Ihren benutzten Kaffeebecher einfach zu den anderen stellen oder aber die Kaffeeküche aufräumen, was sonst keiner macht, weil ja keiner muss.
- Sie können sich nach Feierabend in der Schlange an der Supermarktkasse die Ohren zuhalten, wenn die Mutter hinter Ihnen versucht, mit dem quengelnden Kind zurande zu kommen, oder Sie können sie vorlassen.
- Sie können im Fitnessstudio am Abend den Anfänger neben sich in seinen hilflosen Versuchen an dem Gerät alleinlassen oder ihm erklären, wie er die Bewegung besser machen kann.
- Sie können dem Trainer dort, der Ihnen nach der Stunde erzählt, dass er einen rechtlichen Rat braucht, sich aber keinen Anwalt leisten kann, entweder ungerührt stehen lassen oder ihm anbieten, dass er sich bei Ihnen melden kann, weil Sie zufällig Rechtsanwaltsfachangestellte sind und die Frage bei Ihrem Chef für ihn klären können.

Das klingt nach lauter Kleinigkeiten, aber genau da kommt der Ball ins Rollen. Und wie eine Billardkugel, die über Bande gespielt wird, wird das, was Sie geben, zu Ihnen zurückkommen. Sie werden nie wissen, aus welcher Richtung es zurückkommt. Aber es kommt. Bei dem Angestellten im Autohaus war ich zum Beispiel stummer Zeuge, wie der sich für einen Kunden, der trotz der übervollen Warteliste dringend einen Termin brauchte, ins Zeug legte. Und tatsächlich schließlich bei der Konkurrenz einen Termin ergatterte. Ich war begeistert. Und weil ich den Chef von dem Autohaus kenne, weiß der auch davon, dass da einer viel mehr gegeben hat, als er musste. Ich wette, das wird ihm zugute kommen – und wahrscheinlich wird er nie erfahren, wo der Impuls dazu herkam.

So verhindern Sie das Ausnutzen

Bei aller Begeisterung für das Geben will ich nicht verschweigen, dass es auch immer wieder Menschen gibt, die diese Haltung ausnutzen. Und vor denen müssen Sie sich schützen. Gerade wenn Sie ein eher gutmütiger, ehrgeiziger Typ sind. Wenn Sie das Spiel nämlich zu lange mitmachen, werden Sie stinksauer und reagieren zu hart.

So ging es mir auch, bis mein damaliger Mentor mir sagte: „Hey, kennen Sie nicht das A- und B-Spiel? Das können Sie für alles im Leben anwenden." Und dann hat er es mir erklärt, so wie es im Kasten steht.

Die Spielregeln des A- und B-Spiels

- A steht für: Der Spieler sendet Vertrauen.
- A minus (A–) steht für: Der Spieler sendet bedingtes Vertrauen.
- B steht für: Der Spieler sendet Misstrauen, er nutzt seinen Mitspieler aus.
- B minus (B–) steht für: Der Spieler sendet kompletten Vertrauensverlust, er bricht das Spiel ab.
- Senden beide A, heißt das: Die beiden Spieler kooperieren, sie vertrauen einander, sie schaden sich nicht gegenseitig, sie fördern gegenseitig ihre Spielenergie.
- Schaltet einer von beiden von A auf B, heißt das: Er fängt an, nur noch zu nehmen und nichts mehr zu geben.
- Wenn der andere Spieler weiter A sendet, obwohl nur B zurückkommt, sinkt sein Energielevel.

- Sinkt das Energielevel beim A-Sender zu stark ab, wird sein Notprogramm aktiviert: Das heißt, er sendet aus dem Nichts heraus dem anderen B– und unterbricht damit das Spiel jäh. Sein Energielevel bleibt erschöpft.
- Wenn der A-Sender aber auf das erste B-Signal sofort auf A– umstellt, geht ihm nur wenig Energie verloren. Der B-Sender kann wieder auf A umschalten und die beiden können das Spiel fortsetzen.
- Kommt auf A– weiterhin B, dann kann der A-Sender das Spiel ohne weiteren Energieverlust und geordnet beenden.

Mein Mentor hat mir das Spiel anhand eines Bildes verdeutlicht:

- A ist das Vertrauen, dass Sie zeigen, wenn Sie jemandem die Tür zu Ihrer Wohnung aufmachen.
- B– heißt, Sie knallen ihm die Tür vor der Nase zu.
- Wenn Sie dagegen A– senden, lehnen Sie die Tür nur an. Erst wenn Sie dann weiterhin ein B kriegen, schließen Sie die Tür geräuschlos zu.

Das A-B-Spiel hat zwei große Vorteile: Erstens verkürzen Sie die Zeitspanne, in der Sie sich ausnutzen lassen, extrem. Und zweitens baut sich in Ihnen nicht ein so großer Frust bzw. Ärger auf.

Ein Beispiel für ein solches Spiel ist dieses: Sie haben einen sehr guten Kunden, der bisher zuverlässig gezahlt hat, und Sie geben alles für ihn. Jetzt aber fängt er an, Sie bei den Rechnungen zu vertrösten. Wenn Sie das Spiel nicht beherrschen, dann senden Sie weiterhin A, holen den Kunden weiter aus dem tiefsten Dreck und sind für ihn da. Ihr Groll aber wächst immer mehr, bis er in flammenden Zorn umschlägt. Dann rufen Sie den Kunden an und brüllen ins Telefon: „Sie haben mich sechs Monate verarscht. Jetzt mache ich Sie platt!“

Die bessere Spielvariante wäre gewesen, wegen der ersten offen gebliebenen Rechnung anzurufen und A– zu senden, indem Sie sagen: „Sie zahlen gerade nicht. Ich mache jetzt noch das und das für Sie, aber es dauert etwas länger als sonst." Oder: „Ich mache jetzt noch das und das für Sie, aber danach werde ich warten, bis die bislang regelmäßigen Zahlungen wieder eingehen." Dann versteht er sofort, was los ist.

Das Spiel lässt sich auf alle Lebenslagen übertragen. Stellen Sie sich vor, Sie haben einen Kollegen, mit dem Sie Know-how austauschen. Und der fängt an, das dabei erworbene Wissen der Geschäftsleitung als seine eigenen bahnbrechenden Erkenntnisse zu verkünden. Er prahlt damit und kommt Ihnen im Meeting damit immer zuvor. Als Spielunkundiger würden Sie weiter A senden und sich gleichzeitig tierisch aufregen und ordentlich Frust ansammeln. Als Spielprofi aber würden Sie, wenn er das nächste Mal nach einem bestimmten Ordner von Ihnen fragt, auf A– schalten und sagen: „Oh, tut mir leid, den finde ich gerade nicht. Kann sein, dass ich ihn beim Aufräumen nächste Woche wieder entdecke." Oder Sie sagen vorsichtig: „Ich habe gerade das Gefühl, dass unser Austausch nicht ganz auf Augenhöhe ist. Lassen Sie uns mal ein bisschen langsam tun."

Oder auch im Privatleben: Wenn Ihr bester Freund auf einmal Ihrer Freundin schöne Augen macht, senden Sie lieber sofort ein A–, statt so zu tun, als wäre nichts. Damit haben Sie die Chance, sowohl die eine wie auch die andere Beziehung zu retten.

Wenn Sie das A-B-Spiel beherrschen, können Sie ganz entspannt die Zeitmillionärs-Haltung einnehmen und mehr geben, als Sie müssen. Ganz einfach, weil Sie das können.

Mein Zeitmillionärs-Tipp

Die Erfahrung, wie toll es sich anfühlt zu geben, obwohl Sie nicht müssen, lässt sich schwer beschreiben. Deshalb: Probieren Sie es einfach mal aus. Nehmen Sie sich mal zwei Tage vor, an denen Sie sich ganz bewusst fragen: Wo kann ich mehr geben, als ich nehme? Und dann beobachten Sie, was Sie auf anderem Wege zurückkriegen, ohne dass Sie es verlangen. Fangen Sie ruhig klein an! Sie werden schnell merken, dass es funktioniert.

26. Partner ohne Fesseln

„Ich wuppe euch das Ding, aber ich möchte Anteile. Weil: Ihr seid pleite und ich müsste mit meinem Privatvermögen bürgen, damit wir noch mal einen Kredit bekommen", sagt Wendelin Wiedeking gerade zu den Vertretern der Eigentümerfamilien Piëch und Porsche. Es ist Anfang der 1990er Jahre, das Wasser steht dem Sportwagenunternehmen Porsche bis zum Hals.

Ferdinand Piëch lockert sich den Hemdkragen, weil ihm heiß geworden ist, und sagt: „Herr Wiedeking, wir sind ein Familienunternehmen. Wir geben grundsätzlich keine Anteile heraus. Das würde uns aneinanderknebeln und das halten wir für keine gute Grundlage für eine Partnerschaft. So sehr wir auch an Ihrem Einstieg interessiert sind."

Wendelin Wiedeking trommelt mit den Fingern auf der Mahagonitischplatte, starrt einen Moment schweigend aus dem Fenster und sagt dann entschlossen: „Gut. Dann machen wir einen Vertrag, der mich zum Mitunternehmer macht, ohne dass ich Mitunternehmer bin. Dann sind wir Partner, aber ohne Fesseln."

So oder so ähnlich könnte sie entstanden sein, die Vereinbarung, die ich den Wiedeking-Vertrag nenne. Sie sicherte dem Manager neben einem Fixum in relativ bescheidener Höhe einen sehr hohen erfolgsabhängigen Bestandteil. Das verhalf Herrn Wiedeking später zu den märchenhaften Boni, nachdem er gute Ergebnisse gebracht hatte. Welches Risiko er zu Anfang der Partnerschaft eingegangen war, wurde bei den kritischen Kommentaren dazu meist verschwiegen.

Es geht mir aber gar nicht um die angemessene Höhe von Managereinkünften, sondern um das Prinzip, das hinter dieser Vereinbarung steht. Ich habe es mir zum Vorbild genommen, um nach dem Verkauf meiner eigenen Firma dort weiterhin so als Partner mitzuarbeiten, dass beide Seiten sich verbunden fühlen und doch jederzeit relativ einfach aussteigen können.

Denn ich sage ganz klar: Partnerschaften funktionieren dann am besten, wenn sie frei und ohne Zwänge sind. Auch wenn diese freie Form der Partnerschaft nicht die Regel ist.

Wie die Fesseln wirken

Von den vielen Partnerschaften, die Geschäftsleute eingehen, hält kaum eine ewig. Selbst wenn es die besten Freunde sind, die sich zusammengeschlossen haben: Irgendwann ist der Punkt der Trennung erreicht. Der Hauptgrund dafür, dass berufliche Partnerschaften scheitern, ist, dass sich die Beteiligten unterschiedlich entwickeln. Das ist nicht anders als in einer Ehe.

Stellen Sie sich zum Beispiel vor, der eine Geschäftspartner schafft sich Frau und Kinder an, während der andere Single bleibt. Der Single hat es viel leichter, immer mal wieder auch Zwölfstundenschichten einzuschieben, ohne dass er zuhause Ärger kriegt. Über kurz oder lang wird er dann zu dem Familienvater sagen: „Du, sorry. Wir verdienen hier beide das Gleiche. Ich arbeite dauernd zwölf Stunden und du nur sieben. Vom Wochenende gar nicht zu reden." Und das Ende der Partnerschaft kommt in Sicht.

Und wenn dann die Fesseln die beiden zwingen zusammenzubleiben, dann wird das Ende kein angenehmes sein. Im Gegenteil: Im Business ist es tatsächlich so, dass ein Großteil der Sanierungsfälle aus dem Thema Streit unter Gesellschaftern entsteht.

Daraus habe ich für mich geschlossen: Wenn die Partnerschaft eh nicht langfristig funktioniert, warum dann aneinanderketten? Die Ketten beschleunigen das Scheitern ja nur. Dann gestalte ich die Partnerschaft doch lieber gleich so, dass es ein Können und kein Müssen ist.

Doch nicht nur das Ende einer Partnerschaft wird durch ein Müssen belastet: Auch die Zusammenarbeit bleibt hinter dem zurück, was sie sein könnte. Das beobachte ich oft bei Angestellten: Ich kenne so viele, die arbeiten für ihren Chef, weil sie das Gefühl haben, sie müssen. Weil sie glauben, dass sie da eh nicht rauskommen. Weil sie glauben, dass sie zu alt sind, um einen anderen Job zu finden. Weil sie glauben, dass sie mit ihrer zeitlichen oder räumlichen Einschränkung nichts anderes kriegen. Sie sehen keine Alternative, sie fühlen sich an ihren jetzigen Job gefesselt.

Als Chef graut es Ihnen vor solchen Mitarbeitern: Wo sollen die ihre Motivation hernehmen? Die können gar nicht mehr sagen: „Hey, ich arbeite hier gern und freiwillig. Weil das das Richtige für mich ist. Und nicht, weil ich nichts anderes kriege." Eine echte Motivation entsteht nur, wenn Sie können, aber nicht müssen. Wenn Sie also Zeitmillionär sind.

Wie Partnerschaften ohne Fesseln funktionieren

Das heißt nicht, dass ich von Partnerschaften abrate – im Gegenteil. Partnerschaften inspirieren: Dadurch, dass Sie sich als Sparringspartner dienen, machen Sie sich gegenseitig besser.

Partnerschaften helfen Ihnen auch, zum Beispiel Verantwortung auf mehrere Schultern zu verteilen. Sie teilen die Risiken genauso wie die Chancen. Sie schaffen dadurch ein wesentlich größeres Ganzes und auch mehr persönlichen Freiraum. Früher als One-Man-Show bin ich niemals mehr als eine Woche in Urlaub gegangen. Wenn Sie die Lasten auf zwei oder drei Schulterpaare verteilen können, gehen auch mal zwei oder drei Urlaubswochen, ohne dass die Hütte abbrennt. Und das funktioniert alles wesentlich besser, wenn Sie sich dabei gegenseitig keine Fesseln anlegen.

Ich habe über Jahre mit Domenico, einem italienischen Berater, sehr eng zusammengearbeitet. Wir übernahmen verschiedene Beratungsaufträge und traten dabei immer als Partner auf. Wir ergänzten uns super: Er war mehr der Kommunikator und ich eher der Fachmann. Wir waren ein richtiges Dream-Team. Kennen Sie das Gefühl, wenn man sich perfekt ergänzt, blind versteht, im absoluten Flow ist? Wenn man tolle Ergebnisse erzielt und das Ganze dazu noch einen Heidenspaß macht? Genau so war die Partnerschaft mit Domenico. Eine gemeinsame Firma aber gründeten wir nie, auch wenn er das einst vorgeschlagen hatte. Ich erwiderte damals: „Dome, es läuft so perfekt: Ich hatte noch nie einen Partner, mit dem alles so easy war – weil wir uns einfach blind verstehen. Warum sollten wir etwas ändern? Wir sind beide hochmotiviert, wir sind ein Superteam, wir sind voll im Flow. Wenn wir jetzt zusammen eine Firma gründen, dann legen wir uns gegenseitig Fesseln an. Wir zwingen uns dazu, dass es immer so weiter gehen muss. Ist es nicht viel besser, jeder von uns weiß: Solange jeder von uns will, sind wir unschlagbar? Und wenn einer nicht mehr will, dann halt nicht?"

Vielleicht hatte ich es auch schon geahnt: Eines Tages rief Domenico an und sagte: „Ciao Jochen. Du, ich habe eine große Chance. Ich steige ins Musik-Business ein, Stars managen und so weiter. Coole Sache. Nur für die Beratung habe ich dann keine Zeit mehr."

Ich sagte: „Okay, Dome. Ab wann denn?"

Er erwiderte ein bisschen nervös: „Ab morgen schon. Ist das ein Problem?"

Ich lachte kurz auf, schluckte ein bisschen und sagte: „Nein, kein Problem. Die drei laufenden Kunden kann ich alleine abfangen. Es ist nur schade, weil ich dich vermissen werde!"

Es war, als würde er mich durch das Telefon umarmen, als er sagt: „Grazie, mio caro. Du warst der tollste Partner der Welt!"

Hätten wir eine Firma gegründet, hätte das den Exodus bedeuten können oder zumindest einen Haufen Heckmeck. Und so lief das relativ entspannt.

Es ist nicht so, dass es in den Partnerschaften ohne Fesseln keine Abhängigkeiten gibt – das ist etwas anderes. Solange die Verbindung eine gewünschte ist, sind diese Abhängigkeiten kein Problem. Solange Sie gerne für und mit jemandem arbeiten, können Sie das tun. Dafür brauchen Sie auch keine Fesseln. Sobald Sie müssen, obwohl Sie nicht wollen, verwandelt sich eine Partnerschaft in ein Gefängnis.

Deshalb sage ich auch immer zu Mitarbeitern und Kollegen: „Es ist eine Einladung. Ich lade dich ein, mit mir zu arbeiten. Zwingen werde ich dich nicht. Überlege es dir, denn es ist deine Entscheidung: Du kannst, du musst nicht."

Ich habe lange gezögert, Freunde im beruflichen Umfeld zu Partnern zu machen. Ich dachte mir, es geht nur ein Entweder-oder. Denn im Fall einer Trennung ist auch die Freundschaft futsch. Und da war mir die Freundschaft wichtiger. In dem Punkt war ich feige. Meine Erfahrung zeigt aber inzwischen: Es ist kein Problem, solange Sie eines beachten. Besprechen Sie am Anfang schon, wie das Ende aussehen kann. Und es kann sogar ganz großartig werden, denn Partnerschaften mit Menschen, die Ihnen vertraut sind, können Sie auf ganz andere Ebenen führen.

So werden Sie die Fesseln los

Es ist eindeutig leichter, eine Partnerschaft von vorneherein ohne Fesseln zu gestalten, als bestehende Fesseln wieder abzustreifen. Aber beides ist möglich. Fangen wir mit der einfacheren Aufgabe an.

Die Fesseln vermeiden

Am besten überlegen Sie sich im Vorfeld einer neuen Partnerschaft, wie Sie sie eingehen können, ohne dass daraus Fesseln erwachsen. Im beruflichen Umfeld kann das zum Beispiel heißen:

- Sie umreißen Ihre Kooperation mit einer losen Erklärung. Da steht dann nicht Zwingendes drin, kein Wettbewerbsverbot oder so etwas.
- Für eine Partnerschaft: Bevorzugen Sie einen Wiedeking-Vertrag. Dessen drei goldene Regeln finden Sie im folgenden Kasten.
- Besprechen Sie die Regeln für den Fall, dass Sie Ihre Partnerschaft wieder auflösen wollen.

Die drei goldenen Regeln für Ihren Wiedeking-Vertrag

- Sie können den Vertrag relativ schnell auflösen.
- Sie haben eine hohe erfolgsabhängige Beteiligung.
- Sie fühlen sich wie ein Partner auf Augenhöhe.

Vor dem Gespräch über die Auflösung schrecken viele zurück. Dabei ist das der Punkt, der schon vor dem Vertragsabschluss die größten Bauchschmerzen macht und vielleicht sogar komplett vom Vertragsabschluss abhält: Was wird passieren, wenn es nicht gut geht? Wird es Streit geben? Wird es ein emotionales Chaos geben? Wird der finanzielle Schaden groß sein?

Um all dem vorzubeugen, organisieren Sie zum Beispiel Ihren Gesellschaftervertrag so, dass es ohne Stress über die Bühne gehen kann, wenn einer rausgeht. Das ist wie mit dem Regenschirm: Wenn Sie den dabei haben, dann brauchen Sie ihn gar nicht, weil es dann ziemlich sicher nicht regnet.

Oder wenn Sie ein Ehrenamt übernehmen: Stellen Sie von Anfang an klar, dass Sie sich die Freiheit nehmen, möglicherweise morgen wieder auszusteigen. Machen Sie in Ihrem Kopf aus dem Können kein Müssen, auch wenn Sie die anderen noch so sehr drängen. Bewahren Sie sich immer Ihr Zeitmillionärs-Feeling der Freiheit.

Und falls Sie gerade frisch verliebt in eine Partnerschaft eingestiegen sind und keinerlei Fesseln empfinden: Umso besser, denn jetzt haben Sie die Chance, von vornherein die Entwicklung von Fesseln zu vermeiden. Auch wenn im Moment noch alles rosarot ist, zwingen Sie sich heute schon zu Freiräumen. Noch brauchen Sie sie nicht, aber glauben Sie mir: Sie werden sie brauchen. Und je früher Sie die Freiräume vorbereiten, desto leichter funktioniert der Übergang von der Verliebtheit in die Vertrautheit.

Um es noch mal klarzustellen: Ich meine nicht, dass Sie ab heute unstet und immer auf dem Sprung sein sollen. Ich empfehle beileibe nicht, die Trennung, wie Sie sie einmal erdacht haben, auf jeden Fall auch durchzuführen. Ich will Ihnen lediglich helfen, zu können statt zu müssen. Wenn Sie sich Ihre Freiheit bewahren und auf Augenhöhe bleiben, sind Sie deutlich motivierter. Diese höhere Motivation macht Sie eher beständiger als unsteter. Und vor allem macht es Sie glücklicher: Weil Sie jederzeit wissen, dass Sie morgen ohne Schmerz aufhören können, wenn Sie denn wollen.

Die Fesseln lösen

Vielleicht befinden Sie sich aber auch schon in Partnerschaften, die sich für Sie wie ein Gefängnis anfühlen. Auch da lässt sich etwas machen. Das ist mühsamer, als wenn Sie neu anfangen. Aber stellen Sie sich das megageile Gefühl vor, wenn sich diese Partnerschaft auf einmal selbstbestimmt und frei anfühlt. Das ist doch etwas ganz anderes, als wenn Sie sagen: „Ja, ich habe ewige Treue geschworen, deshalb muss ich das jetzt eben einhalten."

Diese Fesseln haben meistens etwas mit den Einstellungen der Beteiligten zu tun. Haben Sie sich jemals darüber unterhalten, was das für Sie beide eigentlich heißt, diese „ewige Treue"? Heißt das wirklich für Sie beide, dass Sie alle freie Zeit nur noch gemeinsam verbringen dürfen? Oder glauben Sie nur, dass das der jeweils andere von Ihnen erwartet? Müssen es 100 Prozent Gemeinsamkeit sein oder fühlt sich ein Verhältnis von 70 zu 30 Prozent eigenständiges Leben besser an?

Ich konnte früher nicht verstehen, wie Paare, die seit Langem zusammen sind, trotzdem immer noch zwei getrennte Wohnungen oder auch nur getrennte Schlafzimmer unterhalten können. So was gibt es für den protestantischen Schwaben nicht. Aber warum soll das nicht sogar die beste Lösung sein? Stellen Sie sich vor, der eine kann nie schlafen, weil der andere schnarcht. Oder er braucht einfach einen Rückzugsort, um sich wohlzufühlen – und darf ihn nicht haben, weil ein äußerer Zwang es verbietet.

Bei privaten Partnerschaften hilft schon eine Freiheit im Denken. Das wichtigste Ziel dabei ist herauszufinden, was passieren muss, damit keiner von beiden die Partnerschaft als Fessel empfindet.

Meiner Beobachtung nach erlegen wir uns die Fesseln nämlich selbst auf. Ich hatte zum Beispiel eine längere Beziehung, in der ich das Gefühl hatte, dass ich mir nicht einmal ein Skiwochenende mit meinen Jungs gönnen könnte, ohne dass sie sauer ist. Ich fühlte mich so was von eingeengt, dass ich sie doch irgendwann darauf ansprach. Sie sah mich ganz erstaunt an und sagte: „Wie kommst du darauf? Klar kannst du ohne mich Skifahren gehen." Und so ist das mit vielen Erwartungen, die gar nicht der andere an Sie heranträgt, sondern von denen Sie nur glauben, dass er sie hat.

Ich kenne ein Paar, da ist er ein eher bodenständiger Hamburger und sie ein Energiebündel, wie es im Buche steht. Er hätte seine Frau gerne ständig an seiner Seite, aber sie hält das nicht aus. Und er lässt sie gewähren, denn er sagt: „Wenn ich ihr ein Gefängnis baue, rennt sie weg. Wenn ich sie aber rennen lasse, kommt sie relativ schnell zurück.“ Und so hat sie drei Monate alleine auf Bali verbracht. Um glücklich und zufrieden wieder heimzukommen.

Wenn Sie sich aber wie im Gefängnis fühlen, und Sie haben schon alle Register gezogen, um die Fesseln loszuwerden ohne die Partnerschaft aufzulösen, dann sage ich inzwischen knallhart: Beenden Sie die Beziehung. Oder ziehen Sie das wenigstens ernsthaft in Betracht. Halten Sie den Zwang nicht ewig aufrecht. Denn jede Trennung wird mit der Zeit schwerer. Je früher Sie merken, dass es keinen Sinn hat, desto besser kriegen Sie Ihr Trennungsmanagement auf die Reihe (siehe Kapitel 12).

Wenn Sie den Gedanken an Trennung zulassen, heißt das noch lange nicht, dass Sie sich auch trennen müssen. Manchmal entlastet allein das Drandenken Ihr Engegefühl und Sie kriegen in einem letzten großen Anlauf die Fesseln doch gesprengt.

Wenn es Ihnen gelingt, dann möchte ich Ihnen gratulieren. Denn ganz ehrlich: Es gibt wenig geilere Sachen als Partnerschaften, die sich frei anfühlen. Das ist wie Seelenverwandtschaft, und zwar beruflich wie privat. Einen größeren Grad an Motivation wie bei solchen freien Partnerschaften habe ich nie erreicht.

Mein Zeitmillionärs-Tipp

Machen Sie eine Trennung auf Zeit – und zwar dann, wenn es Ihnen hilft, die Freiräume zu schaffen, die Ihrer Partnerschaft noch eine Chance geben können. Aber auch nur dann! Denn meistens wird so etwas nur aus Feigheit vereinbart, weil sich beide Seiten um eine klare Entscheidung drücken wollen. Und das verlängert den Zwang, anstatt ihn zu beenden.

27. Business ist nur ein Spiel

„Herr Mulfinger, kann ich Sie mal kurz unter vier Augen sprechen? Wir könnten auf den Balkon rausgehen“, sagt mein Mandant, ein blutjunger, aber hochintelligenter Business-Einsteiger, der im Begriff ist, ein Unternehmen zu kaufen. Vielleicht die Chance seines Lebens.

Es ist Hochsommer. Kaum haben wir die Tür hinter uns zugezogen, braten wir bei über 40 Grad im Schatten in unseren dunklen Anzügen in der prallen Sonne. Mir läuft der Schweiß herunter, und das nicht nur wegen der Hitze: Wir sind bei der Verhandlung mit dem Verkäufer und dessen Staranwalt jetzt kurz vor der Unterschrift. Aber es war ein zähes vierstündiges Ringen.

„Das Angebot ist schon gut, aber noch nicht perfekt“, sagt der junge Mann gerade zu mir. „Handeln Sie die im Preis noch mal um 50.000 Euro runter.“

„Wie?“, frage ich perplex. Mir ist auf einmal noch heißer als vorher. „Das ist schon jetzt ein richtig guter Deal für Sie. Es gibt am Markt zurzeit kein anderes passendes Angebot für Sie. Sie sind schon Monate auf der Suche und das ist vielleicht Ihre einzige und letzte Chance, ein solches Unternehmen zu übernehmen! Und die anderen wissen das! Kann gut sein, dass die das Geschäft platzen lassen, wenn wir jetzt noch mal weiter drücken. Das ist, als wenn wir uns bei einem Unentschieden kurz vor Schluss mit der ganzen Mannschaft samt Torwart nach vorne werfen und unser eigener Kasten ungedeckt bleibt: Wir könnten alles verlieren.“

„Ist okay“, sagt er lässig. Und ich schlucke.

Aber dann denke ich mir: „Gut, wenn er spielen will, dann spielen wir.“ Ich rücke meine Krawatte noch mal gerade und wir gehen an den Verhandlungstisch zurück.

Beim Setzen stelle ich mir einen Moment vor, ich stehe im Spielertrikot am Anstoßpunkt und habe meinen Fuß auf den Ball gestellt. Ich sage lächelnd in die Runde: „Wir haben uns gerade noch mal intern abgestimmt. Es gibt da noch ein paar Punkte, die uns aufgefallen sind.“

Indem ich einen der kleineren Posten aufführe, spiele ich den Ball zum Gegenanwalt. Der turft ihn weiter zu seinem Mandanten, der ihn wiederum mir zuspielt. Einigung erreicht. Nächster Punkt.

So kreist der Ball ein wenig im Mittelfeld, doch ich warte nur auf den richtigen Moment. Jetzt ist er da. Ich hole weit aus, um den Ball voll in den Lauf unseres Stürmers zu bolzen, der sich hinter dem Rücken der Abwehr nach vorne geschlichen hat. Ich platziere also meine Hauptforderungen: „Und das mit den Beständen, die Sie da am Anfang heruntergerattert haben: Bei genauerem Hinsehen sind die älter als vermutet. Statt der 30 Prozent Abschlag, die Sie ansetzen, stellen wir uns 35 Prozent vor."

Stille. Vor meinem geistigen Auge sehe ich den Stürmer mit dem Ball Richtung Tor rasen, die Verteidiger sind ihm hart auf den Fersen. Ich höre, wie sie sich gegenseitig hektisch Anweisungen zurufen. Im Sitzungszimmer springt der Gegenanwalt empört auf und gestikuliert drohend. Der Verkäufer schimpft lautstark über unsere Unverfrorenheit. Unser Anwalt hebt beschwichtigend die Hände und mahnt zu Ruhe. Alles palavert wild durcheinander. Nur ich nicht, denn ich sehe immer noch gespannt dem Stürmer auf seinem Weg zum Tor zu.

Jetzt steht er direkt dem Torwart gegenüber, zieht ab – und donnert den Ball ins Tor. Und ich denke: „Ja!"

„Also gut, wir sind bereit, auf 33 Prozent Abschlag hochzugehen. Aber das ist wirklich unser allerletztes Wort", speit der Verkäufer zu mir herüber.

Ich nicke mit einem Lächeln. Die Differenz zwischen den 30 und den 33 Prozent beläuft sich genau auf die 50.000 Euro, die mein Mandant wollte. Und mein Hemd ist das einzige im Raum, das nicht komplett durchgeschwitzt ist.

Wenn aus Business Ernst wird

Zu dieser Überschrift würden die meisten sagen: „Was heißt hier, wird ernst'? Business ist ernst." Die sagen: „Hey, jetzt ist Job, jetzt ist Ellbogeneinsatz, jetzt ist Kampf – bitterer Ernst halt eben."

Und wie müssen Sie sich verhalten, wenn die Situation ernst ist? Ganz klar: Sie müssen jeden Fehler vermeiden, Sie müssen sich durchsetzen, Sie müssen um jeden Zentimeter kämpfen. Ich erlebe oft, dass Meetings und Verhandlungen genau in diesem Tenor ablaufen.

Angestellte sehen dabei die Sache oft mindestens so ernst wie die Unternehmer selbst. Sie denken noch viel mehr, dass sie alles richtig machen müssen, auch weil sie viel mehr Kontrollinstanzen haben. Den Unternehmer dagegen lässt der Gedanke an die eigene Existenz verkrampfen: Er kann leichter alles verlieren.

Beiden gemeinsam ist, dass sie jeden Widerstand fast immer als persönlichen Angriff empfinden und entsprechend reagieren. Denn was macht ein Mensch, wenn er sich persönlich angegriffen fühlt? Er schlägt möglichst kräftig zurück.

Genau das tun sie dann, denn wer unter dem Druck von so viel Müssen steht, wird aggressiv. Das ist aber genau die Gefühlslage, die Sie bei Meetings und Verhandlungen nicht brauchen können, weil sie Ihren Erfolg gefährdet. Denn Aggression führt in einen Tunnel: Wie einem inneren Zwang folgend haben Sie nur noch das eine Ziel vor Augen. Was rechts und links passiert, kriegen Sie nicht mit. Sie sehen nicht die Chancen, die sich in der Verhandlung auftun, Sie sehen nicht die versteckten Angebote, die Ihnen die Gegenpartei macht, um zu einer gütlichen Einigung zu finden. Sie rollen wie ein Panzer nur auf das einmal ausgesuchte Ziel los, komme was da wolle. Sie sind nicht mehr frei in Ihrem Blick, Sie sind nicht mehr frei in Ihren Entscheidungen.

So ging es mir früher häufig: Ich reagierte in kritischen Verhandlung auf Gegenargumente schnell aggressiv, schob das Gespräch in eine kriegerische Ecke und schoss mit allem, was ich zur Verfügung hatte, zurück. Sogar auf die Leute, die eigentlich auf meiner Seite waren. Ich fühlte mich immer richtig persönlich getroffen. Bis mich ein Wirtschaftsprüfer, ein älterer Herr mit souveräner Ausstrahlung, nach so einer Sitzung einmal beiseitenahm.

Er fragte: „Herr Mulfinger, spielen Sie Fußball?“

Ich war ein wenig verwirrt und sagte zögernd: „Ja. Nicht mehr so viel wie früher, aber schon noch.“

Er sagte: „Dann wissen Sie ja, zu einer Mannschaft gehören elf Leute. Und in jeder Mannschaft gibt es mal Streit, jeder macht mal einen Fehler. Aber hilft es dem Team beim Gewinnen, wenn jeder auf den anderen losgeht? Oder sind der Spaß und die Siegchancen größer, wenn alle weiterspielen?“ Seine Worte hallen bis heute in mir nach.

Wenn aus Business Spiel wird

Der Unterschied zwischen Ernst und Spiel ist, dass Sie im Ernstfall nie entspannt bleiben, im Spiel aber schon. Das heißt nicht, dass Sie im Spiel nicht mit höchster Konzentration und Leistungsbereitschaft dabei sind – im Gegenteil. Nur die Verkrampfung fällt weg.

Der Vorteil liegt auf der Hand: Wer entspannt ist, der hat einen klaren Blick und sieht alle Handlungsoptionen. Der fühlt sich nicht persönlich beleidigt, wenn die Gegenseite andere Interessen vertritt. Den stresst deshalb das Gespräch nicht halb so stark wie den, der ständig mit seiner inneren Wut kämpft.

Das wissen auch die Verhandlungs- und Entscheidungsprofis. Ich durfte vor einigen Jahren einmal einen Landtagspolitiker einen ganzen Tag begleiten. An dem Tag war im Plenarsaal eine große Debatte angesetzt und ich schlackerte nur mit den Ohren, was die Politiker sich da um die Ohren hauten. Die griffen sich verbal und auch persönlich gegenseitig so an, dass ich mir dachte: „Mit denen würde ich nie mehr ein Wort reden, wenn sie mich so schlechtmachen würden."

Danach standen zufällig die beiden Hauptkontrahenten mit mir im Aufzug. Da klopfte der eine dem anderen auf die Schulter und sagte lachend: „Mensch, heute hast du es mir aber wieder gegeben." Der andere grinste und erwiderte: „Genau. Und beim nächsten Mal bin ich dran, oder?"

Mir fielen fast die Augen raus, weil ich mit einem Schlag verstand: Für die war das Ganze ein Spiel. Sie hatten das keinen Deut persönlich genommen. Da war eine gewisse Großmütigkeit mit dabei. Denn der Spielgedanke machte Sie auch zu guten Verlierern: Sie müssen nicht jedes Mal gewinnen.

Ich mag den scherzhaften Spruch, der Otto Rehhagel in den Mund gelegt wird: „Mal verliert man und mal gewinnen die anderen." Denn die Realität zeigt: Es gibt Konstellationen, die Sie nicht steuern können. Wenn Sie zum Beispiel Leute mit dabei haben, die einfach nur – wie wir auf Schwäbisch sagen – „Dreck butzeln", also mit unfairen Methoden arbeiten. Oder welche, die sich partout durchsetzen wollen, und die anderen, die die Feedbackregeln nicht beherrschen: Dann kommen Sie ganz schnell auf eine Ebene, auf der keiner gewinnen kann. Ein verlorenes Spiel wirft Sie persönlich nicht aus der Bahn, ein verlorener Kampf schon. Bei einem Spiel kann man gewinnen oder verlieren – das ist eben so. Klar, Sie haben Spaß am Gewinnen und Sie versuchen, möglichst gut zu spielen. Aber wenn Sie verlieren, dann bedeutet das nicht das Ende. Es wird ein neues Spiel geben. Auf in die nächste Runde.

Und selbst wenn Sie mal einen Gegner hatten, der Sie mit unfairen Mitteln besiegt hat – sei es, weil er sich mit einer Schwalbe einen Elfmeter erschwindelt oder heimlich Ihre Schachfigur verschoben hat. Treten Sie zum nächsten Spiel gegen den nächsten Gegner gar nicht mehr an? Oder stehen Sie auf, richten sich die Krone und stürzen sich voll motiviert in das nächste Match? Weil Sie wissen, dass selbst der unfairste Gegner nicht Sie persönlich gemeint hat?

Sie haben auf jeden Fall mehr Spaß während des Spiels und ein längeres Durchhaltevermögen, als wenn Sie auf Biegen und Brechen gewinnen müssen. Sie haben den breiteren, klareren Blick, probieren auch mal was Neues.

Wichtig ist die innere Einstellung: Ich kann hier gewinnen, aber ich muss nicht. Die gibt Ihnen eine gewisse Aura, die Sie zu besseren Ergebnissen führt. Aber nicht nur während der schwierigen Situation, sondern auch im Vorfeld hilft sie Ihnen, locker zu bleiben. Wenn Sie in der Früh beim Krawattebinden oder Kostümzumachen schon merken, wie die Anspannung hochfährt, wenn Sie an das Meeting mit der Geschäftsleitung heute denken: „Boah, da geht es wieder nur darum, wer wen aussticht", dann ist Ihr Tag schon am Morgen gelaufen.

Wenn Sie allerdings Ihrem Spiegelbild sagen: „Hey, heute wird ein geiler Tag. Ich setze mich jetzt gleich in die S-Bahn und fahre zum Spiel. Heute darf ich mit den großen Jungs und Mädels aufs Feld und wir spielen ein bisschen. Bin gespannt, was rauskommt. Da habe ich Bock drauf." Sie werfen noch mal einen Blick in den Spiegel, nicken und sagen: „Gut ausschauen tue ich auch heute. Alles super."

Wenn Sie mit dieser Einstellung in das Meeting reingehen, betreten Sie den Raum ohne Angst. Damit haben Sie nicht nur Ihren Morgen, sondern auch Ihre Ausgangsposition für das Gespräch wesentlich verbessert.

Das gilt nicht nur für wichtige Besprechungen und Verhandlungen, das gilt für alle strategisch oder operativ entscheidenden Situationen, zum Beispiel:

- Ein Bewerbungsgespräch oder ein Tag im Assessment-Center
- Ein Gehaltsgespräch mit Ihrem Chef
- Ein wichtiges Verkaufsgespräch
- Ein schwieriges Mitarbeitergespräch
- Eine entscheidende Sitzung im Kollegenkreis
- Das Aufnahmegespräch bei der KiTa oder Mittagsbetreuung mit der langen Warteliste
- Ein ernstes Gespräch mit Ihrem halbwüchsigen Sohn
- Eine Vorladung beim Betriebsrat oder der Innenrevision
- Ein mündliches Examen
- Eine wegweisende Vereinssitzung

Gerade wenn Sie das Gefühl haben, dass der oder die anderen überlegen sind, ist es umso entscheidender, dass Sie sich durch Ihre Angst nicht noch kleiner machen. Sagen Sie: „Mir macht es trotzdem Spaß und wer weiß, vielleicht gewinne ich sogar." Gehen Sie dann mit den Großen spielen!

So schalten Sie den Spielmodus an

Je ärger es hart auf hart kommt, desto schwieriger ist es, in den Spielmodus zu kommen und auch zu bleiben. Deshalb habe ich mir ein paar Tricks angewöhnt, wie ich mich in Spiellaune bringe.

„Ich sehe die Spieler aus der Kabine kommen"

Mir hilft es enorm, wenn ich mir im Kopf Bilder male. Ich stelle mir vor, wie die Sitzungsteilnehmer bereits um den Meetingtisch sitzen und ich dann hereinkomme, einen Fußball vor mir herkickend. Manchmal mache ich vorher auch heimlich Aufwärmübungen, indem ich zum Beispiel meine Schultern kreisen lasse: Das macht zusätzlich locker. Ich stürme also gedanklich herein, spiele den Ball zum Gegner hinüber, der nimmt ihn auf und gibt ihn an seinen Kompagnon ab. Der lupft den Ball über die Assistentin und ich erwische ihn perfekt mit einem Fallrückzieher: TOOOR.

Das Spiel muss beileibe nicht Fußball sein. Nehmen Sie irgendein Spiel, das Ihnen nahe ist: Basketball, Hockey, Tennis, Boccia, Badminton. Es darf auch gerne ein nicht sportliches Spiel sein wie ein Karten- oder Brettspiel, zum Beispiel Skat, Mau-Mau oder Mensch ärgere dich nicht!

Sie können das Spiel auch an die Situation, die Sie erwartet, anpassen: Viele Deutsche haben ja zum Beispiel Probleme mit Preisverhandlungen. Sie fühlen sich dabei wie auf dem türkischen Basar und einfach unwohl. Sie können Ihre Angst überwinden, wenn Sie sich vorstellen, dass Sie nicht verhandeln, sondern Monopoly spielen. Sie schachern um die Schlossallee oder das Haus auf der Badstraße – alles nur ein Spiel.

Meinen Segen hast du

Ein Knackpunkt in einer Verhandlung kann auch sein, dass Sie den, der Ihnen gegenübersitzt, nicht mögen oder sich ihm unterlegen fühlen. Sie agieren dann automatisch viel aggressiver und damit viel schlechter. Für solche Situationen habe ich mir einen Trick von Werner Tiki Küstenmacher abgeschaut: Er empfiehlt dieses Vorgehen, um das private Umfeld unkomplizierter zu machen, und ich habe es auf den Business-Kontext übertragen. Der Trick lautet: Segnen Sie Ihr Gegenüber.

Meine Mutter hat immer gesagt: „Wenn du vor jemandem Angst hast, dann stelle ihn dir in Unterhosen vor." Das funktioniert, aber noch besser funktioniert es, wenn ich mir vorstelle, derjenige kniet vor mir und ich gebe ihm meinen Segen. Fast wie einen Ritterschlag. Auf einmal können Sie demjenigen nämlich entspannter gegenübertreten und mit ihm sauber verhandeln.

Warum das so ist? Ich glaube, Sie stellen damit innerlich eine gemeinsame Augenhöhe her. Die hatten Sie nicht, weil Sie sich innerlich unterlegen oder abgestoßen fühlten. Mit dem Segnungsritus stellen Sie sich über den anderen und erheben ihn dann mit der großmütigen Geste wieder auf Ihr Level. Sie stellen sich ihm gleich, fühlen sich ebenbürtig und im Spiel verbunden. Ihre Angst ist ebenso verschwunden wie die Distanzierung.

Erinnere mich

Ich merke, dass ich im Alltag immer wieder abrutsche. Gerade wenn es stressig oder aggressiv zugeht, hält der Ernst wieder Einzug. Deshalb mache ich es so: Ich schreibe mir vor den wichtigen Terminen in den Kalender: „Jochen, denk daran: Business ist nur ein Spiel."

Sie könnten es auch in Ihre Jahresziele schreiben oder an die Küchentür – was immer Ihnen hilft, daran zu denken, dass alles nur ein Spiel ist, ist gut. Oder Sie klauen sich von Ihren Kindern ein Sammelbildchen von Ihrem Lieblingsfußballer und kleben sich das in Ihr Dienstfahrzeug. Oder Sie stellen sich eine kleine Schneekugel neben den Herd und immer, wenn der Ärger kommt, schütteln Sie sie kräftig. Oder Sie legen sich einen Tischtennisball oder Pokerkarten in die Schreibtischschublade und holen sie bei der Vorbereitung aufs Meeting heraus. Alles ist möglich – schließlich haben Sie als Zeitmillionär sämtliche spielerischen Freiheiten.

Mein Zeitmillionärs-Tipp

Bei einem Spiel treten Sie an, um ein gutes Ergebnis zu erreichen. Solange Sie Ihr Bestes geben, ist alles gut. Denn selbst wenn Sie mal verlieren, haben Sie sich nichts vorzuwerfen. Dann sind Sie eben der Sieger der Herzen oder fantastischer Zweiter. Also machen Sie sich klar, dass Sie eigentlich nur gewinnen können. Das ist auch gut so, denn das Letzte, was Sie in einem Spiel brauchen, ist die Angst vor der Niederlage.

28. Steuern Sie in die Unterforderungszone

Das meine ich ernst. Ich bin überzeugt, es ist das Beste für Sie, wenn Sie immer ein bisschen unterfordert sind.

Ich weiß, dass viele Erfolgstrainer anderer Meinung sind. „Raus aus der Komfortzone!", so lautet das Motto in jedem zweiten Ratgeber. Ob es sich um Vertrieb, Verhandlungskunst, Kindererziehung, persönlichen Erfolg, Haushaltsführung oder das Abnehmen handelt. Der Tenor ist immer: Spring über deinen Schatten! Überwinde dich! Schau, dass du stets gefordert bist! Sonst verändert sich nichts in deinem Leben. Es ist also angesagt, sich in der „Forderungszone" zu bewegen. Wer das nicht anstrebt, läuft Gefahr als Schlaffi gesehen zu werden. „Uuhh, der bleibt ja voll in seiner Komfortzone!" Und wenn Sie dann sogar noch sagen, Sie sind gerade unter-fordert. Au weia ...

Probieren Sie's mal aus. Sagen Sie auf einer Party einfach, dass Sie sich unterfordert fühlen – und dass das für Sie völlig okay ist. Ihre Gesprächspartner werden denken, Sie machen Witze, oder fragen besorgt: „Natürlich werden Sie etwas dagegen unternehmen, oder?"

Na ja, ich hoffe nicht.

Die Unterforderungszone ist nämlich nicht die öde Langeweile-Landschaft unterhalb der Komfortzone. Im Gegenteil. Die Unterforderungszone ist da, wo Sie aktiv sind, aber immer noch Reserven haben. Physisch, mental und emotional.

Nehmen wir das Beispiel Job. Sagen wir, Sie arbeiten 100 Prozent. Wenn Ihre 40 Wochenarbeitsstunden immer voll ausgelastet sind, zum Beispiel mit Kundenterminen, Dienstreisen und Projekten, haben Sie weder Zeit, um spontan einen vielversprechenden Termin wahrzunehmen, noch können Sie die Augen offen halten, um Entwicklungen am Markt oder Chancen, die sich Ihnen bieten, zu sehen. Sie haben nicht mal die Zeit, Ihre Arbeit vernünftig zu organisieren, Prioritäten zu setzen und Kursänderungen vorzunehmen. Weil Sie zu 100 Prozent im Tun sind. Reflexion kann in diesem Modus nicht stattfinden. Und das schadet Ihnen gewaltig.

Würden Sie von den 40 Wochenstunden nur 30 oder 20 für Kundentermine und Projektarbeit einplanen, hätten Sie einen Puffer für Reflexion, Prioritätensetzung, Unvorhergesehenes und Spontanes. Das würde Sie deutlich produktiver machen, als wenn Sie ständig im Hamsterrad rennen.

Übrigens: Dieses Hamsterrad, der gewohnheitsmäßige Allgemeinzustand ist das, was mit Komfortzone bezeichnet wird. Denn der „Komfort" bedeutet nicht, dass es bequem ist, er zeigt nur an, dass es der Status quo ist. Der Zustand des Funktionierens.

In der Unterforderungszone hingegen haben Sie freie Kapazitäten. Sie sind nie am Anschlag. Sondern haben Energie und Ressourcen (Zeit und Geld) zur freien, spontanen Verfügung. In diesem Sinne „unterfordert" zu sein, kann bedeuten, dass Sie einfach Zeit haben, um jede Woche Sport zu machen, Freunde zu treffen oder einfach mal nichts zu tun. Es bedeutet, dass Sie es sich leisten können, krank zu werden, auch wenn Sie einige Tage ausfallen. Es bedeutet, dass Sie spontan Ihren Arbeitstag oder Ihre Arbeitswoche umplanen können, wenn heute schönes Wanderwetter ist und Sie gerade Lust auf eine Bergtour haben. Es bedeutet, dass Sie innerlich so entspannt sind, dass Sie in der langen Schlange an der Supermarktkasse keinen Stress verspüren, sondern dort sogar auf eine tolle Idee kommen, wie Sie die Wartezeiten in Ihrem eigenen Geschäft verkürzen können. Oder dass Sie in einer Zeitschrift, die an der Kasse ausliegt, ein Bild sehen, das Ihnen ganz neue Inspiration für den nächsten Winterurlaub gibt.

Das ist Unterforderung: Puffer zu haben in allen Lebenslagen. Dieser Puffer ist ein hilfreicher Selbstschutz gegen die Tendenz, sich zu viel aufzubürden, und gegen die lähmende Überlastung, die daraus folgt. Er hilft Ihnen, den Blick aufs Wesentliche zu richten, statt im Strudel zu sein oder mit einem Tunnelblick durch die Gegend zu laufen. Indem Sie sich unterfordert halten, sorgen Sie dafür, dass Sie beweglich, flexibel und frei bleiben. Zeitlich, finanziell und im Geist.

Mehr noch: Durch diese Freiheit findet Entwicklung statt. Persönlich wachsen können Sie natürlich auch in der Forderungszone, keine Frage. Der Weg über die Unterforderungszone ist jedoch spielerischer. Und angenehmer. Und nicht zuletzt: Er ist gesünder. Da Zeit und Gesundheit die einzigen Ressourcen sind, die sich nicht vermehren lassen, ist die Entwicklung in der Unterforderungszone doppelt wertvoll.

Meine Energiereserven

Machen Sie den Test und überprüfen Sie den Stand Ihrer Reserven. Fragen Sie sich:

- Bin ich gerade voll ausgelastet (finanziell, zeitlich, emotional, im Job, im Privaten, in meinen Engagements)?
- Bin ich sogar überlastet?
- Habe ich bereits ein Unterforderungspölsterchen? Wenn ja, in welchem Bereich/welchen Bereichen?
- Würde ich das Polster gern vergrößern? Würde ich es gern auf andere Bereiche ausdehnen?
- Wenn ja, in welchen Bereichen? Und wie groß sollte es sein?

Anhand dieser kinderleichten Fragen kann jeder seinen Grad der Verpflichtung gegenüber anderen regeln und für einen guten Ressourcenhaushalt sorgen. Der Grund, warum es dennoch so wenige tun, ist, dass sie das Ressourcenpolster unbewusst fürchten. Denn wenn sie es hätten, könnte etwas ganz Unangenehmes passieren …

Die Leere

Mein Freund Paul klagte jedes Mal, wenn wir uns trafen, darüber, dass er wieder viel zu viel Arbeit hat. Bis ich ihn eines Tages fragte: „Warum nimmst du eigentlich so viele Projekte an?"

„Wegen dem Geld", sagte er überzeugt. Mir kam seine Antwort seltsam vor. Irgendwie passte sie nicht zu ihm.

„Warum ist das dein Ziel?“, wollte ich wissen.

„Damit ich in 20 Jahren mehr ausgeben kann als alle anderen“, sagte Paul.

Einige Sekunden lang wurde es still zwischen uns. Dann sagte ich: „Überleg dir mal in einer ruhigen Minute, ob sich das wirklich so toll anfühlen wird. Nicht dass du 20 Jahre lang ackerst und dann feststellst, du bist mit dem, was du dann hast, nicht glücklich …“

Nachdem wir uns dann ausgiebig über die Champions League unterhalten hatten, kam Paul auf seine Ziele zurück.

„Ach, eigentlich hätte ich schon gern mehr Zeit. Und zwar nicht erst in 20 Jahren, sondern jetzt! Vielleicht sollte ich mich mit weniger zufriedengeben und einige Projekte einfach absagen …“

Gesagt, getan. Der Paul ist einer der entscheidungsfreudigsten Typen, die ich kenne. Er nahm für ein Vierteljahr keine neuen Projekte mehr an, vertröstete Kunden, verschaffte sich zeitlichen Spielraum. Der Paul ist ein Macher.

Wir trafen uns einige Wochen später wieder. Ich hätte gedacht, ich würde einen befreiten und fröhlichen Paul vor mir sehen. Aber weit gefehlt: Er erzählte mir, dass er zwar mehr Zeit hatte, sich aber ganz furchtbar fühlte. Diese freie Zeit war für ihn einfach nur leer.

„Des musst jetzt aushalten, Paul“, sagte ich zu ihm. „Ich garantiere dir, dass es sich lohnt, wenn du jetzt durchhältst.“

Und er hielt es aus. Er spürte in dieses unangenehme Gefühl hinein und stellte fest, dass ihm etwas fehlte: Es war die Wertschätzung, die er sonst immer bekam, wenn er an Projekten arbeitete. Es war gar nicht nur das Geld.

„Mensch, Jochen, du hast recht gehabt: Das Durchhalten hat sich gelohnt.“ Er strahlte mich an und haute mir auf die Schulter, als wir uns das nächste Mal trafen. „Ich habe endlich was verstanden: Geld ist gut, aber Zeit ist auch gut. Ich mache es jetzt so: Vier Tage voll Stoff Projekte für Geld und Wertschätzung und einen Tag für Zeit und Wertschätzung. Ich mache ein paar ehrenamtliche Projekte, in denen ich freier in der Einteilung bin, sodass ich bei gutem Wetter auch zum Surfen auf die Stadtwelle gehen kann.“

Was diese Geschichte sehr anschaulich zeigt, ist: Der Drang, immer weiter im Hamsterrad zu bleiben, ist eine Art Selbstbetäubung. Irgendeinen Vorteil haben Sie davon, so beschäftigt zu sein, dass es Ihnen zum Hals raushängt. Vielleicht gibt es Ihnen das Gefühl, wichtig zu sein, gebraucht zu werden, wertvoll zu sein etc. Erst wenn Sie „auf Entzug" sind, merken Sie, warum Sie das alles tatsächlich tun. Weil Sie dann spüren, was Ihnen fehlt. Das ist keine angenehme, aber eine wichtige Zeit. Denn erst mit dieser Information haben Sie die Chance, Ihr Bedürfnis auf eine langfristig gesunde Art zu stillen.

Ich möchte Ihnen nichts vormachen. Wenn Sie in die Unterforderungszone steuern, kommen Sie an dem Gefühl der Leere nicht vorbei. Sie müssen da durch, um zu erfahren, was Sie eigentlich suchen, wenn Sie so sehr nach mehr Geld oder mehr Zeit streben. Wenn Sie sich aber auf dieses Abenteuer einlassen, haben Sie die Chance, wirklich frei zu werden.

Ja, es fühlt sich erst mal unangenehm an, Zeit zu haben und das nicht zu genießen. Verwechseln Sie diese innere Leere aber nicht mit einem Bore-out. Der Bore-out bezeichnet einen Zustand der extremen Unterforderung im Arbeitsleben und tritt dann auf, wenn Sie nicht selbstbestimmt agieren. Wenn Sie beispielsweise im Büro Däumchen drehen, aber Anwesenheitspflicht haben und nichts anderes tun können. Oder wenn Sie eine Tätigkeit ausführen müssen, die Sie sich nicht selbst ausgesucht haben, sondern zu der Sie verdonnert wurden, und die für Sie völlig sinnentleert ist.

Wenn Sie sich aber bewusst und aus gutem Grund entscheiden, kürzerzutreten, und in der gewonnenen Zeit, nach der Sie sich so lange gesehnt haben, plötzlich andere Gefühle haben als erwartet, dann gilt es nicht hinzuwerfen, sondern hinzuschauen. Sie erleben dann eine persönliche Krise – und daraus können Sie am meisten über sich lernen.

Denken Sie daran: Sie sind freiwillig in der Unterforderungszone. Sie können hier sein. Aber Sie müssen nicht.

Meine Erfahrung zeigt jedenfalls: Es lohnt sich, dort zu bleiben. Denn sobald Sie sich von dem befreit haben, was Sie hindert, sich Zeit zu nehmen und Ihre Bedürfnisse zu stillen, sind Sie innerlich und dadurch auch äußerlich frei! Und wenn Sie frei sind, kommen Sie immer auf eine sinnvolle Beschäftigung. Und die wiederum bringt Sie zu noch mehr sinnvoller Beschäftigung. Ein sich verstärkender Positivkreislauf setzt sich in Gang.

Was alles möglich wird

Stellen Sie sich vor, es ist ein dunkler Wintermorgen. Der Wecker hat Sie gerade wachgeläutet. Er zeigt 6.00 Uhr an. Aber es fühlt sich an wie mitten in der Nacht. Ihr Kopf ist schwer wie ein vollgestopfter Aktenkoffer. Es stürmt draußen. Sie hören die Regentropfen laut gegen die Fensterscheibe prallen. Und fragen sich, was überhaupt für ein Wochentag ist. Und warum Sie eigentlich so früh aufstehen wollten.

Und jetzt stellen Sie sich vor, Sie könnten entscheiden, einfach liegen zu bleiben. Ohne sich eine Ausrede ausdenken zu müssen. Ohne ein schlechtes Gewissen zu haben. Es ist wirklich okay.

Fühlt sich das nicht großartig an?

Das ist nur eine der vielen Freiheiten in der Unterforderungszone. Sie haben das Gefühl, Sie können es sich jederzeit leisten, faul zu sein. Und gerade deshalb sind Sie es nur höchst selten. Die meisten Menschen sind nämlich von Natur aus intrinsisch motiviert und können es gar nicht lassen, Dinge zu bewegen und Sinnvolles zu tun. Aber die allermeisten sind allergisch dagegen, Dinge tun zu müssen, die sie nicht wollen. Druck wirkt tödlich auf unser Engagement, unsere Kreativität und unsere Produktivität.

Es geht nicht darum, nichts zu machen.
Es geht darum, Zeit zu haben.
Und dann etwas Sinnvolles zu machen.

Wenn Sie in der Unterforderungszone sind, haben Sie keinen Druck. Sie haben Lust. Sie haben Zeit. Sie haben ausreichend Geld. Und Sie haben Kapazitäten für das, was Ihnen wichtig ist: für Ihre Herzensprojekte!

Ich behaupte, dass Sie erst dann, wenn Sie in der Unterforderungszone angekommen sind, am eigenen Leib erfahren, was Ihnen wirklich Spaß macht und was nicht. Denn viele Talente und Neigungen entfalten sich erst beim Tun. Wenn Sie seit Jahren vom Reiten schwärmen, es aber nur einmal ausprobiert haben, kann es sein, dass Sie einer Seifenblase hinterherrennen. Nach einer Woche Reitunterricht merken Sie womöglich: Das ist überhaupt nichts für Sie!

Wenn Sie aber freie Zeit haben, kriegen Sie unendlich viele Ideen, wie Sie diese Zeit füllen können. Mindestens die Hälfte davon ist erfahrungsgemäß für die Tonne. Aber in der anderen Hälfte können sich ein Dutzend richtig fantastische Ansätze verbergen. Wie Sie die Spreu vom Weizen trennen? Indem Sie Ihre Ideen einfach testen. Kommen Sie ins Tun!

So geht Unterforderung

Ganz konkret: Beantworten Sie die Fragen aus dem Kasten „Meine Energiereserven“ und erfassen Sie, in welchen Lebensbereichen Sie noch Freiheitspolster benötigen. Sobald Sie erkannt haben, dass Sie zugemüllt sind, halten Sie den Schlüssel zur Befreiung in der Hand. Hier sind nur einige Beispiele dafür, welche Hebel Sie besitzen:

- Der Vollzeitjob nimmt zu viel Raum ein? Führen Sie die Viertagewoche ein! Oder machen Sie sich selbstständig; dann können Sie Ihre Umsätze weitaus schneller realisieren. Oder wenn Sie richtig gut sind, dann erlauben Sie sich, im Home-Office zu arbeiten, und machen nur den Umsatz, den Sie brauchen. Den Rest der Zeit verbringen Sie, wie es Ihnen gefällt.

- Der Job nimmt nicht zeitlich zu viel Raum ein, aber er bindet oder frisst Ihre Energie? Wechseln Sie ihn gegen einen Job, der Ihnen Energie gibt, statt sie zu nehmen. Oder lassen Sie sich in eine andere Abteilung versetzen; womöglich ist dort die Chemie im Team eine ganz andere.

- Sie haben zu viele Freizeitaktivitäten und kommen kaum zur Ruhe? Überprüfen Sie, welche davon Ihnen wirklich wichtig sind, und streichen Sie Unnötiges. Schauen Sie, ob darunter Herzensprojekte schlummern, und ob Sie nicht Ihr Hobby zum Beruf machen wollen!

- Sie haben das Gefühl, überengagiert zu sein und zu viel zu rödeln? Schreiben Sie einen Tag lang alles auf, was Sie tun. Überprüfen Sie am Abend, an welchen Stellen Sie die Intensität Ihres Engagements herunterfahren können. Vielleicht wollen Sie nicht auch noch den Einkauf hundertprozentig machen. Wo reichen auch 80 Prozent?

- Sie fühlen sich immer noch getrieben? Gehen Sie gedanklich die letzte Woche anhand Ihres Kalenders durch. Welche Situationen fallen Ihnen ein, in denen Sie mehr getan haben, als unbedingt nötig gewesen wäre? Nehmen Sie sich vor, in solchen Situationen künftig weniger zu tun.

Mit diesen Maßnahmen bringen Sie sich selbst auf den Boden.

Wenn Sie es geschafft haben, in der Unterforderungszone anzukommen: Gratulation! Die einzige Herausforderung, die Sie noch haben, ist drinzubleiben. Denn sobald Sie in der Unterforderungszone angelangt sind, wird Ihre Kreativität angeregt. Sie bekommen Ideen über Ideen und wenn Sie nicht aufpassen, haben Sie gleich wieder 100 To-dos an der Backe, die Sie direkt ins Hamsterrad katapultieren.

Also: Bewahren Sie sich die Unterforderung bewusst. Verharren Sie lieber etwas länger in einem Gefühl der Leere, als der Euphorie des Tuns nachzugeben. Langfristig fahren Sie damit hundertmal besser.

Mein Zeitmillionärs-Tipp

Ihr Chef, Ihr Lebenspartner, Ihre Freunde oder Familie lassen Sie mit spitzen Bemerkungen spüren, dass Sie sich mit Ihrer Unterforderungshaltung ganz schön was erlauben? Haben Sie ja kein schlechtes Gewissen und fangen Sie bitte nicht an, sich zu rechtfertigen. Sehen Sie Ihr Leben in der Unterforderungszone als eine Gesundheitskur. Indem Sie sich gut pflegen, sich ausreichend Zeit zum Schlafen, Genießen und Nichtstun gönnen, geben Sie Ihrem Organismus eine wahre Gesundheitsspritze. Und die ist viel mehr wert als 100 Euro mehr pro Monat.

Nachwort

„Fahr immer langsamer, als dein Schutzengel fliegen kann"

Mit 19 war ich überzeugt: Jetzt bin ich frei! Ich hatte mir gerade einen Golf GTI gekauft und war in meiner Euphorie kaum zu bremsen.

Meine Eltern schauten etwas besorgt über den Esstisch, als ich lautstark der ganzen Familie erzählte, wie ich morgen über die Autobahn brettern werde. Nur meine Lieblingstante lächelte entspannt.

Unter vier Augen sagte sie mir dann: „Toll, Jochen, ich freue mich sehr für dich. Ich habe keinen Zweifel, dass du mit dem Auto gut umgehst. Und ich gebe dir auch nur einen Tipp mit auf den Weg: Fahr immer 20 Prozent langsamer, als dein Schutzengel fliegen kann. Dann wirst du den Spaß deines Lebens haben."

Noch heute habe ich den Klang ihrer Stimme im Ohr, wie sie diesen Satz zu mir sagte. Und ich weiß noch, ich habe ihn wie ein großes, geheimes Geschenk empfunden. Im Nachhinein ist mir klar: Das war er auch.

Mit 19 hat er mir das Leben gerettet.

Und als Erwachsener hat er mich vor dem Ertrinken gerettet – er hat mir geholfen, meinen Übereifer zu erkennen und zu zügeln.

Weil er für mich so wertvoll war und immer noch ist, möchte ich ihn auch an Sie weiterreichen: „Fahren Sie immer 20 Prozent langsamer, als Ihr Schutzengel fliegen kann." Machen Sie also nicht genau das, was Sie sich zutrauen. Machen Sie 20 Prozent weniger. Lassen Sie Puffer.

- Lasten Sie sich im Job nie voll aus. Dann schaffen Sie die besten Ergebnisse.
- Planen Sie Ihr Wochenende nie komplett durch. Dann ergeben sich die schönsten Überraschungen.
- Stopfen Sie Ihren Kleiderschrank nie voll. So kommen Sie garantiert auf neue Outfit-Kombinationen.

- Fahren Sie nie mit vollem Koffer in den Urlaub. Dann bringen Sie mit den neuen Eindrücken auch Erinnerungen an die neuen Erlebnisse mit.

Und ganz besonders dann, wenn Ihnen eine Sache richtig Spaß macht – Ihr Herzensprojekt, ein neues Hobby, eine Tätigkeit, die Ihnen das Gefühl gibt, der Messias zu sein, weil Sie dabei nur noch im Flow sind, denken Sie an den Satz meiner Tante: „Fahren Sie immer langsamer, als …"

Na, haben Sie's?

Foto: André Bakker

Über den Autor

Jochen Mulfinger war über viele Jahre seines Lebens auf der Überholspur unterwegs. Schon während seines Studiums machte er sich selbstständig und war immer einen Gang höher unterwegs als andere. Was für eine Rallye: Er war Automobilverkäufer, Bankkaufmann, Betriebswirt, ausgebildeter Insolvenzverwalter, Landesvorstand, Mitinhaber von vier Autohäusern, Lehrbeauftragter, Referent, Prüfer, Businessplan-Evaluator, Fachberater für Unternehmensnachfolge, Coach. Und was für ein Output: 8.000 Beratergespräche, 2.000 betreute Fälle, 300 gekaufte und verkaufte Firmen, 1.600 Businesspläne und Unternehmenskonzepte ...

Über viele Jahre hat er das alles einfach so gemacht und immer nur funktioniert. Kein Wunder, dass er sich auf die Dauer immer getriebener fühlte und nur noch mit Tunnelblick von Aufgabe zu Aufgabe raste. Immer öfter kamen ihm Falschfahrer entgegen: Kurzatmigkeit, Grippe, Infusionen, Stresskrankheit, Gürtelrose, Hörsturz – der Herzinfarkt war nur noch eine Frage der Zeit. Gründe genug, auf die Bremse zu treten und einen Gang runterzuschalten.

Jochen Mulfinger begann, sein Leben umzukrempeln. Auch dank seiner Mutter. Die fragte ihn eines Tages, warum er immer wie ein Irrer arbeite. Und er antwortete: Damit er es irgendwann einmal ruhiger angehen lassen und angeln gehen könne. Und sie fragte nur: „Warum machst du das denn nicht schon jetzt?" Da machte es bei ihm Klick.

Seitdem hört Jochen Mulfinger auf sein inneres Navigationssystem und gibt nur noch Gas bei Dingen, die ihm Freude machen. Er lebt jetzt als Zeitmillionär. Seine Firma hat er verkauft und er widmet sich seinem Herzensthema: dem Kauf und der Vermietung von Immobilien. Und in der übrigen Zeit ist er Weltenbummler, Bootfahrer auf dem Lago Maggiore, Wellnesssportler und beschäftigt sich mit allem, was ihn interessiert: Salsa, Yoga, Meditation, asiatische Kultur – und natürlich Angeln. Und er hat begonnen, Bücher zu schreiben, um anderen Menschen Mut zu machen, auch anders zu leben: nicht mehr ständig auf der Überholspur, sondern souverän und entspannt auf der rechten Spur. Mit dem Wissen: Ich kann jederzeit nach links wechseln und ordentlich Gas geben. Wenn ich will.

Er kann – muss aber nicht mehr …

Hinweis

Wenn Sie mit dem Zeitmillionär in Kontakt bleiben wollen, melden Sie sich zum kostenlosen Newsletter der Zeitmillionäre unter www.jochenmulfinger.de an.